财务建模

构建、设计模式与应用研究

FINANCIAL MODELING

Construction, Design Patterns, and Application Research

麦海娟 著

经济管理出版社

ECONOMY & MANAGEMENT PUBLISHING HOUSE

图书在版编目（CIP）数据

财务建模：构建、设计模式与应用研究/麦海娟著．—北京：经济管理出版社，2024.3
ISBN 978-7-5096-9625-5

Ⅰ.①财⋯　Ⅱ.①麦⋯　Ⅲ.①表处理软件—应用—财务管理　Ⅳ.①F275-39

中国国家版本馆 CIP 数据核字（2024）第 054294 号

组稿编辑：杨国强
责任编辑：王　洋
责任印制：许　艳
责任校对：陈　颖

出版发行：经济管理出版社
　　　　　（北京市海淀区北蜂窝 8 号中雅大厦 A 座 11 层　100038）
网　　址：www. E-mp. com. cn
电　　话：（010）51915602
印　　刷：唐山昊达印刷有限公司
经　　销：新华书店
开　　本：720mm×1000mm/16
印　　张：17.5
字　　数：353 千字
版　　次：2024 年 4 月第 1 版　　2024 年 4 月第 1 次印刷
书　　号：ISBN 978-7-5096-9625-5
定　　价：98.00 元

前　言

随着会计信息化在财务领域的普及和应用，国内的会计环境随之发生了巨大变化，会计信息化进程随之飞速发展。特别是 2021 年 12 月 30 日根据《会计改革与发展"十四五"规划纲要》（财会〔2021〕27 号）的总体部署，财政部制定了《会计信息化发展规划（2021-2025 年）》规划并于 2021 年 12 月 30 日印发后，从面临的形势与挑战、总体要求、主要任务、实施保障四个方面给未来五年我国会计信息化发展和工作指明了方向。目前，如何迅速解决财务工作中遇到的各种实际问题，使广大财务人员在信息时代能及时为管理层提供真实、有效的数据作为决策依据，已成为新时代提升财务人员职业判断力不可或缺的问题。

从我国会计信息化发展的层次看，会计信息化涵盖了会计核算信息化、财务管理信息化和决策支持信息化。作为会计信息系统的核心要素，我国众多财务软件的功能已日趋成熟，基本能够实现财务业务一体化，并逐步向管理会计和决策支持领域渗透。但对于广大中小微企业而言，花费一定数量的资金购买相关软件，仍然不是一件小事；对于财务工作者而言，仍有大量财务方面的问题需要借助电子计算机分析处理。因此，财务人员掌握一定的计算机知识、使用 Excel 建立数据模型解决财务工作中遇到问题的能力，已成为现代企业财务人员必备的技能之一，这也是本书撰写的初衷。

《财务建模：构建、设计模式与应用研究》，凝结了作者多年讲授《大学计算机基础》及多种计算机程序设计语言课程、《初级会计实务》、《Excel 在财务中的应用》和《会计信息系统》等课程的经验积累，展现了在现实生活中发现问题、利用 Excel 建立模型并在实际工作中验证和应用所建立的财务管理系统的全过程。

本书使用了 Excel 2016 但不仅限于 Excel 2016 版本，讲授在财务工作中利用 Excel 建立数据模型的设计模式、思路及典型案例设计和部分高级应用。本书与同类书相比，有如下特点：

（1）结构合理，思路清晰，如图 0-1 所示。

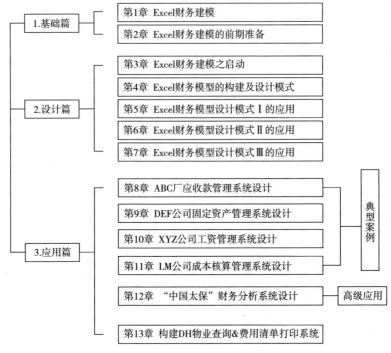

```
┌─ 1.基础篇 ─┬─ 第1章 Excel财务建模
│            └─ 第2章 Excel财务建模的前期准备
│
│            ┌─ 第3章 Excel财务建模之启动
│            ├─ 第4章 Excel财务模型的构建及设计模式
├─ 2.设计篇 ─┼─ 第5章 Excel财务模型设计模式Ⅰ的应用
│            ├─ 第6章 Excel财务模型设计模式Ⅱ的应用
│            └─ 第7章 Excel财务模型设计模式Ⅲ的应用
│
│            ┌─ 第8章 ABC厂应收款管理系统设计 ─┐
│            ├─ 第9章 DEF公司固定资产管理系统设计 │ 典型案例
│            ├─ 第10章 XYZ公司工资管理系统设计    │
└─ 3.应用篇 ─┼─ 第11章 LM公司成本核算管理系统设计 ─┘
             ├─ 第12章 "中国太保"财务分析系统设计 ─ 高级应用
             └─ 第13章 构建DH物业查询&费用清单打印系统
```

图 0-1　本书结构

基础篇，第 1~第 2 章。主要内容是 Excel 建模及 Excel 财务建模概述、Excel 财务建模的前期准备等。

设计篇，第 3~第 7 章。通过多个案例阐述了 Excel 财务建模的启动，重点研究 Excel 财务建模时三个模式的设计流程、设计模式及应用实例。从发现问题、分析问题、构建模型、试用模型、编辑修改模型，最终将 Excel 模型投入使用的全过程。

应用篇，第 8~第 13 章。选取具有实用价值、可操作性的多个案例设计，说明基于 Excel 的财务管理系统模型设计的完整思路、分析与实现过程。其中，第 8~第 12 章以论文形式呈现典型财务模型设计案例；第 13 章通过案例介绍了 Excel 查询、票据设计等思路。

（2）融财务知识于财务建模中。本书所有案例均结合财务相关知识，有效地应用了"自顶向下，逐步求精"的结构化程序设计思想。同时，展示了财务模型设计的重要阶段，包括：案例背景、案例分析、案例设计、案例测试等环节；让读者体验到从工作表到财务管理系统模型的设计模式与制作过程，以及从理论到实践、逐步编辑修改的过程。

（3）案例典型，有借鉴价值。书中所有的案例及所建模型均有代表性，大部分模型可供实际工作借鉴或直接使用。因此，本书可为尚未购买财务软件的小微企业提供用 Excel 进行账务处理、报表处理和财务管理相关工作的参考模型，提升 Excel 在财务中应用的能力。

（4）电子资源完整，便于学习。本书案例内容丰富、由浅到深，电子资源请联系作者获取。掌握 Excel 财务建模设计模式与制作过程后，即可具备一定的自行设计财务模型的能力。因此，本书可作为财务人员继续教育学习的参考用书。

（5）内容相对独立，可按需学习。本书讲授的内容和选取的案例具有较强的适用性，各章内容读者可方便、快捷地选择学习。对于想进一步系统学习 Excel 在财务中的应用的读者可参考 2021 年 4 月高等教育出版社麦海娟等主编的教材《Excel 在财务中的应用》，该教材配套的在线课程请在"学银在线"（网址：https://www.xueyinonline.com）搜索麦海娟即可。

本书在编写过程中参考和吸取了国内外很多学者的相关研究成果，得到了北方民族大学商学院重点建设经费及国家民委"西部地区特色农产品营销创新团队"和宁夏工会及北方民族大学工会的经费支持。本书是 2021 年度校级新工科、新文科项目及 2023 年度宁夏回族自治区本科教学改革研究与实践项目"立足会计实务操作基础，构建多视角、多平台、多元化的会计仿真实训体系"（项目编号：bjg2023067）的主要成果，同时是宁夏教科文卫体工会劳模和技能人才创新工作室——"麦海娟创新工作室"的成果之一。

首先，感谢北方民族大学及商学院领导和同仁的鼓励和支持！感谢宁夏工会及北方民族大学工会的鼎力相助！

其次，感谢宁夏伊品生物科技股份有限公司的高级会计师秦瑞娟给本书的无私帮助；感谢由我指导完成毕业论文的北方民族大学商学院财务管理系毕业生锁孝文、萨仁高娃、兰玉姣、马晓媛、赵筱妍提供的帮助。

最后，还要感谢经济管理出版社给予本书的大力支持！

本书面向高校本科及高职、成人教育院校会计学、财务管理专业的学生，或企事业单位的财务人员，以及硕士研究生学习参考。本书也可推荐为财务人员继续教育的内容，让社会各界财务人员在完成继续教育任务时能学到 Excel 在财务中应用的相关知识。

限于作者水平，书中难免存在不足甚至有误之处，热忱欢迎读者朋友提出宝贵的意见。如需案例结果视频请联系作者，微信：18809602985（电话同号）或电子邮箱：MHJOK@163.com。

作者
2024 年 4 月于银川

目　录

第 1 章　Excel 财务建模

【摘要】本章从认识数据模型、Excel 模型及 Excel 财务模型出发，阐述 Excel 模型创建的一般步骤及模型分类。重点研究 Excel 财务模型的设计、制作及结构化程序设计的理念，并对 Excel 文件、Excel 模型与 Excel 财务模型进行了比较。

1.1　数据模型概述

1.1.1　认识数据模型

1.1.1.1　数据模型

众所周知，信息社会存在着许许多多的数据，处处都有等待我们去研究和探索的大量数据形成的数据库。显然，数据模型是数据库系统的核心和基础。任何一种数据库系统，都必须建立在一定的数据模型之上。它是对现实世界数据的模拟，是一个研究工具，利用这个研究工具我们可以更好地把现实中的事物抽象为计算机可处理的数据。

1.1.1.2　建立数据模型的目标及优势

为了研究方便，本书将建立数据模型简称为建模。那么为什么要建模呢？其实，我们"建模的目标在于，从用户的角度出发，构建一个精准、快速、易于调试并且方便使用的模型。简言之，我们希望构建一个精巧的模型，以一种简洁并且最直接的方式发挥它的效用"。

从模型发展的角度看，研发一个功能较完美且结构较合理的模型有以下优势：

（1）模型开发者和用户均可快速从模型中获取所需要的信息。只要改变模型中的输入量（已知量或已知参数），其输出量（需要的信息）将随之进行动态的变化，或动态地反映出一定的变化趋势。

（2）便于编辑、修改、调试模型。根据实际应用效果，从模型操作的可行性、实用性及是否易操作、便于跨平台使用等方面出发，对建立的模型进行反复修改、试用是一个好的模型必然需要经历的过程。

（3）"模型算法合理、运行速度较快，适应实际问题的需求。"

1.1.2　Excel 模型

综观各种建模的案例，不难发现建模的方法和工具各有千秋。本书将重点探讨利用"在国际上一直有着'通用财务软件'美誉的 Excel 软件的建模。由于 Excel 有着强大的数据动态链接能力、数据分析工具和丰富的函数，使用灵活，操作方便，能够满足个性化分析需要和复杂多变的动态分析需要。财务管理所涉及的计算与分析，几乎都可以借助于 Excel 来解决，Excel 软件在不同规模和各种类型的经济组织里都能发挥作用，掌握 Excel 软件的使用技术是现代财务工作者的必备要求"。因此，本书中的 Excel 模型特指利用 Excel 建立的模型，Excel 财务建模指利用 Excel 建立的各种与财务有关的、有实用价值的财务模型案例。

1.1.3　Excel 模型创建的一般步骤

为了便于读者使用本书，我们约定：本书中每个案例都视为一个项目，即每个项目都等同于一个案例；对项目的设计、构建和操作流程可以看成是对一个案例的设计、建立和实务操作过程。

一个项目的设计、构建和操作流程通常会包含如下步骤：

（1）选择设计、制作模型的工具。可供选择的工具有多种，本书选择 MicroSoft Office 2016 中的 Excel 2016 为建立 Excel 模型的工具，但不局限于此版本。

（2）项目有明确的任务和目标，能解决某类有共性的问题。

（3）项目可行性强，便于收集相关数据、便于实施和操作。

（4）明确项目需求，探索实现项目目标的算法。了解项目需求，正确区分输入量和输出量，为后期进行 Excel 建模及公式的定义奠定良好的基础。

（5）反复试用已构建的 Excel 模型。通过输入大量数据对所建 Excel 模型进行各种条件下的测试和验证。经过多次修改、编辑、试用、再修改的过程后方可提交最终可用的 Excel 模型。

1.1.4　Excel 模型的分类

我们设计与建立的模型往往会与现实社会中的实际问题的需求及设计者的思

路密切相关。因此，利用 Excel 解决同一项目中的相同问题时不同设计、构建出的模型最终呈现给读者的形式（Excel 表的样式）也会有差异，但无论同一项目中相同问题设计出的案例模型表样有多大区别，其中涉及的关键变量、定义公式时的计算方法一定是大同小异或有异曲同工之效。当然，同一项目最终的 Excel 模型得出的结果（结论）应该是一致的。

众所周知，根据适用范围不同，财务软件可分为专用财务软件和通用财务软件。与此相仿，从 Excel 模型适用的范围看，Excel 模型也可分为专用模型和通用模型两大类。

1.1.4.1　专用模型

专用模型也可称为一次性模型。"一次性模型指模型是为某个特定项目而建的，仅适用于特定目标。"显然，专用模型，它是为解决某类项目中的问题而构建。需要说明的是，专用模型通常设计、构建时较容易，也可重复使用以解决同类问题，但可能在下一类项目中使用时，不仅需要进行大幅度的修正或改进，而且具有难度大、工作量较大、通用性不强等特点。

1.1.4.2　通用模型

通用模型也称为模板模型，一般指该模型能"被某一团队，甚至是整个机构作为主要分析工具反复使用。尽管没有哪个模型是万能的，但是一个优质的标准化的模板模型足以胜任 80%～90% 的分析工作"。当然，因通用性要求，通用模型需要考虑的各种环境因素会更多、条件会更苛刻、分析的标准和要达到的目标会更高！如果你了解通用财务软件的设计和使用流程，就会很容易理解通用性模型不仅设计工作量很大，而且使用时初始化工作也很烦琐，往往需要团队共同的努力、团队的智慧和较长的研发周期和适应阶段。

1.2　Excel 财务模型

1.2.1　设计：讲好 Excel 财务模型的故事

设计一个好的 Excel 财务模型，如同我们讲述一个情节曲折的故事一样，不仅需要我们对项目有足够的了解和知识上的准备，事先设计出 Excel 财务模型设计的框架，还需要有一个较符合用户需求、能让用户满意度较高的 Excel 财务模型布局。通常，一个 Excel 财务模型应该包含以下两大部分：

（1）基础数据输入区。通过在 Excel 的单元格中设置已知量（已知字段），可构成基础数据输入区。基础数据输入区依据项目不同可能是一个或多个已知量的名称及其对应数据组成的 Excel 单元格区域。

（2）数据分析区。与 Excel 模型的基础数据区的构建相似，我们通过在 Excel 的单元格中设置需要计算的中间过程量及需要求解的变量（未知字段），可构建出本项目的数据分析区。当然，数据分析区依据项目不同也可能是一个或多个中间量或已知量的名称及其对应数据组成的 Excel 单元格区域。

一般地，项目的基础数据区与数据分析区可以分开设置。当然也可以视不同项目的需求及彼此的联系进行设计或设置。

1.2.2　制作：掌握 Excel 财务模型的精髓

1.2.2.1　Excel 财务建模概述

所谓财务建模是指将企业的各种信息按照价值创造的主线进行分类、整理和链接，建立数据间的关联计算模型，以完成对企业中财务绩效的分析、财务决策的评估以及前景预测等功能。优秀的财务模型可以帮助财务人员更加便捷、准确且高效地完成财务分析工作。

建立财务模型是专业投资者做财务决策时的一个重要环节。对公司发展前景的判断需要财务模型，才可以将初始数据转化为具备可操作性的具体数据，进而作出正确的分析及决策。在实际操作中，财务模型可以通过 Excel 工具来完成，也可以使用专门的财务模型软件来完成财务分析。考虑到在实际生活中，Excel 具有使用普遍且应用范围更广的特点，因此，Excel 在财务模型的应用中也就有更强的适用性，操作性也更强，从而实现企业数据的集中储存、信息共享、集成整合以及精确分析更加方便实用。

1.2.2.2　Excel 财务建模的过程

Excel 在财务工作中应用时建立数据模型的过程如下：

（1）需求分析。从企业实际需求出发确定主要目标，再以目标为导向，分析企业已知条件和实际需求，厘清需解决的问题。

（2）可行性分析。根据需求分析，分析企业需求是否为有效需求。如果依据现有条件难以实现或需要巨大的成本，可行性小则需要放弃（结束）该项工作；如果各方面条件基本符合要求，可考虑对有效需求进行相关资料的准备和论证。

（3）准备资料。对有效需求，需要准备的资料主要有：①特定的数据。包括企业的会计、财务、经营的政策等。②建立财务模型所需要的内部变量、外部变量，以及涉及的因变量、自变量等。③建立财务模型所需要的建模工具。通常为软件，本书默认为 Excel 2016 和相关知识。

（4）建立财务应用模型。在确定企业需求为有效需求、可行且准备好足够的资料后方可进行财务应用模型的建立。主要步骤有：

1）基础数据设置。即设计模型中的输入模块部分，是财务模型运行的基础。在启动 Excel 2016 后，此步主要完成财务工作所需工作表界面的基础设计，即规划好基础数据区域（已知数据区域）和未知数据区域（求解未知变量的过程和显示结果的区域），用于各个已知参数以及必要条件的输入。为了便于理解和操作，可以暂时将企业的相关数据输入，以便下一步定义公式时运算结果不为空。工作表界面可根据问题的需要设计，简单、详细均可。

2）模型设计。该部分为模型区域，是构造数据模型的核心部分。主要是应用 Excel 中的各种函数并结合具体问题，完成各个工作表界面的公式定义。此步将用于数据的运算，是将基础数据予以重新整理，将决策所需数据进行加工运算。在需要运算的单元格运用财务相关公式以及 Excel 中相应的财务函数对要求计算的单元格进行公式设置。为了方便模型的运算，可以在原有模型的基础上进行适当的模型优化。例如，加入滚动条或组合框等工具、增加数据的调节功能等使数据便于上下浮动。

此步为关键，要确保正确地解决问题、所用方法恰当、使用函数和定义的公式正确。

值得强调的是，开始建立财务模型时要注重模型的适用范围、可扩展性、灵活易用性和成本效益原则，充分发挥所用工具软件 Excel 2016 的相关功能。如果需要，可在财务建模中应用一些简单的 Excel VBA 语句，完成各个工作表之间的数据传递。

3）调试财务模型。财务模型的测试是必要的，它可以减少由于模型设计不合理而导致的错误，从而保证数据的运算过程及结果是正确的。当出现外部政策调整、企业经营状况发生变化、经费或数据处理方式发生变化或原设计不能满足企业实际需求等情况，应及时修改所建模型。

在基础数据单元格中输入测试数据进行试运算，将运算结果与正确结果相比，看其是否一致，如果一致则该运算模型无误，若两者不一致则需继续改进此模型。

注意：

①调试财务模型需要一定的时间和多次数据验证，切勿匆忙投入使用。②如果结果正确，可直接投入使用；如果结果不正确，可根据问题需求返回去重新编辑修改财务模型。

（5）模型保护。在基于 Excel 财务模型被使用时，模型的保护会变得非常重要。工作表和工作簿的保护是在保护设计者成果的同时也在确保该模型是在设计者的意图下被使用。如果一个财务模型在被使用时，使用者在本该输入正确数据的单元格中输入了超出正确数据范围的错误数据，由于该模型没有被保护，结果是不仅对运算结果的正确性没有保障，也可能是下一个使用者运算错误的开始。因此，正确模型的保护十分重要。

（6）模型运行。在经过一系列模型所必需的基础设置、模型测试和模型保护后，该模型可以投入使用了。输入企业需要运算的基础数据便可以得到相应的运算结果。通过调节数据的滚动条或组合框来调整数据的波动，在相应单元格得到运算结果的基础上，财务人员可以进行最后的财务分析，做出正确的财务决策。

在财务工作中，利用 Excel 建立数据模型的流程如图 1-1 所示。

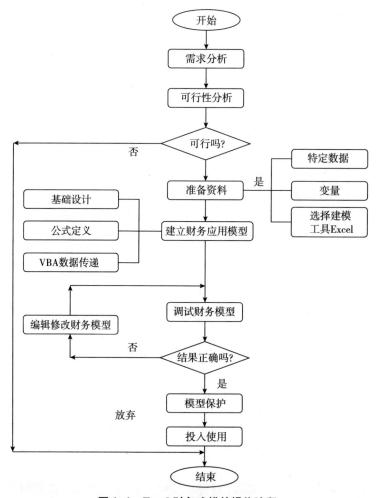

图 1-1　Excel 财务建模的操作流程

1.2.3　理念：贯穿结构化程序设计的思想

"结构化程序设计的思想是把一个实际问题分成两部分，即数据和过程，通过动态的程序执行过程来对静态的数据进行存储、分析、处理最后得出正确的结果。其特点是整个程序模块化，每个模块只有一个入口和一个出口，每个模块都应该能单独执行且无死循环。结构化程序设计方法将整个程序逐一分解分别编译，能方便地检查编写错误，易于保证源程序的正确性和易读性。"

经过层层分解，我们"可以将一个复杂的系统，自上而下层层分解为多个系统模块，直到每一个模块只具有单一的功能，能用一个或几个程序实现的树形结构为止。结构图中模块的划分以耦合度和内聚度为原则（耦合度表示模块之间信息的关联程度，内聚度表示模块内部各部分联系的紧密程度）"。努力做到各个模块具有相对独立性，可以分别设计实现。同时，可将各模块间的相互关系，如 Excel 数据的传递引用，通过一定的方式予以说明，便于系统的修改与维护。

本书将每个案例（项目）按结构化程序设计的思路完成设计与构建，即遵循"自顶向下、逐步求精"的算法，将每个大的项目，逐步分解成若干个小的 Excel 表格（模型），再将逐步完成的多个小的 Excel 表格（模型）按项目目标通过另一个 Excel 表格（模型）进行汇总，从而完成该项目的最终目标。

通过在 Excel 的单元格中设置已知量（关键字），可构成基础数据区。基础数据区依据项目不同可能是一个或多个已知量的名称及其对应数据组成的 Excel 单元格区域。

1.3　Excel 文件、Excel 模型与 Excel 财务模型

1.3.1　Excel 文件、Excel 模型与 Excel 财务模型的联系

大家知道，在 Excel 中通过公式定义可解决大量问题。定义公式时，如果我们可以在基础数据区将输入量（已知参数）尽量不使用具体数据，而要通过自定义公式、使用 Excel 函数、单元格引用的方式（相对引用/绝对引用/混合引用方式之一），会使公式填充不仅简单、易操作，而且能切实帮助我们解决许多计算的问题。

为此，我们可将 Excel 文件、Excel 模型与 Excel 财务模型三者间的联系描述为：三者都属于 Excel 文件，但各有其不同的特点。Excel 文件中定义公式时如果

引用了单元格，得到的就是 Excel 模型，可用于解决某类问题；如果在 Excel 文件中定义公式时不仅引用了单元格，而且解决的是与财务有关的某类实际问题，那么这个 Excel 模型就是一个典型的 Excel 财务模型了。

Excel 文件、Excel 模型与 Excel 财务模型三者之间的联系可用图 1-2 表示。

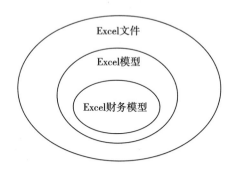

图 1-2　Excel 文件、Excel 模型与 Excel 财务模型三者之间的联系

1.3.2　Excel 财务模型的组成

像其他财务报表一样，Excel 财务模型通常会由表头、表体、表尾三部分组成。

（1）表头。表头中有标题、副标题并强调金额单位。例如，单位：元、千元、万元等。

（2）表体。表体中包含所有项目、金额、汇总金额等。表体强调加边框，表体末行有汇总的结果。例如，小计/合计/总计。

提示：

①特别要注意的是如果 Excel 财务模型的金额是人民币元，金额需要设置为两位小数以表示人民币的角和分。②如果表中显示金额的单元格有零值，为方便看表，建议将财务模型设置为零值不显示。

设置 Excel 表格零值不显示的主要步骤详见本书 2.3.1。

（3）表尾。与其他 Excel 表格不同的是，Excel 财务模型中的表格必须设置表尾。通常要有主管、审核、制表等字样，便于相关人员签字或签章。

第 2 章　Excel 财务建模的前期准备

【摘要】本章阐述了 Excel 财务建模的软硬件需求以及对 Excel 财务建模设计者的素质要求，并通过多个微型案例列示了 Excel 财务建模必备的一些技巧、常用知识等前期准备。

2.1　Excel 财务建模的软硬件需求

基于 Excel 的财务模型问题实际上是一个简易的人机结合的系统，当然离不开电子计算机的软硬件支持。其基本构成包括：硬件资源、软件资源、信息资源和会计人员等基本要素。此处重点说明 Excel 财务建模时的软硬件资源。

2.1.1　硬件资源

硬件资源是指进行 Excel 财务模型数据输入、处理、存储、输出和传输的各种电子设备。主要包括：

（1）输入设备。如：键盘、光电扫描仪、条形码、扫描仪等。

（2）数据处理设备。如：计算机主机等。

（3）存储设备。如：硬盘、可移动硬盘、U 盘、光盘等。

（4）输出设备。如：打印机、显示器等。

（5）各种网络设备。如：网卡、集线器、中继器、网桥、网关、路由器、服务器等。

2.1.2　软件资源

软件资源是保证基于 Excel 的财务模型能够正常运行的核心和灵魂，我们需要的软件资源又可分为电子计算机的系统软件和应用软件 Microsoft Office 中的一个组件 Excel。

由于已安装有 Microsoft Office 的电子计算机均可支持 Excel 财务建模，所以在电子计算机普及的今天，Excel 财务建模的软硬件已不再是难事。

本书将选取 Office 2016 中的组件 Excel 2016 为财务建模的工具，但不局限于 Excel 2016，因为书中所有 Excel 财务模型的案例大多只用到了 Excel 的主要功能，这些案例均可在 Excel 的不同版本下完成并使用。

2.2　Excel 财务建模设计者的素质

2.2.1　设计者应具备的特质

不难想象，要想设计、构建一个令人满意的 Excel 财务模型，财务建模设计者必须要具备以下几点特质：

（1）时刻牢记你是一位出色的财务专家。进行 Excel 模型设置时，你一定要站在专家角度对模型进行布局和设计，设计出的模型目标清晰、专业、能解决预期的财务问题、便于修改、便于用户操作。

（2）你必须要熟悉 Excel 技巧和 Excel 财务建模流程。只有熟悉 Excel 运行环境和 Excel 技巧的人才能从用户的视角严格遵循 Excel 财务建模的流程设计、构建出较完美的、实用的、可行的 Excel 财务模型。

（3）你要相信自己是"虚拟世界的建筑师"。你要做的 Excel 财务模型实际上是"通过操作屏幕以及模型的架构，使得最终的输出结果含义清楚（易于理解）、灵活（易于修改）且站得住脚（难以推翻）"。在 Excel 财务建模的世界里，你需要充分发挥自己的想象力、才智并灵活使用你具有的一切 Excel 知识和能力。

（4）你要时刻牢记每个 Excel 财务模型都离不开反复试用、编辑、修改的过程。每个 Excel 财务模型只有经过输入各种条件的不同数据验证，反复试用、再修改、再试用的过程才能真正成为可用、可行的财务模型。

2.2.2　设计者应具备的知识

2.2.2.1　Excel 操作技能

Excel 2016 电子表格以其强大的数据处理和分析功能，已被广泛应用于财务工作中的各个环节。通过 Excel，财务人员能从大量的财务数据中整理、分析并得到有用的数据。因此，作为一名财务人员，要想达到事半功倍的效果，必须掌握 Excel 的以下操作技能。

（1）工作表的编辑及格式化。工作表的编辑及格式化，主要包括工作表的移动、插入和删除、工作表行高和列宽的设置、单元格格式的设置、单元格及单元格区域的命名、条件格式的应用、数据有效性的应用、模板文件的建立和使用等。

（2）公式和常用函数的运用。Excel 能够帮助使用者实现数据的计算与分析，这些计算与分析是通过 Excel 中已经提前设定的公式或函数来实现的，其应用范围涵盖了日常工作和财务分析等方面。公式和常用函数的运用主要包括：Excel 的运算符及其优先级、单元格的引用、公式的输入和修改、公式的复制和移动、数组公式的应用、公式的显示和隐藏、公式返回错误信息的识别、常用函数的基本语法和应用等。

（3）简单的 Excel VBA 应用。为了更好地发挥 Excel 的强大功能，提高使用 Excel 的工作效率，Excel 还提供了宏的功能以及内置的 VBA。用户可以使用这些功能创建自定义函数和自定义命令。即财务人员需要了解简单的 Excel VBA 应用，主要包括宏代码的录制、查看和编辑已录制的宏、宏的保存及执行、构成 Excel VBA 程序的常用过程、事件、对象、属性和方法的应用、常用语句的应用、简单变量的应用、常用 VBA 函数的应用等。

2.2.2.2　EXCEL 常用技巧

Excel 中有很多技巧，本书只介绍 Excel 财务建模时经常会用到的技巧。

（1）文本强制换行。输入方法：选定单元格，输入当前行文本后再按下 Alt+Enter 即可强制换行。

（2）数字以文本形式输入。

1）方法一：'数字。

说明：

这里的'是英文方式的单引号。例如，Excel 模型中常用到的身份证号输入方法是：选定目标单元格后输入'身份证号（回车），如：'64012319880818 1888（回车）即可输入一个身份证号；再如，以 0 开头的序号 001、002…中的 001，其输入方法是：选定目标单元格后输入'001（回车）。

2）方法二：在 Excel 中，先选定需要录入身份证号的行/列，单击右键"设置单元格格式"，再选择文本格式，最后正常录入身份证号即可。

（3）格式刷的用法。

1）格式刷仅用一次时：先选中（单击）设好格式的单元格，再单击工具栏中的"格式刷"按钮，鼠标变成"刷子"时在目标单元格刷（拖）一次。此时，鼠标将恢复常态。

2）格式刷用多次时：先选中（单击）设好格式的单元格，再双击工具栏中的"格式刷"按钮，鼠标变成"刷子"时在多个目标单元格刷。

注意：

直到再次单击工具栏中的"格式刷"按钮，鼠标恢复常态后方可取消格式刷功能。

（4）工作簿的保护。财务模型在创建完成或编辑修改后，为了防止数据丢失，避免重要的工作簿被盗、被查看或被篡改，应该对工作簿进行加密保存（即保护工作簿）。这样用户在打开和操作工作簿时必须先输入密码，从而达到保护工作簿的目的。

主要操作：单击"文件"→选择"另存为"命令→单击存储位置（选择盘符、路径、文件名）→在弹出的对话框下方选择"工具"命令→选择"常规选项"命令。在打开的对话框中依次输入 2 次"打开权限密码"和"修改权限密码"并保存即可。

（5）工作表的保护。同工作簿一样，如果不希望他人对某财务模型的工作表进行编辑，可以采用保护该工作表的方法，限制用户的操作权限，达到保护原始数据的目的。

方法一：右键单击工作表标签，在快捷菜单中选择"保护工作表"，之后就会弹出"保护工作表"对话框，输入取消保护时使用的密码。与此同时，用户可以设定保护各项内容的权限，如允许用户进行操作，则选择该内容，在前方的方框内打"√"，点击"确定"之后，需要再次确认密码，工作表保护完成。

方法二：可以通过"审阅"选项卡中的"更改"组中的"保护工作表"进行保护，具体操作内容如方法一。

如果该工作表已经被保护，用户进行相关操作时会弹出对话框，只有撤销保护，才能进行该工作表的编辑工作。

（6）隐藏和取消隐藏工作表。在财务模型的构建过程中，如果有一些工作表不希望被别人看到，但是又不能缺少，此时可以使用"隐藏"功能将这些内容隐藏起来。

主要操作：选中想隐藏的工作表，单击鼠标右键，在快捷菜单中选择"隐藏"，此时就会将选中的一个或多个工作表隐藏起来；如果需要取消已经隐藏的工作表，用鼠标右键点击工作表标签，在快捷菜单中选择"取消隐藏"，此时会弹出显示"取消隐藏"对话框，选择需要取消隐藏的工作表，单击"确定"取消隐藏成功。

说明：

只有工作簿中有已经隐藏的工作表，"取消隐藏"功能才是黑色可操作状态；如果工作簿中没有隐藏的工作表，"取消隐藏"功能为灰色不可操作状态。

（7）拆分工作表窗口及冻结窗口。

1）拆分工作表窗口。在"视图"选项卡中，单击"窗口"组中的"拆分"按钮，窗口中就会出现"十"字形拆分窗口。此时，用鼠标左键选中滑动杆，拖动需要分割单元格的右侧，放开，窗口拆分结束。

2）冻结窗口。工作时，如果需要表格的某一部分不随表格其他部分滚动，可以使用冻结窗格功能。应用冻结窗格功能，首先确定需要冻结的单元格，其次选择"视图"选项卡，单击"窗口"组中的"冻结窗格"下拉按钮，执行"冻结窗格"命令。

说明：

冻结窗格有 3 种命令，具体的功能：①冻结首行，滚动工作表其他部分时，保持首行始终可见。②冻结首列，滚动工作表其他部分时，保持首列始终可见。③冻结拆分窗格，滚动工作表其他部分时，保持用户自定义的行及列始终可见。

注意：

冻结窗格时需要特别注意冻结首行、冻结首列及冻结拆分窗格的不同效果。

2.2.2.3　财务知识及应具备的技能

财务知识是每一个财务人员必须系统学习的专业知识。作为一名财务模型的设计、创建者，在具有一定的会计、财务管理等相关专业知识的同时，还要具备熟练地处理单位发生的经济业务或会计事项进行计量并编制会计报告的能力。此外，还需要熟悉《会计基础工作规范》，具备一些会计的专业技能，这是对会计人员专业素养的一般要求。

财务人员必备的基本专业技能主要包括四个方面：

（1）书写技能。书写技能包括文字书写技能和数字书写技能。

1）文字书写。一般会计记录应以书写"行书"为宜，保证易读易认、省时省力。书写时还要保证字迹清晰、容易辨认，不写错字、别字、繁体字和不规范的简化字。

2）数字书写。在会计核算工作中，几乎每个环节都会有数字书写的问题。财务工作中对数字的书写不仅要字迹清晰、工整、容易辨认，而且要符合会计工作的专业要求。

（2）计算技能。计算技能一般包括珠算的使用技能、计算器（专用计算器、手机上的计算器、电脑上的计算器软件和计算机小键盘的使用等）的使用技能和熟练操作计算机其他财务应用软件的能力。信息时代还包括使用 Excel 和财务软件的能力，即以 Excel 作为工具，可解决财务应用中遇到的众多问题的能力已成为对所有 Excel 财务模型设计创建者必会的一项技能。

（3）编制凭证技能。编制凭证技能包括原始凭证的填制与确认、记账凭证处理、登记账簿技能等。

（4）编制报表技能。编制报表技能指会计人员根据已记账的数据，编制资产负债表、利润表、现金流量表、财务状况变动表及报表附注等的技能。

2.3　Excel财务建模时常用的选项设置

对Excel的选项设置会给Excel财务建模设计者带来一些方便。常用的设置如下：

2.3.1　零值不显示

为了让所建Excel财务模型显示的数据更加清晰、直观，我们经常按以下步骤给完成的Excel财务模型设置零值不显示：

主要操作：依次单击"文件"→"选项"→"高级"，在"此工作表的显示选项"下取消勾选"在具有零值的单元格中显示零"，如图2-1所示。

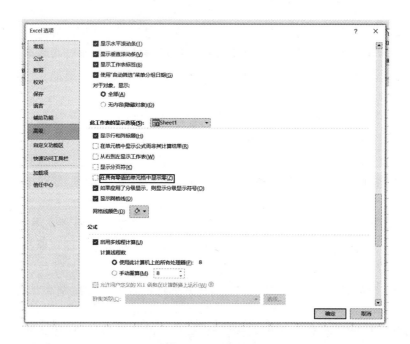

图2-1　零值不显示设置

说明：

如果取消刚才勾选的图 2-1 中的第 1 项则可恢复到零值显示的状态。

2.3.2　显示/取消 Excel 财务模型中定义的公式

有时候我们需要将 Excel 财务模型中定义的公式显示出来，这就需要进行下列选项设置：

主要操作：依次单击"文件"→"选项"→"高级"，在图 2-1 中直接勾选第 2 项："在单元格中显示公式而非其计算结果。"

说明：

如果取消刚才勾选的图 2-1 中的第 2 项则可恢复到不显示计算公式但显示单元格计算结果的状态了。

2.3.3　显示 Excel 菜单项"开发工具"，使用"表单控件"

由于 Excel 版本不同，显示"开发工具"中的控件方法略有不同。在 Excel 2016 中，显示"开发工具"菜单的方法是：单击菜单"文件"→"选项"，再单击"自定义功能区"后在右边的主选项卡框中选"开发工具"，如图 2-2 所示。

图 2-2　设置显示菜单项"开发工具"

之后，菜单项中将会显示"开发工具"项。

当然，如果 Excel 2016 中已有"开发工具"菜单项，可直接按以下操作步骤使用"表单控件"来设置建立图形控制按钮。

（1）使用"显示工具"菜单项中的"插入"→"表单控件"，单击选择一种需要的控件按钮。

（2）单击需要的控件，如"组合框"按钮，在需要处画（拖动）一个控件（"组合框"）。

（3）右键单击，选"设置控件格式"，根据不同控件进行相关设置。如图2-3所示是"组合框"按钮控件格式的情形。

图2-3 "组合框"按钮控件格式的设置

2.4 Excel 财务建模中数据的引用

2.4.1 Excel 单元格的引用类型

为了满足不同用途的需要，Excel 提供了三种不同的单元格引用类型或引用方式，即相对引用、绝对引用和混合引用。在引用的过程中，可以使用 F4 键进行三种单元格引用方式的切换，每按一次 F4 键，将切换一次引用类型。

2.4.1.1　相对引用

公式中的相对单元格引用是在 Excel 公式中包含单元格的相对位置引用。如果公式所在单元格的位置改变，引用也随之改变。如果多行或多列地复制或填充公式，相对引用的行或列会自动调整。默认情况下，新公式使用相对引用。

相对引用单元格格式通常为：

列标行号（没有$符号），如 A1。

2.4.1.2　绝对引用

公式中的绝对单元格引用（如$A $1）总是在特定位置引用单元格。如果公式所在单元格的位置改变，绝对引用将保持不变。如果多行或多列地复制或填充公式，绝对引用将不作调整。默认情况下，新公式使用相对引用，可以根据需要按 F4 将相对引用的单元格转换为绝对引用。

绝对引用单元格格式通常为：$列标$行号（列标和行号前面均有$符号），如$A $1。

说明：

在 Excel 中定义公式计算百分比时通常会考虑将分母单元格设置为绝对引用，以便于 Excel 公式的填充；否则计算百分比的公式填充时将出现错误信息"＃DIV/0！"，即分母为零无意义。

2.4.1.3　混合引用

Excel 中，当公式所在单元格的位置改变时，有时会要求行号保持不变、列标可相对变化；有时又会要求列标不变、行号相对可以改变。如果多行或多列地复制或填充公式，相对引用的"行/列"将自动调整，而绝对引用"行/列"将不作调整。因此，可以把混合引用分为两种：行不变、列变，或行变、列不变。

混合引用的单元格格式通常为：

（1）$列标行号。表示公式填充或复制时行号变，列标不变，如$A1。

（2）列标$行号。表示公式填充或复制时行号不变，列标可相对变化，如 A $1。

现以定义公式求如图 2-4 所示的 ABC 公司《一季度收支预算表》中计算收入合计、支出合计及各收入项目/支出项目占收入合计、支出合计的百分比为例，说明单元格引用的几种方式及其区别。

给图 2-4 加底纹的单元格定义公式的步骤如下：

①定义"收入合计"公式并向下填充公式。

定义 B8 公式＝SUM（B5：B7）

	A	B	C	D	E	F	G	H
1	一季度收支预算表							
2	企业名称:ABC公司							
3	财年始于:20××年1月							
4	收入	20××年1月	%	20××年2月	%	20××年3月	%	合计
5	主营业务收入	9000.00		8500.00		9500.00		
6	营业外收入	1800.00		2000.00		2300.00		
7	其他收入	2000.00		1500.00		2500.00		
8	收入合计							
9								
10	销售成本							
11	主营业务成本	3200.00		3000.00		3500.00		
12	营业费用	800.00		1000.00		1200.00		
13	营业外支出	1000.00		880.00		1000.00		
14	其他支出	700.00		500.00		900.00		
15	费用合计							
16								
17	纯利							

图2-4 ABC公司《一季度收支预算表》

定义 D8 公式=SUM（D5：D7）

定义 F8 公式=SUM（F5：F7）

②定义"各项收入"占"收入合计的百分比"公式并向下填充公式。

定义 C5 公式=B5/$B $8

定义 E5 公式=D5/$D $8

定义 G5 公式=F5/$F $8

提示：为便于填充公式，各百分比计算公式定义时分母均为绝对引用。

③仿①可定义"费用合计"公式。

定义 B15 公式=SUM（B10：B14）

定义 D15 公式=SUM（D10：D14）

定义 F15 公式=SUM（F10：F14）

仿②可定义"各项支出"占"费用合计的百分比"公式并向下填充公式。

定义 C10 公式=B10/$B $15

定义 E10 公式=D10/$D $15

定义 G10 公式=F10/$F $15

④根据"纯利润=收入合计-费用合计"可定义纯利润公式。

B17 公式=B8-B15

D17 公式=D8-D15

G17 公式=G8-G15

⑤定义第一季度收支预算表中合计及各项合计占收入合计/费用合计百分比的公式。

依据第一季度合计是1月、2月、3月各月合计之和，各月收入合计占第一季度收入合计的百分比计算公式应为：各月收入合计/第一季度收入合计，各月费用合计占第一季度费用合计的百分比计算公式为：各月费用合计/第一季度费用合计，不难得出以下公式：

ABC 公司《一季度收支预算表》中定义的公式：

"第一季度主营业务收入合计" H5 定义的公式是

=B5+D5+F5，向下填充到 H7

"第一季度收入合计" H8 定义的公式是

=B8+D8+F8 或 =H5+H6+H7

"1 月收入合计占第一季度收入合计的百分比" C5 定义的公式是

=B5/B8×100，向下填充到 C8

"2 月收入合计占第一季度收入合计的百分比" E5 定义的公式是

=D5/D8×100，向下填充到 E8

"3 月收入合计占第一季度收入合计的百分比" G5 定义的公式是

=F5/F8×100，向下填充到 G8

"1 月费用合计占第一季度费用合计的百分比" C10 定义的公式是

=B10/B15×100，向下填充到 C15

"2 月费用合计占第一季度费用合计的百分比" E10 定义的公式是

=D10/D15×100，向下填充到 E15

"3 月费用合计占第一季度费用合计的百分比" G10 定义的公式是

=F10/F15×100，向下填充到 G15

图 2-5 是 ABC 公司《一季度收支预算表》的参考答案。

	A	B	C	D	E	F	G	H
1	一季度收支预算表							
2	企业名称:ABC公司							
3	财年始于:20××年1月							
4	收入	20××年1月	%	20××年2月	%	20××年3月	%	合计
5	主营业务收入	9000.00	70.31%	8500.00	70.83%	9500.00	66.43%	27000.00
6	营业外收入	1800.00	14.06%	2000.00	16.67%	2300.00	16.08%	6100.00
7	其他收入	2000.00	15.63%	1500.00	12.50%	2500.00	17.48%	6000.00
8	收入合计	12800.00	100.00%	12000.00	100.00%	14300.00	100.00%	39100.00
9								
10	销售成本							
11	主营业务成本	3200.00	56.14%	3000.00	55.76%	3500.00	53.03%	9700.00
12	营业费用	800.00	14.04%	1000.00	18.59%	1200.00	18.18%	3000.00
13	营业外支出	1000.00	17.54%	880.00	16.36%	1000.00	15.15%	2880.00
14	其他支出	700.00	12.28%	500.00	9.29%	900.00	13.64%	2100.00
15	费用合计	5700.00	100.00%	5380.00	100.00%	6600.00	100.00%	17680.00
16								
17	纯利	7100.00	0.00	6620.00	0.00	7700.00	0.00	21420.00

图 2-5　ABC 公司《一季度收支预算表》参考答案

说明：

Excel 表格中 "金额" 数据应加两位小数，表示百分比的单元格应切换成百分比的形式，没要求小数时默认保留两位小数。

2.4.2　不同 Excel 表格中单元格数据的引用

有一定实用价值的 Excel 财务模型往往会涉及多个 Excel 表格中数据的引用，这里提到的多个 Excel 表格既可以在一个工作簿的同一个工作表中，也可以在同一个工作簿的不同工作表中。

引用不同 Excel 表格中单元格数据的方法通常是：自定义公式引用或"跨表操作"。

这种方法既适合一个 Excel 工作表中多个表格的单元格数据引用，也适合同一工作簿中不同工作表中单元格的数据引用。

一个单元格数据的引用（"跨表操作"）的格式：

［工作表名称］［！］单元格名称

说明：

（1）［工作表名称］表示如果引用的当前工作表中的单元格可以省略工作表名称。

（2）工作表名称与单元格名称之间以！分隔。

（3）单元格名称可以是相对引用、绝对引用和混合引用中的任何一种。

（4）自定义公式是等号（＝）开头，等号后面可以是数字、括号、运算符与不同单元格的引用方式组成的代数式。具体操作时，数字只需要用鼠标去点（系统自动记录的是单元格引用的某种方式），而公式中的括号、运算符等均需要从键盘上输入。

例如，在如图 2-6 所示的 LM 公司 20××年度销售情况汇总表中，将该表看成四个季度销售情况全年汇总时，全年销售金额就是同一个工作表中四个 Excel 表格中各季度销售金额的合计。

因此，该公司全年销售金额合计 E26 自定义的公式应该是：＝E6+E11+E16+E21，上机操作时＝和+从键盘上输入，而 E6、E11、E16、E21 则是鼠标分别点各季度销售合计单元格得到的公式。

提示：

（1）给 E26 定义的公式因为是同一个工作表中的四个工作表之间单元格数据引用，所以均省去了当前工作表的名称，直接引用单元格了。

（2）分别定义各季度合计"金额"公式并向下填充分别计算出表中所有数据的合计后，如果按下 Ctrl 键后一次选中"全年汇总表 3"中所有的销售金额合计（即同时选中 E6、E11、E16、E21、E26），再同时按下 Alt+＝，看看会有什么情况发生？

	A	B	C	D	E	F
1			20××年度销售情况汇总表			
2	季度	品名	单价	数量	金额	备注
3	一季度	电冰箱	2850.00	3		
4		电磁炉	1050.00	4		
5		电视	5000.00	6		
6		合计				
7	季度	品名	单价	数量	金额	备注
8	二季度	电冰箱	2980.00	2		
9		电磁炉	1100.00	6		
10		电视	4860.00	10		
11		合计				
12	季度	品名	单价	数量	金额	备注
13	三季度	电冰箱	2680.00	5		
14		电磁炉	1080.00	4		
15		电视	4200.00	7		
16		合计				
17	季度	品名	单价	数量	金额	备注
18	四季度	电冰箱	2640.00	6		
19		电磁炉	1050.00	2		
20		电视	4200.00	8		
21		合计				
22	全年汇总	品名	平均单价	销售数量	销售金额	备注
23		电冰箱				
24		电磁炉				
25		电视				
26		合计				

图 2-6　LM 公司 20××年度销售情况汇总表

再如，如图 2-7~图 2-11 所示。

一季度销售情况表				
品名	单价	数量	金额	备注
电冰箱	2850.00	30	85500.00	
电磁炉	105.00	45	4725.00	
电视	5000.00	12	60000.00	
合计			150225.00	

图 2-7　第一季度销售情况表

	A	B	C	D	E	F
1	二季度销售情况表					
2	品名	单价	数量	金额	备注	
3	电冰箱	2640.00	32	84480.00		
4	电磁炉	108.00	28	3024.00		
5	电视	4900.00	25	122500.00		
6	合计			210004.00		
7						

图 2-8　第二季度销售情况表

	A	B	C	D	E	F
1	三季度销售情况表					
2	品名	单价	数量	金额	备注	
3	电冰箱	2860.00	56	160160.00		
4	电磁炉	110.00	38	4180.00		
5	电视	4450.00	27	120150.00		
6	合计			284490.00		
7						

图 2-9　第三季度销售情况表

	A	B	C	D	E	F
1	四季度销售情况表					
2	品名	单价	数量	金额	备注	
3	电冰箱	2780.00	15	41700.00		
4	电磁炉	100.00	36	3600.00		
5	电视	4600.00	54	248400.00		
6	合计			293700.00		
7						

图 2-10　第四季度销售情况表

	A	B	C	D	E
1	20××年度销售情况汇总表				
2	品名	平均单价	销售总量	总金额	备注
3	电冰箱	2782.50	133	371840.00	
4	电磁炉	105.75	147	15529.00	
5	电视	4737.50	118	551050.00	
6	合计			938419.00	
7					

图 2-11　20××年度全年的销售情况汇总表

如果把图 2-7～图 2-11 中的 LM 公司 20××年度四个季度的销售情况表及 20××年度销售情况汇总表各在不同工作表中完成，并将各个工作表标签依次重命名为第一季度、第二季度、第三季度、第四季度、全年汇总表（共五个工作表），那么计算 20××年度销售情况汇总表中全年平均单价、销售总量、总金额及全年销售总额合计的所定义的公式就都是典型的"跨表操作"了。

20××年度全年的销售情况汇总表定义的公式如图 2-12 所示。

	A	B	C	D	E
1			20XX年度销售情况汇总表		
2	品名	平均单价	销售总量	总金额	备注
3	电冰箱	=AVERAGE(一季度!B3,二季度!B3,三季度!B3,四季度!B3)	=SUM(一季度!C3,二季度!C3,三季度!C3,四季度!C3)	=一季度!D3+二季度!D3+三季度!D3+四季度!D3	
4	电磁炉	=AVERAGE(一季度!B4,二季度!B4,三季度!B4,四季度!B4)	=SUM(一季度!C4,二季度!C4,三季度!C4,四季度!C4)	=一季度!D4+二季度!D4+三季度!D4+四季度!D4	
5	电视	=AVERAGE(一季度!B5,二季度!B5,三季度!B5,四季度!B5)	=SUM(一季度!C5,二季度!C5,三季度!C5,四季度!C5)	=一季度!D5+二季度!D5+三季度!D5+四季度!D5	
6	合计			=SUM(D3:D5)	
7					

图 2-12　20××年度全年的销售情况汇总表定义的公式

显然，20××年度全年的销售情况汇总表中所定义的公式在"跨表操作"引用单元格数据时均带有各季度工作表的名称。

2.5　Excel 中的数据验证

在输入 Excel 表格中的某单元格或某列数据时我们发现，如果按常规方法录入数据，不仅麻烦、易出错而且速度缓慢。为此，我们可以采用 Excel 中的数据验证（也称为有效性）设计在解决上述问题的同时还可以保障数据输入的有效性。

限于篇幅，现以设计如图 2-13 所示的某超市日记账中对"日期""单位"信息进行 Excel 数据验证设置为例说明数据验证的设置过程。

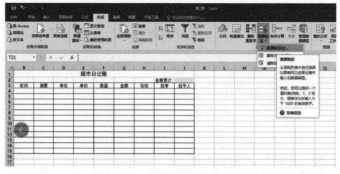

图 2-13　"数据验证"的设置

假设"日期"只能输入 2024 年上旬、"单位"为"件、个、千克、本"之一。

方法：

（1）选择设置数据有效性的区域或单元格。设置"日期"列时选择 A4：A15，若设置"单位"所在列则选择 D4：D15。

（2）单击菜单"数据"→单击"数据验证"下的按钮，如图 2-13 所示。

（3）单击"数据验证"将出现如图 2-14 所示的"数据验证"对话框。

图 2-14 "数据验证"对话框

（4）根据所设置字段的需要，在"设置"选项卡的"允许"下拉列表中选择选项"整数/小数/序列/日期/时间/文本长度/自定义"之一并进行相关设置。

本例允许下面设置"日期"列时选择"日期"并输入对日期列的限制条件；如果设置"单位"列时选择"序列"并在文本框中直接输入允许输入的数据序列，单位中间以英文半角状态下的逗号分隔，设置后分别如图 2-15 和图 2-16 所示。

（5）输入提示信息（内容可自拟）。设置"日期"列提示时，单击"输入信息"选项卡，在"标题"下输入"提示"（内容也可自拟）。在"输入信息"下面设置"请输入介于 2024-1-1 与 2024-1-10 之间的日期！"（此处提示的内容也可自拟）；设置"单位"列提示时，单击"输入信息"选项卡，在"标题"下输入"提示"（内容可自拟），"请您选择需要输入的单位！"（此处提示的内容也可自拟）。完成设置后单击"确定"按钮关闭对话框。

图 2-15　设置"日期"列时选择"日期"

图 2-16　设置"单位"列时选择"序列"

（6）设置错误提示信息（内容可自拟）。在设置了数据验证的单元格中输入非数据序列的数据后，Excel 弹出警告对话框。单击"出错警告"选项卡，在"样式"下拉列表中选择"警告/停止/信息"之一，并设置警告的"标题"和"错误信息"，如图 2-17 所示。完成设置后单击"确定"按钮关闭对话框。

图 2-17　设置警告的"标题"和"错误信息"

（7）输入数据，对"数据验证"的有效性设置进行正确性验证。例如，在 B4 单元格输入"2019-1-20"，系统将提示如图 2-18 所示的错误提示信息。点击"重试"按钮可重新输入正确的日期。

图 2-18　"数据验证"设置错误信息验证

2.6　Excel 中的模拟运算表

2.6.1　模拟运算表及其功能

2.6.1.1　模拟运算表

模拟运算表是 Excel 提供的一种只需一步操作就能计算出所有变化的模拟分

析工具。在工作表中输入公式，就可以利用模拟运算表进行假设分析，以查看公式中的某些数值的改变对公式结果的影响。模拟运算表是一个单元区域，这些单元格显示的内容为多个不同数值代入一个或多个公式后的结果，是一组存放在一个或多个公式中替换不同数据结果的单元区域。

2.6.1.2　模拟运算表的功能

（1）提供一种计算捷径，在一次操作过程中完成多组不同数值的计算。

（2）提供显示和比较方式，在工作表上一起显示与比较多组不同数值的操作结果。

2.6.1.3　模拟运算表的类型

模拟运算表分为单变量模拟运算表和双变量模拟运算表。

当对公式中的一个变量以不同值替换时，该过程将生成一个显示其结果的数据表格。我们既可以使用面向列的模拟运算表，也可以使用面向行的模拟运算表。

2.6.2　建立模拟运算表

2.6.2.1　建立单变量模拟运算表

主要操作步骤：

（1）在一行／一列中，输入要替换工作表上的输入单元格的数值序列。再从输入的行／列数值序列中选择某一个数据在序列上方（数值序列为行序列时）或序列的左方（数值序列为列序列时）的单元格内作为将要编辑的单元格。

（2）如果输入的数值被排成一列，可在第一个数值的上一行且处于数值列右侧的单元格中输入要用的公式。如果输入的数值被排成一行，可在第一个数值左边一列且处于数值列下方的单元格输入所需的公式。

（3）选定包含公式和被替换数值的单元格区域。

（4）单击“数据”菜单中的“模拟分析”下的“模拟运算表”命令，出现如图 2-19 所示的“模拟运算表”对话框。

图 2-19　“模拟运算表”对话框

（5）如果模拟运算表是列方向的，则单击"输入引用列的单元格"编辑框；如果模拟运算表是行方向的，则单击"输入引用行的单元格"编辑框，然后在工作表中选定引用行/列的单元格。

（6）单击"确定"按钮，得出结果。

例：某企业向银行贷款 10000 元，期限 5 年，用"模拟运算表"工具计算不同利率对月还款额的影响。

方法：首先，将已知数据输入到一个区域的单元格里（位置可自选），并将要选择模拟的数据表按行/列排放，建立如图 2-20 所示的面向行/列的模拟运算表。

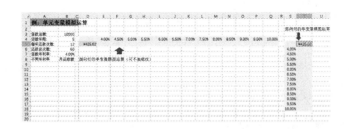

图 2-20　建立面向行/列的模拟运算表

其次，从数据序列中选定面向行/列的数据序列中的任意一个数据为参数放在本例"数据和公式"所在区域（黄色区域）外的某个单元格内。

再次，分别确定面向行/列的模拟运算表需要定义公式的单元格。本例中 S5 和 T5 均可以使用函数 PMT（）定义公式。对面向行的模拟运算表单元格公式应定义在第一个数据所在单元格 E4 左边下一个单元格 D5（加绿色底纹）；对面向列的单元格公式应定义在第一个数据所在单元格 S6 上方向右的单元格 T5（加绿色底纹）。面向行的模拟运算公式 D5 单元格定义公式＝PMT（B7/12，B4×12，-B3），如图 2-21 所示。

同理，面向列的模拟运算公式 T5 单元格定义公式＝PMT（B7/12，B4×12，-B3）。

提示：

上机操作时定义单元格 D5 和 T5 的公式时函数 PMT（）中的×应使用乘号＊，否则函数会出现错误！

最后，选择包含公式及序列的区域，即图 2-21 中面向行的模拟运算表选择区域 D4：Q5，面向列的模拟运算表选择区域 S5：T18，屏幕显示如图 2-19 所示"模拟运算表"对话框后，分别输入引用行的单元格 B7 或引用列的单元格 B7 即可出现想要的结果，如图 2-22 所示。

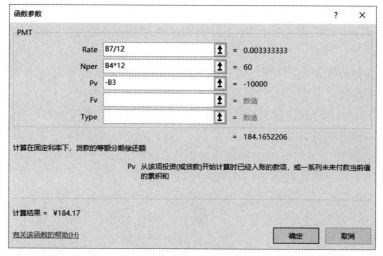

图 2-21 定义 D5 的公式

图 2-22 单变量模拟运算表例题参考答案

2.6.2.2 建立双变量模拟运算表

双变量模拟运算表中有两个变量并键入公式后，系统会自动将两个变量代入公式中逐一运算，并将答案放在对应的单元格中。

建立双变量模拟运算表的主要步骤：

（1）在工作表中某个单元格内输入引用两个输入单元格中替换值的公式。

（2）在公式的下面输入一组数值，在公式的右边输入另一组数值。

（3）选定包含公式以及数值行和列的单元格区域。

（4）单击"数据"菜单中的"模拟运算表"命令，出现如图 2-19 所示的"模拟运算表"对话框。

（5）在"输入引用行的单元格"框内输入要由行数值替换的输入单元格引用。

（6）在"输入引用列的单元格"框内输入要由列数值替换的输入单元格引用。

（7）单击"确定"按钮。

现通过以下双因素长期借款分析模型的创建说明双变量模拟运算表的创建过程。

例：某企业计划向银行申请长期借款进行项目投资，财务人员考虑两种还款方式，从中选其一。基本条件是：

（1）"用 6 年时间借款金额在 100 万~500 万元，利率在 5%~12%，采用到期一次还本付息还款方式"。

（2）采用"每年等额还本付息方式"。

试利用双变量模拟运算表分析哪种付款方式最为有利？

分析：本例中双变量分别是"借款金额"和"借款利率"。因此，本例中可以将"借款金额"设为行变量，从 100 万元变化到 500 万元；将"借款利率"设为列变量，从 5% 变化到 12%。第一种方式"到期一次还本付息"可利用复利公式计算偿还额，而第二种方式"每期等额偿还金额"可使用函数 PMT（）计算偿还额。最后利用 Excel 模拟运算表建立双因素长期借款分析模型。

应用模拟运算表建立双因素长期借款分析模型的方法：

（1）新增工作表"双变量模拟运算分析模型"。

（2）建立基础数据区及两种方式下双因素长期借款分析模型框架，如图 2-23、图 2-24 所示。其中：本金、利率和期数的数据输入到基本数据区。

	A	B	C	D	E	F	G	H	I
1	双变量模拟运算分析模型								
2									
3	基本数据	借款金额	100	借款期限		6	借款利率	5%	
4									
5	到期一次还本付息		¥-134.01	100	200	300	400	500	
6				5%					
7				6%					
8				7%					
9				8%					
10				9%					
11				10%					
12				11%					
13				12%					

图 2-23　双因素长期借款分析模型框架（第一种方式）

14								
15	每年等额还本付息		¥-19.70	100	200	300	400	500
16	PMT（）			5%				
17				6%				
18				7%				
19				8%				
20				9%				
21				10%				
22				11%				
23				12%				

图 2-24　双因素长期借款分析模型框架（第二种方式）

（3）定义计算还款额的公式。

第一种方式 C5 单元格定义的公式 = -C3×（1+G3）^E3。

第二种方式 C15 单元格定义的公式 = PMT（G3，E3，C3）。

（4）选中 C5：H13，单击"数据"菜单中的"模拟分析"下的"模拟运算表"命令，出现"模拟运算表"对话框后，在"输入引用行的单元格"后单击 C3 单元格，在"输入引用列的单元格"后单击 G3 单元格并单击"确定"。

双因素长期借款分析模型的参考答案如图 2-25 所示。

图 2-25　双因素长期借款分析模型的参考答案

（5）结果分析。以借款 200 万元、年利率 7%、借款 6 年为例。从上列模拟运算表模型中不难看出：第一种方式"到期一次还本付息"需要偿付款 300.146 万元；第二种方式"每年等额偿还金额"偿还额为：-41.9592×6 = 251.755（万元），即第二种方式 6 年共需要偿还 251.755 万元。

显然，251.755<300.146，第二种方式偿还额小于第一种方式，即方式二比方式一负债少。因此，本题应选择第二种借款方式。

第 3 章 Excel 财务建模之启动

【摘要】本章将通过 T 型账模型的设计、制作过程阐述利用 Excel 制作简单的 Excel 财务模型，从发现问题到项目（案例）分析，再到准备资料、建立 Excel 财务模型并经过试用修改后投入使用所经历的整个过程。

Excel 财务建模的启动与所有的项目启动相仿，都需要经过发现问题→分析问题→前期准备→设计制作→试运行后再编辑修改→最终投入使用的过程。这里的简单 Excel 财务模型的设计实际上指的是利用 Excel 工作簿中的一个工作表中的一个 Excel 表格即可完成的 Excel 财务模型。

众所周知，只要你留意，生活中总会存在着大量问题等待着我们去探究。如财务人员熟悉的《工资表》《管理费用明细表》《奖金发放表》以及财务管理、财务分析中的许多问题，都需要我们财务人员去分析、查询或解决。如果你能通过 Excel 财务建模完成这些任务，将会达到仅用一个模型即可解决同类问题的目的。

现以《会计基础》中 T 型账户对应模型的设计与构建为例，说明发现并构建 T 型账模型的整个过程。

3.1 发现问题

对 T 型账模型而言就是要清楚设计 T 型账模型的缘由。

T 型账户（以下简称 T 型账）因形似"丁"字，又称为丁字账。T 型账作为账簿的简化形式，可以直观表达账户结构的核心内容，在会计实务教学中具有方便、实用的功能和作用。因此，研究 T 型账并较好地运用 T 型账分析会计账户的期初余额、每笔业务的发生额、本期借方/贷方发生额、期末余额等数据及其与企业账、证、表上数据的关系有着十分重要的现实意义。

然而，在实际工作中，如果借助 T 型账讲授或分析处理会计业务，不难发现手工画"T 型账"、逐笔登记期初余额和本月经济业务容易，但计算本期借方/贷方发生额、期末余额却是一件繁杂且容易出错的事。这正是实际工作中财务人员不愿意做 T 型账进行数据核查的主要原因之一。因此，构建基于 Excel 的 T 型账模型，大大减少了 T 型账计算工作量，确保计算数据准确，是我们设计、制作 T 型账模型的初衷，也是我们发现需要构建 T 型账模型的动力。

3.2　项目分析

利用 Excel 建立财务模型时一定要进行项目分析，也称为案例分析。案例分析通常包括需求分析和可行性分析两个方面。对 T 型账模型而言，项目分析是要分析设计 T 型账模型的需求分析和可行性分析，从而完成构建 T 型账模型的案例分析。

3.2.1　需求分析

构建 T 型账模型的终极目的是解决计算本期借方/贷方发生额、期末余额的问题。

显然，我们建立的 T 型账模型应符合传统的 T 型账的基本要求。如：不仅要形似，其内涵（反映的事项和内容）也要与传统 T 型账保持高度一致。因此，我们设计的 T 型账模型应该有相对固定的结构和特征，样式大致如图 3-1 所示。

会计账户

借方		贷方
资产的增加		资产的减少
负债的减少		负债的增加
所有者权益的减少		所有者权益的增加
收入的减少		收入的增加
费用的增加		费用的减少
利润的减少		利润的增加
资产的金额		负债和所有者权益的余额

图 3-1　会计账户的 T 型账

每个会计账户都包括账户名称、记录账户金额增加的部分和记录账户金额减少的部分。现代会计普遍采用借贷记账法记账，通常将 T 型账的左方称为借方，右方称为贷方。T型账一般还可以反映出账户中的期初余额、本期借方/贷方发生额、期末余额等。

按借贷记账法规则，资产类、费用类会计账户增加记在借方，减少记在贷方；负债类、所有者权益、收入和利润的增加记在贷方，减少记在借方。如图 3-1 所示。

3.2.2　可行性分析

在考虑定义公式计算期末余额时我们发现了新的问题——仅设计一个简单的T型账模型根本无法满足期末余额在借方或在贷方的要求，此方案不可行。为此，我们大胆构想——考虑设计两个T型账模型同时使用，即同时设计T型账模型 A 和 T型账模型 B。将 T型账模型分成供资产类、成本类和支出类会计科目使用的"期末余额在借方"的 T型账模型 A，以及供负债类、所有者权益类、收入类科目使用的"期末余额在贷方"的 T型账模型 B。这样 T型账模型的设计就可以满足可行性的要求了。

3.3　准备资料

依靠来自一线的数据，我们才能对构建的模型进行反复试用和检测。

为了更好地帮助我们设计并验证 T型账模型，我们特地准备了 T型账模型试用以下业务资料：

资料 1：W 公司 1 月会计科目及期初余额表如下：

编码	名称	方向	期初余额
1001	库存现金	借：	500.00
1002	银行存款	借：	130000.00
100201	工行存款	借：	123500.00
100202	中行美元户（汇率6.5）	借：	6500.00（$1000）
1121	应收票据	借：	100000.00
112101	贺兰新兴公司	借：	76000.00
112102	北京红大地公司	借：	24000.00
1221	其他应收款	借：	1000.00
122101	职工借款	借：	1000.00
12210101	王 *	借：	500.00

12210102	李 *	借：	300.00	
12210103	张 *	借：	200.00	
1405	库存商品（计量单位：吨）	借：	10000.00	（数量：5 吨）
1511	长期股权投资	借：	200000.00	
1601	固定资产	借：	200000.00	
1602	累计折旧	贷：	40000.00	
1604	在建工程	借：	50000.00	
160401	人工费	借：	5000.00	
160402	材料费	借：	45000.00	
1701	无形资产	借：	15000.00	
2001	短期借款	贷：	2000.00	
2202	应付账款	贷：	82500.00	
220201	黄河公司	贷：	80000.00	
220202	红星工厂	贷：	1000.00	
220203	旺仔公司	贷：	1500.00	
2211	应付职工薪酬	贷：	100000.00	
221101	福利费	贷：	100000.00	
2221	应交税费	贷：	96000.00	
222101	应交增值税	贷：	6000.00	
22210101	进项税额	借：	1000.00	
22210105	销项税额	贷：	7000.00	
222106	应交所得税	贷：	90000.00	
4001	实收资本	贷：	426000.00	

提示：

进项税额余额在借方。

资料2：W 公司1月发生的经济业务如下（增值税按13%计算）：

（1）2日，销售一部张 * 购买了200元的办公用品，以现金支付。（附单据一张）

（2）3日，财务部王 * 明从工行提取现金1000元，作为备用金。（现金支票号 XJ001）

（3）5日，收到 X 集团投资资金10000美元，汇率1：8.275。（转账支票号 ZZW001）

（4）10日，供应部张 * 红采购生产用原材料10吨，每吨5000元，材料直接入库，货款以银行存款支付。（转账支票号 ZZR001）

（5）12日，销售二部宋＊云收到北京 SSS 公司转来一张转账支票，金额 99600 元，用以偿还所欠货款。（转账支票号 ZZR002）

（6）14日，供应部马＊锋从 Y 公司购入可销售的产品 100 件，单价 80 元，货税款暂欠，商品已验收入库。

（7）16日，总经理办公室支付业务招待费 1200 元。（转账支票号 ZZR003）

（8）18日，总经理办公室孟＊新出差归来，报销差旅费 2000 元，交回现金 20 元。

（9）24日，生产部领用原材料 5 吨，单价 5000 元，用于生产。

（10）28日，销售产品 50 件，单价 130 元，款已存入银行。

（11）31日，期间损益结转。

要求：设计 Excel T 型账模型，并运用自行设计的 Excel T 型账模型完成 W 公司 1 月的 Excel "T 型账"。

3.4 建立财务模型

有了充分的前期准备，就可以进行 T 型账模型的构建了。

下面开始 Excel T 型账模型 A 的设计与制作。

（1）进入 Excel 2016（其他版本也可以）。

（2）按照 "形似" 传统 T 型账户的原则，在 Excel 中先画出如图 3-2 所示的 T 型账模型 A 的样表。

	A	B	C	D	E	F	G
1				会计账户			
2	借方					贷方	
3	期初余额						
4							
5							
6							
7							
8	本期发生额合计			本期发生额合计			
9	期末余额						
10							

图 3-2　T 型账模型 A 样表

需要说明的是，实际应用中，某科目 "T 型账模型 A" 使用时 C3 输入该科目的借方期初余额，借方 A4、B4、C4 或贷方 D4、E4、F4 分别登记首笔业务序号、发生日期及发生额，第 5~7 行开始录入该科目其他业务。发生额的行数若不够，可根据业务需要在借/贷方发生额所在行处自行插入多行。T 型账模型 B

也相同。

（3）定义 T 型账模型 A 的计算公式。其中本期借方发生额合计、贷方发生额合计、期末余额均需要定义公式。

1）定义本期借/贷方发生额公式可直接求和。选中 C8，直接用 SUM（）函数并选择求和区域 C4：C7；选择 F8，F8 公式为：=SUM（F4：F7）。

2）定义期末余额公式。T 型账模型 A 科目余额在借方，其中科目期末余额=期初余额+本期借方发生额-本期贷方发生额。因此，会计科目期末余额 C9 的公式为：=C3+C8-F8。

3）检验“T 型账模型 A”中公式的正确性。根据某企业本月业务分别输入 T 型账模型 A 一些数据（例如，分别输入本月库存现金、银行存款的期初余额、借方/贷方发生额），观察该模型中自动生成的借方/贷方发生额合计和期末余额结果，不难发现 T 型账模型 A 中公式计算的数据不仅准确无误，而且可随借/贷方发生额的变化而动态变化。

（4）将“T 型账模型 A”复制后很容易设计出“T 型账模型 B”的样表。

特别说明：这 2 个模型既可同时设计在一个工作表中，也可以单独设计在 2 个工作表中。本书采用前者，样表如图 3-3 所示。

	A	B	C	D	E	F	G	H	I	J	K	L	M
1	会计账户							会计账户					
2	借方					贷方		借方					贷方
3	期初余额										期初余额		
4													
5													
6													
7													
8	本期发生额合计		0	本期发生额合计		0		本期发生额合计		0	本期发生额合计		0
9	期末余额		0								期末余额		0
10													

图 3-3　T 型账模型 A（左）与 T 型账模型 A（右）

以下是 T 型账模型 B 中定义的计算公式：

本期借方发生额 J8 的公式：=SUM（J4：J7）

本期贷方发生额 M8 的公式：=SUM（M4：M7）

期末余额 M9 的公式：=M3+M8-J8。

T 型账模型 B 中 M9 的公式是根据期末余额=期初余额+本期贷方发生额-本期借方发生额定义的。

（5）试用 T 型账模型。根据 W 公司的资料及各账户的性质，分别将各科目期初余额、发生额录入到如图 3-3 所示的两个 T 型账模型中试用。显然，T 型账模型 A 和 T 型账模型 B 中的本期发生额、期末余额都随着录入经济业务数据的变化而动态变化着，但只能说明 T 型账模型所定义的公式在起作用。录入数据较多后，我们不难发现这两个模型中仍然存在着以下不容忽视的问题：

1）两个 T 型账模型太相像，使用模型时容易混淆、用错，导致做出的 T 型账出错。

2）在录入各会计账户期初余额和借方/贷方首笔发生额时容易输错单元格位置。

3）日期格式不规范、摘要不清楚、金额的小数位置凌乱。

4）没有进行零值不显示设置，定义公式的单元格有数字 0。

这恰好提示我们"细节决定成败"、一个 Excel 财务模型必须要经得起代入不同数据反复试用、发现问题再进行编辑修改的全过程。

（6）反复编辑修改试用 T 型账模型后方可投入使用。

面对试用时出现的问题，我们采取的措施是对这两个模型进行一些改进——修饰。以下以修饰"T 型账模型 A"为例。建议进行以下操作：

1）标示出登记期初余额的位置。方法：选中单元格 C3，加一种填充色。

2）标示出登记借方/贷方首笔发生额的位置。方法：选中单元格 C4 和 F4，加另一种填充色。

3）设置"模型"中输入日期区域显示日期的形式。以设置 B4：B7 为日期型单元格"3 月 14 日"的形式为例，选中区域 B4：B7，右键单击选"设置单元格格式"，点"数字"选项卡，再点"日期"，在右边类型框中选择"3 月 14 日"即可达到输入数字日期"1-2"显示"1 月 2 日"的目的。同理，也可设置区域 E4：E7、I4：I7、L4：L7 为日期型或选中已设日期型的区域 B4：B7 后，双击格式刷后，用格式刷去刷区域 E4：E7、I4：I7、L4：L7 更快捷。

4）设置两个"模型"中零值不显示。通过依次单击 Excel 中"文件"→"选项"→"高级"，在"此工作表的显示选项"下面去掉"在具有零值的单元格中显示零"前的对钩。

5）给 T 型账模型 A 和 T 型账模型 B 所在区域分别设置不同的边框或底纹，以便使用时明显区别这两个子模型。此处我们可将这两个"子模型"分别加红色和绿色的边框。

以给"T 型账模型 A"所在区域加边框为例，主要操作步骤：选择区域 A1：F9，右键单击选"设置单元格格式"出现如图 3-4 所示的"设置单元格格式"对话框之后，点击"边框"选项卡后，选择线型，再选择红色后，点击外边框按钮即可出现图 3-5。

修饰后的 T 型账模型 A 如图 3-5 所示。

仿此步骤可给 T 型账模型 B 所在的区域 H1：M9 加上绿色边框。

可投入使用的 T 型账模型 A 和 T 型账模型 B 如图 3-6 所示。

图 3-4   给 T 型账模型 A 设置红色边框

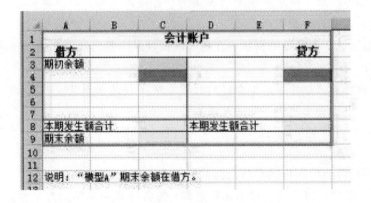

图 3-5   修饰后的 T 型账模型 A

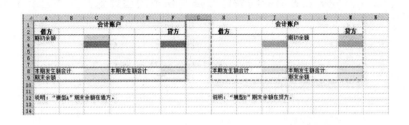

图 3-6   设计好的 "T 型账模型 A" 和 "T 型账模型 B"

3.5 财务模型使用注意事项

现以 Excel T 型账模型为例，说明使用财务模型时应注意的事项。

（1）财务模型投入使用前一定要注意保存原版的模型。建议 Excel T 型账模型使用前先复制建立的模型，再在复制后的模型中输入实际数据试用。

（2）正式投入使用的模型一定要提供正确的使用方法或编制使用说明书。以 T 型账模型为例，其使用方法简述如下：

1）根据会计账户特点选择 T 型账模型 A/T 型账模型 B。

2）复制选定的 T 型账模型 A/T 型账模型 B。

3）修改选定 T 型账模型的会计账户的名称。

如：银行存款先选 T 型账模型 A 再改会计账户名称；实收资本则先选 T 型账模型 B 后再改会计账户名称。

4）根据 3.3 中准备的资料一在规定的位置录入各会计账户的期初余额。

注意：

有明细科目的会计账户 T 型账的处理方法（详见如图 3-7 所示的银行存款、建行存款、中行美元户 T 型账的处理）。

5）重复步骤1）~步骤4），直至完成各会计账户的 T 型账开户任务（已经录入期初余额）。

6）进行各会计账户的期初余额试算平衡检查。

要求：**各会计账户期初借方余额之和＝各会计账户期初贷方余额之和**才表示期初余额试算平衡，说明 T 型账开户正确。

7）完成本月经济业务对应的会计分录并在不同会计账户 T 型账中相应位置录入借方/贷方发生额。

分两步完成：

第一步：根据 3.3 中的资料二，完成的会计分录如下：

①1 月 2 日，购买办公用品。

借：销售费用（6601）　　　　　　　　　　　　　　　　200

　　贷：库存现金（1001）　　　　　　　　　　　　　　　　200

②1 月 3 日，提取现金。

借：库存现金（1001）　　　　　　　　　　　　　　　　1000

　　贷：银行存款-工行存款（100201）　　　　　　　　　　1000

③1 月 5 日，收到投资。

借：银行存款-中行存款（100202）	82750
贷：实收资本（4001）	82750

④1 月 10 日，购买原材料。

借：原材料-生产用原材料（140301）	50000
贷：银行存款-工行存款（100201）	50000

⑤1 月 12 日，收到货款。

借：银行存款-工行存款（100201）	99600
贷：应收账款（1122）	99600

⑥1 月 14 日，购入光盘。

借：库存商品（1405）	8000
应交税费-应交增值税-进项税（22210101）	1040
贷：应付账款（2202）	9040

⑦1 月 16 日，支付招待费。

借：管理费用-招待费（660205）	1200
贷：银行存款	1200

⑧1 月 18 日，报销差旅费，收回现金 20 元。

借：管理费用-差旅费（660204）	1980
库存现金（1001）	20
贷：其他应收款（1221）	2000

⑨1 月 24 日，生产部领用原材料。

借：生产成本-直接材料（500101）	25000
贷：原材料-生产用原材料（140301）	25000

⑩1 月 28 日，销售软件光盘 20 张，单价 130 元，款已存银行（税率 13%）。

借：银行存款-工行存款（100201）	2938
贷：主营业务收入（6601）	2600
应交税费-增值税-销项税（660204）	338

⑪1 月 31 日，结转收入。

借：主营业务收入（6601）	2600
贷：本年利润（4103）	2600

⑫1 月 31 日，结转支出。

借：本年利润（4103）	3380
贷：销售费用（6601）	200
管理费用-招待费（660205）	1200

管理费用-差旅费（660204）　　　　　　　　　　　　　　1180

第二步：根据上述会计分录在各会计账户中规定位置录入各经济业务，摘要可省略不输入，使用业务序号代替。

提示：

①根据科目性质判断科目余额方向，从而决定使用 T 型账模型 A 还是 T 型账模型 B。通常资产类、成本费用类科目可选择先复制 T 型账模型 A，而负债类、所有者权益类、收入类科目则选择 T 型账模型 B。

②对企业每一个账户（包括总账科目及其明细科目），先复制所选择的模型，再按设计要求录入各账户的期初余额，期初余额试算平衡后才能开始录入发生额。

限于篇幅，本案例仅以图 3-7 表示 T 型账模型使用后的效果，仅供参考。

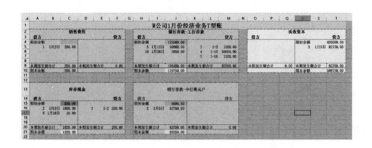

图 3-7　T 型账模型使用后的效果

说明：

①此处的 T 型账模型 A、T 型账模型 B 均使用了加底纹的方法区别。②为方便用户看到本期发生额处定义的公式，以上 2 个 T 型账模型中没有使用零值不显示。

（3）如果使用的 Excel 财务模型很重要，建议交付用户使用前采用加密码的方式保护该模型的文件和定义公式的单元格。

第4章 Excel 财务模型的构建及设计模式

【摘要】本章分析了 Excel 财务模型构建时可归纳的三类设计模式、创建框架及三类设计模式各自构建 Excel 财务模型前的案例分析流程图和创建好的财务模型的一般样式，并阐明了不同设计模式的特点、适用范围及使用时的注意事项。

4.1 Excel 财务模型构建模式分类

经常有人问：如何构建财务模型？Excel 财务模型有模式（模板）可用吗？采用何种设计思想呢？让我们一起来探讨一下吧……

Excel 财务模型构建时是有设计模式（模板）可寻的。经过反复实践，我们发现了可归类的以下三类 Excel 财务模型设计模式（模板）：

4.1.1 第一类：Excel 财务模型设计模式 I

以下简称"模式 I"。即常见的利用工作表中一个或多个简单工作表即可完成的 Excel 模型。简单财务模型的创建没有固定的程式，其实际上是按照财务问题的核心内容及操作步骤来设计、创建一个 Excel 表格构成的 Excel 财务模型的。

绝大多数需求简单、便于进行分析的财务问题我们都可以按"模式 I"进行 Excel 财务建模。

4.1.2 第二类：Excel 财务模型设计模式 II

以下简称"模式 II"。这类 Excel 财务模型虽然还是使用一个工作表，但根据结构化程序设计的思想，我们遵循"化整为零，积零为整"的原则把需要输入的多项信息分别通过在一个 Excel 工作表中完成多个 Excel 子表的形式汇总到顶层的汇总表中的方式实现。

"模式Ⅱ"建立的 Excel 模型特别适合于企事业单位按工作量核发工资或有多项内容需要纳入汇总项或进行多个项目（方面）绩效考核的情形。

4.1.3 第三类：Excel 财务模型设计模式Ⅲ

以下简称"模式Ⅲ"。这类 Excel 财务模型往往会用到多个工作表和工作表之间的"超级链接"，更确切地说是可以形成一个基于 Excel 的财务相关问题管理系统。这种模式虽然使用较方便，但前期准备（基础数据的收集）、系统架构设计等较为复杂。

"模式Ⅲ"特别适合于建立基于 Excel 的各种简单财务管理系统的设计。

此外，还有很多 Excel 财务模型设计问题，会涉及利用宏、VBA 语句、不常用的 Excel 函数等知识。这类 Excel 财务模型的设计虽然能创作出更美观、具有一定实用性的 Excel 财务模型，但因对财务模型设计者要求太高，本书暂不赘述。

需特别注意的是，无论何种 Excel 财务模型定义公式都必须使用单元格引用的方式，而且同一财务问题不同人设计出的形式（表样）可能大不相同，但逻辑关系和结果应该是相同的。

本章我们将重点探讨"模式Ⅰ""模式Ⅱ""模式Ⅲ"进行 Excel 财务模型设计之模式的一般架构、各自的特点，并通过典型案例分别说明这三类 Excel 财务模型设计模式应用及使用时的注意事项。

4.2 构建 Excel 财务模型模式Ⅰ

4.2.1 "模式Ⅰ"的创建框架及特点

如前文所述，简单的财务模型问题中一定会有一些需要事先输入数据的已知量和经过分析需要求出的未知变量对应的数据。通常我们可将这些已知量称为基础数据，提前分布在基础数据区，形式不限；而将需要经过探究、分析后得出的未知量根据解决问题的需要设计、布置在数据分析区。因此，"模式Ⅰ"的创建框架大致可归为如图 4-1 所示的样式。

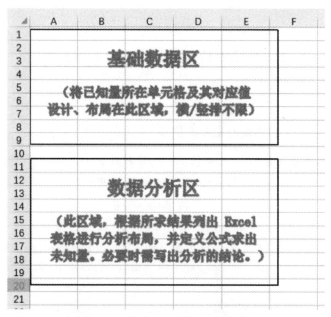

图 4-1　"模式 I"创建的一般框架

"模式 I"中的数据分析区与基础数据区的联系往往会通过使用 Excel 函数、引用单元格数据等进行 Excel 公式的定义实现。一些 Excel 财务模型中还可能使用到 Excel 中的一些技巧及数据处理工具。

"模式 I"的创建框架突出的特点是简洁、实用，通常只需要一个 Excel 工作表就能完成。建好一个模型后只要改变基础数据区的数据就可在数据分析区看到随之动态变化的数据分析区的数据变化。

4.2.2　"模式 I"使用时的注意事项

（1）定义公式时一定要将已知量按相对引用、混合引用或绝对引用的形式引用，而不能直接在公式中输入已知数据的数值。

（2）构建好的 Excel "模式 I"在代入数据验证的环节，一定要考虑已知量数据输入的各种可能性。且不可只验证其特殊情况。

（3）投入使用前的模型一定要按照财务模型的约定和财务问题的需要进行修饰、美化处理。如表格加边框、加表尾设计、零值不显示、金额单位为元时小数位设为 2 位等。

提示：

"模式 I"使用时的注意事项适用于以下所有 Excel 财务模型，本书不再重复说明。

4.3 构建 Excel 财务模型模式 Ⅱ

4.3.1 "模式Ⅱ"创建的主要流程

"模式Ⅱ"是典型的在一个 Excel 工作表中通过"自下而上，逐步求精"的结构化程序设计原则创建财务模型的一种模式。因此，要十分重视使用"模式Ⅱ"构建 Excel 模型前的案例分析。特别地，分析清楚需要汇总的各子项目涉及的数据项（字段名）、汇总的方式及最终汇总的算法尤为重要。

遵循结构化程序设计原则"模式Ⅱ"构建 Excel 财务模型前的案例分析流程如图 4-2 所示。

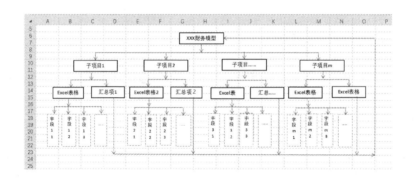

图 4-2 "模式Ⅱ"构建 Excel 财务模型前的案例分析流程

不难看出，使用"模式Ⅱ"创建的 Excel 财务模型不仅需要提前准备的资料（数据）较多，而且需要将多个 Excel 子表按从前向后的顺序排放。由于各子表汇总的方式可能不同，所以各 Excel 子表定义的汇总公式也需要按题目中各子项目的具体要求进行。

4.3.2 "模式Ⅱ"创建出的财务模型一般样式

显然，使用"模式Ⅱ"时，先在一个 Excel 工作表中完成多个 Excel 子表：Excel 表格 1、Excel 表格 2、……、Excel 表格 m 后，最后再将汇总 1、汇总 2、……、汇总 m 按创建的财务模型要求汇总完成的"Excel 财务模型设计（模式Ⅱ）"即为"模型Ⅱ"完成后的样式。

需要说明一下，虽然"Excel 财务模型设计（模式Ⅱ）"是最后完成的，但在本模型投入使用时为了便于看结果，我们还是把这个汇总表设计为第一个表格——通常在财务模型标题下面。所以，按"模式Ⅱ"设计出来的 Excel 财务模型样式如图 4-3 所示。

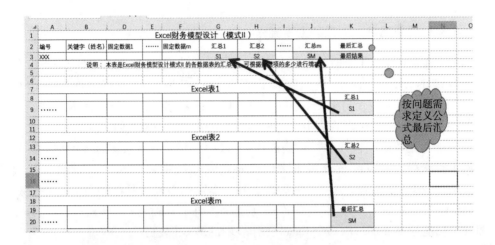

图 4-3 按"模式Ⅱ"设计出来的 Excel 财务模型的一般样式

图 4-3 中加底纹的单元格都需要按问题需要定义公式，汇总表取汇总 1、汇总 2、……、汇总 m 的数据使用的是引用同一个工作表中不同数据的方法。详见本书 2.4.2。

图 4-3 中定义的公式如下：

G3（汇总 1）单元格定义的公式是＝K9

H3（汇总 2）单元格定义的公式是＝K14

……

J3（汇总 n）单元格定义的公式是＝K20

"模式Ⅱ"最后的结果应该是根据问题需要定义"最后汇总"单元格 K3 公式后的结果。

显然，按"模式Ⅱ"设计出的 Excel 财务模型特别适合按工作量法考核企事业单位员工工作量的情形。先由员工自己填报工作量，再由上级部门汇总到一个 Excel 表格中，最后根据单位效益确定标准工作量对应的"单位标准金额"后，将"最后汇总"的结果 K3 乘以这个"单位标准金额"就得到每个员工绩效考核后的绩效工资了。详见第 6 章案例。

4.4 构建 Excel 财务模型模式Ⅲ

4.4.1 "模式Ⅲ"创建的主要流程

一个典型的 Excel 管理系统离不开一系列的 Excel 基础数据表和多个 Excel 分析数据表的设计。所以，按照结构化程序设计原则"模式Ⅲ"的设计过程是：先搜集、准备好所有 Excel 基础数据表格中的数据，再分析案例需要构建的各 Excel 分析数据表对应的功能。此步就成了顺利完成该系统的首要任务。

图 4-4 是按照"模式Ⅲ"思路创建 Excel 财务相关管理系统财务模型的案例分析主要流程。假设经过分析本案例涉及的基础数据表有 m 个，其名称依次是：基础表 1、基础表 2、……、基础表 m；本案例涉及的功能项目有 n 个，其名称依次是：功能一、功能二、……、功能 n。每个基础表 i（i=1，2，…，m）和 n 个功能项都分别对应一个 Excel 工作表中的 Excel 表格。

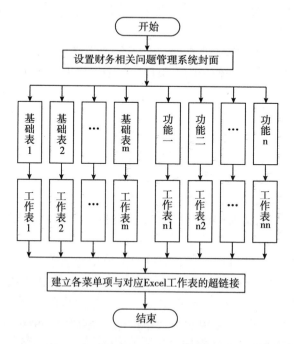

图 4-4 "模式Ⅲ"构建 Excel 财务相关管理系统模型的案例分析流程

图 4-4 中最后的流程指将各基础表名称、各功能名称分别（以下可统称为所建 Excel 系统之菜单项）与对应的 m+n 个工作表建立"超级链接"即可通过选择不同的系统菜单项，方便地切换到相应的工作表中。

提示：

建立各菜单项与各工作表之间的操作：右键单击菜单项，选择"超链接"，再选择"本文档中的……"后再选择需要链接的工作表即可。具体操作步骤详见本书第 8 章至第 12 章案例。

4.4.2 "模式Ⅲ"创建财务模型的一般样式

如 4.1 所述，按照"模式Ⅲ"设计出的是基于 Excel 的一些财务管理系统模型。由于一个财务系统会有大量基础数据并以多个 Excel 基础表格的形式出现，而需要分析、计算的结果也往往是通过一些 Excel 表格呈现的。所以，如果按照"模式Ⅲ"构建 Excel 财务模型需要分别在不同的工作表中提前完成多个 Excel 基础表格，同时还要在不同的 Excel 工作表中设计并完成经过案例分析得出的多个 Excel 相关表格。

为了使用户操作方便，一般情况下我们还需要为所建系统单独设计一个封面（首页）。通常，基于 Excel 的财务管理系统财务模型的封面上要反映的信息有系统名称、版本信息、基础数据区设置的项目名称、功能区设置的项目名称、作者信息、制作时间等。

封面中的背景图片可通过点 Excel 菜单"插入"→"图片"，选择喜欢的图片→调整图片大小、位置即可；封面中的菜单项既可以是单元格或插入的文本框，也可以是插入的某种经过修饰后的形状。为保持各菜单项风格统一，通常会采用创建好一个修饰好的菜单项后再复制、修改文字的方法。

建立菜单项与对应 Excel 工作表"超级链接"的方法：

选中所建 Excel 系统之封面中的某个菜单项→右键单击，选"超级链接"→点"本文档中的位置"→选对应工作表即可。

提示：

（1）一个财务管理系统往往还需要建立从各工作表返回封面的按钮，方法还是插入一个形状，修饰后超链接到封面。

（2）创建好返回封面的一个按钮后可直接复制到其他工作表中使用。

模式Ⅲ创建的 Excel 财务模型一般样式如图 4-5～图 4-11 所示。

此外，由于我们设计出的基于 Excel 的一些财务相关问题管理系统交付使用时除需要考虑用户操作简便、功能清晰、各项功能切换便利外，还需要考虑数据安全等，所以有时还需要为系统加文件密码等。加密码的操作过程见本书 2.2.2。

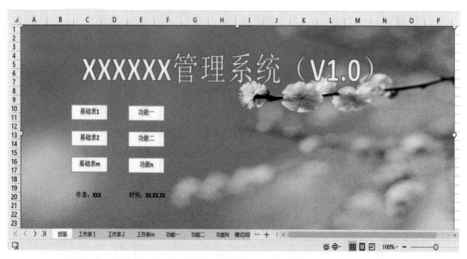

图 4-5 "模式Ⅲ"构建财务相关管理系统模型——封面一般样式

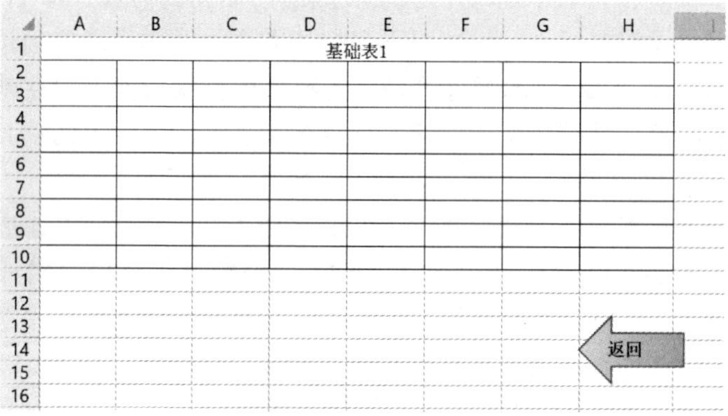

图 4-6 "模式Ⅲ"构建财务相关管理系统模型的案例——基础表 1 示意图

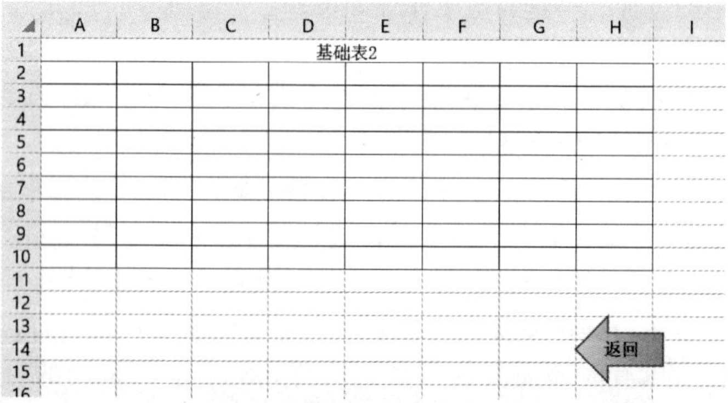

图 4-7 "模式Ⅲ"构建财务相关管理系统模型的案例——基础表 2 示意图

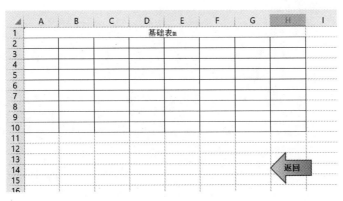

图 4-8 "模式Ⅲ"构建财务相关管理系统模型的案例——基础表 m 示意图

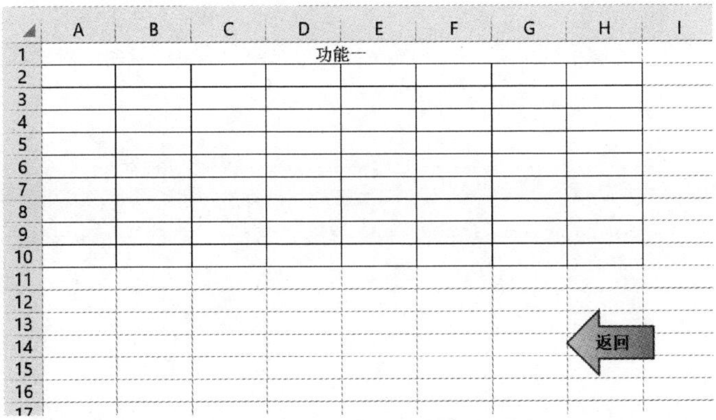

图 4-9 "模式Ⅲ"构建财务相关管理系统模型的案例——功能一（工作表）示意图

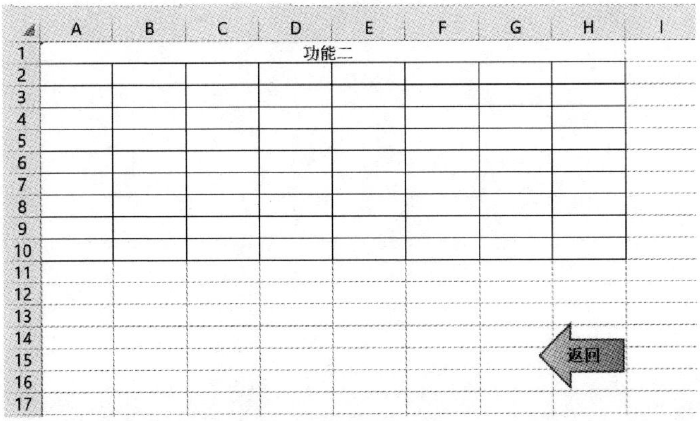

图 4-10 "模式Ⅲ"构建财务相关管理系统模型的案例——功能二（工作表）示意图

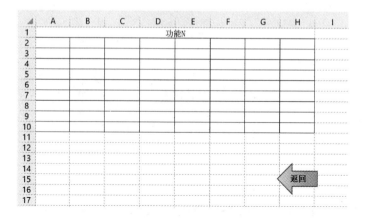

图 4-11 "模式Ⅲ"构建财务相关管理系统模型的案例——功能 N（工作表）示意图

第5章 Excel 财务模型设计
模式 I 的应用

【摘要】本章通过 A 公司 Excel 快递发送单证模型的构建过程再现了 Excel 财务模型中快递发送三联单设计的整个流程，以及合理布局设计好的模型、注重 Excel 财务模型细节的设计对财务模型的重要性。

5.1 A 公司快递发送单证模型设计背景

随着时代的发展，网购已成为人们生活的一种常态。一大批电商短期内迅速崛起，创造了许多神话，A 公司就是其中一个。A 公司虽然注册仅 2 个月时间，但公司网上销售业务持续上升、形势喜人。昨日，公司开会要求负责客服业务的麦经理，马上解决客服人员面临的快递发送单及凭证的问题。

面对日益增长的客户和商机，欣喜之余，公司经理知道大量增加 A 公司客服人员容易，但随之而来的对客服人员的管理问题，特别是合理解决客服人员工资问题尤为重要。

经过研究，公司制定了《A 公司客服人员基础工资发放标准》并提出按客服人员每月实际发出快递的件数及收回快递费的金额进行提成的方案。因此，A 公司的每个客服人员不仅要做好相关咨询服务工作，还需要在较短的时间内快速完成每天自己发出的快递业务记账单证及其统计工作。由于公司刚起步，业务员较多，暂时没有条件为业务员提供专用的软件，但按岗位可随时提供电脑和打印机。因此，为 A 公司迅速设计出能解决客服人员统计快递单数业务需求的 Excel 模型迫在眉睫！我们需要替麦经理尽快设计一款简单、实用且经济实惠的基于 Excel 的 A 公司"快递发送记账单证设计模型"。

5.2　A 公司快递发送单证模型案例资料

A 公司发送快递收费标准如表 5-1 所示。

表 5-1　A 公司发送快递收费标准

快递公司	单位	重量	标准	备注
XX 公司	件		2 元	不超过规定尺寸
YY 公司	件	≤1kg	2 元	不超过规定尺寸，分段计费
	件	1~3kg	3 元	
	件	>3kg	3.5 元	
ZZ 公司	件		4 元	不超过规定尺寸

注：表中数据纯属虚构，实际使用时可按市场行情修改上表。

5.3　A 公司快递发送单证模型案例分析

根据 A 公司按客服人员每月实际发出快递的件数及收回快递费的金额提成的方案，经过反复分析，我们确定基于 Excel 的 A 公司"快递发送记账单证设计模型"的需要设计 Excel 的表格应考虑以下三联：

5.3.1　第一联：记账联

记账联即 A 公司发送快递记账单。本联作为记账联对应的 Excel 表格中应该包含：

（1）快递发送记账时涉及的客服信息、单据信息、快递公司信息及快递件数、快递费等关键字。如：客服编号、单据编号、金额累计、快递公司名称、联系人、联系电话、快递件数、快递费、备注、今日快递费累计等。

（2）发货时间。如：发货日期等。

（3）经手人（客服签名）、主管签字的位置等信息。

5.3.2　第二联：客服联

客服联即 A 公司快递收费业务单，代收据。本联由客服留存，应与第一联

（记账联）要求的格式、内容完全一致。

5.3.3　第三联：客户联

此处的客户联即每个快递公司每日业务汇总情况表等。应为每个快递公司设计一张对应的 Excel 表格。其中，包括各公司客户信息、快递发送信息及经手人（客服姓名）、发送日期、主管等。

5.4　A 公司快递发送单证模型案例设计

5.4.1　三联单的设计

依据本案例资料，我们可选取 Excel 2016 为工具设计、构建"快递发送记账单证设计模型"。考虑到该模型涉及 A 公司（记账联）、客服人员（客服留存联）、快递公司（客户联）三方都需要原始凭证，所以明确三方的关键字（编号）及三方的关系尤为重要。

按照 5.3 的案例分析。经过反复推敲，我们设计出的 A 公司"快递发送记账单证设计模型"对应的三联 Excel 表格如表 5-2~表 5-6 所示，仅供参考。

表 5-2　A 公司发送快递凭证（第一联：记账联）

客服编号：　　　　　　　　　单据编号：　　　　　　　今日金额累计：

快递公司	联系人	联系电话	快递件数	快递费	备注
XX 公司					
YY 公司					
ZZ 公司					

制单：　客服姓名或编号　　　　　　主管：　　　　　　　发货日期：

表 5-3　A 公司发送快递凭证（第二联：客服联）

客服编号：　　　　　　　　　单据编号：　　　　　　　今日金额累计：

快递公司	联系人	联系电话	快递件数	快递费	备注
XX 公司					
YY 公司					
ZZ 公司					

制单：　客服姓名或编号　　　　　　主管：　　　　　　　发货日期：

表 5-4　A 公司发送快递凭证（第三联：XX 公司送货联）

单据编号		联系人		联系电话	
快递公司	快递件数		快递费		备注
XX 公司					

经手人：　客服姓名或编号　　　　　主管：　　　　　发货日期：

表 5-5　A 公司发送快递凭证（第三联：YY 公司送货联）

单据编号		联系人		联系电话	
快递公司	快递件数		快递费		备注
YY 公司					

经手人：　客服姓名或编号　　　　　主管：　　　　　发货日期：

表 5-6　A 公司发送快递凭证（第三联：ZZ 公司送货联）

单据编号		联系人		联系电话	
快递公司	快递件数		快递费		备注
ZZ 公司					

经手人：　客服姓名或编号　　　　　主管：　　　　　发货日期：

5.4.2　三联单的操作

有了表 5-2~表 5-6，我们可按以下步骤上机操作：

（1）打开 Excel 2016，不局限于这个 Excel 版本。

（2）新建一个 Excel 工作簿并重命名为：快递发送记账单证设计模型 . xlsx。

（3）在 Sheet1 中建立表 5-2。

（4）将表 5-2 复制并修改为表 5-3。

（5）在 Sheet2 中建立表 5-4。

（6）将表 5-4 复制并修改为表 5-5、表 5-6。

（7）合理布局这三联表格。考虑到表 5-2~表 5-6 要符合便于打印、节约纸张、方便使用、美观大方的原则，建议本案例将这 5 个三联表格设计在一个 Excel 工作表内，如图 5-1 所示。

提示：

本书中加底纹的单元格默认为需要定义公式的单元格。

（8）建立如图 5-1 所示三联单（5 个 Excel 表格）之间的联系。为方便叙述，本书将需要定义公式的单元格加上黄色底纹。此处主要用到自定义公式，即在同一个 Excel 工作表中引用不同单元格的方法。图 5-2 是定义公式后的三联单模型，本模型所定义的公式如图 5-4 所示。

图 5-1　快递发送记账单证设计模型样表 . xlsx

图 5-2　快递发送记账单证模型定义公式后的样表 . xlsx

（9）代入数据（虚拟）验证如图 5-2 所示的快递发送记账单证模型的正确性。如图 5-3 所示。

图 5-3 表明，本模型代入数据（虚拟）后可正常运行。

（10）对本模型进行零值不显示处理。详见本书 2.3.1 操作。

（11）本模型定义的公式如图 5-4 所示。详见本书 2.3.2 操作。

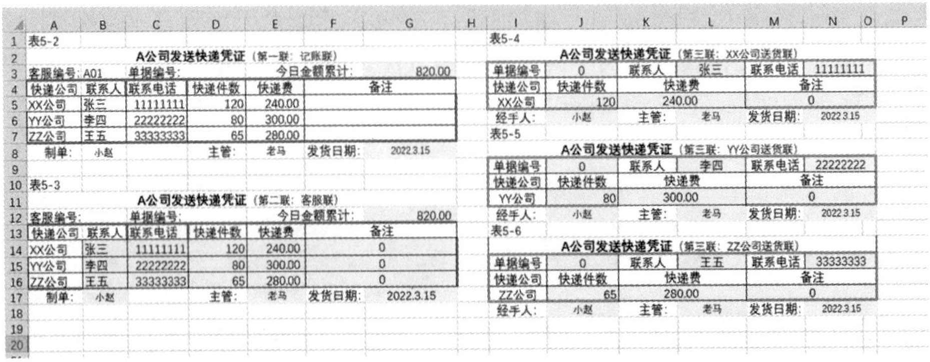

表5-2

A公司发送快递凭证（第一联：记账联）

客服编号：A01		单据编号：		今日金额累计：		820.00
快递公司	联系人	联系电话	快递件数	快递费	备注	
XX公司	张三	11111111	120	240.00		
YY公司	李四	22222222	80	300.00		
ZZ公司	王五	33333333	65	280.00		
制单：	小赵		主管：	老马	发货日期：	2022.3.15

表5-3

A公司发送快递凭证（第二联：客服联）

客服编号：		单据编号：		今日金额累计：		820.00
快递公司	联系人	联系电话	快递件数	快递费	备注	
XX公司	张三	11111111	120	240.00	0	
YY公司	李四	22222222	80	300.00	0	
ZZ公司	王五	33333333	65	280.00	0	
制单：	小赵		主管：	老马	发货日期：	2022.3.15

表5-4

A公司发送快递凭证（第三联：XX公司送货联）

单据编号	0	联系人	张三	联系电话	11111111
快递公司	快递件数	快递费		备注	
XX公司	120	240.00		0	
经手人：	小赵	主管：	老马	发货日期：	2022.3.15

表5-5

A公司发送快递凭证（第三联：YY公司送货联）

单据编号	0	联系人	李四	联系电话	22222222
快递公司	快递件数	快递费		备注	
YY公司	80	300.00		0	
经手人：	小赵	主管：	老马	发货日期：	2022.3.15

表5-6

A公司发送快递凭证（第三联：ZZ公司送货联）

单据编号	0	联系人	王五	联系电话	33333333
快递公司	快递件数	快递费		备注	
ZZ公司	65	280.00		0	
经手人：	小赵	主管：	老马	发货日期：	2022.3.15

图 5-3　代入数据（虚拟）的快递发送记账单证模型

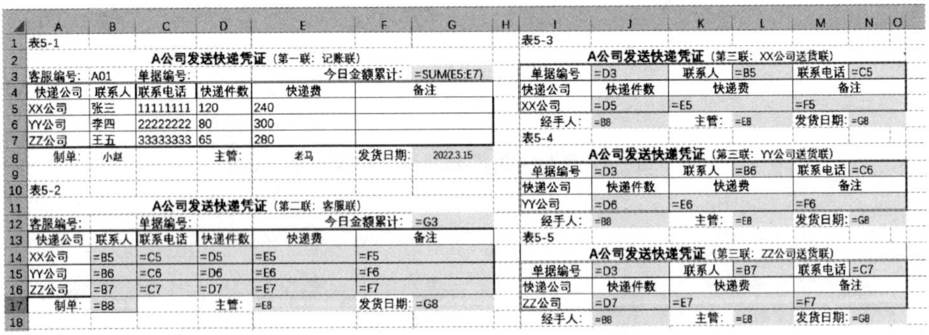

表5-1

A公司发送快递凭证（第一联：记账联）

客服编号：	A01	单据编号：			今日金额累计：	=SUM(E5:E7)
快递公司	联系人	联系电话	快递件数	快递费	备注	
XX公司	张三	11111111	120	240		
YY公司	李四	22222222	80	300		
ZZ公司	王五	33333333	65	280		
制单：	小赵		主管：	老马	发货日期：	2022.3.15

表5-2

A公司发送快递凭证（第二联：客服联）

客服编号：		单据编号：			今日金额累计：	=G3
快递公司	联系人	联系电话	快递件数	快递费	备注	
XX公司	=B5	=C5	=D5	=E5	=F5	
YY公司	=B6	=C6	=D6	=E6	=F6	
ZZ公司	=B7	=C7	=D7	=E7	=F7	
制单：	=B8		主管：	=E8	发货日期：	=G8

表5-3

A公司发送快递凭证（第三联：XX公司送货联）

单据编号	=D3	联系人	=B5	联系电话	=C5
快递公司	快递件数	快递费		备注	
XX公司	=D5	=E5		=F5	
经手人：	=B8	主管：	=E8	发货日期：	=G8

表5-4

A公司发送快递凭证（第三联：YY公司送货联）

单据编号	=D3	联系人	=B6	联系电话	=C6
快递公司	快递件数	快递费		备注	
YY公司	=D6	=E6		=F6	
经手人：	=B8	主管：	=E8	发货日期：	=G8

表5-5

A公司发送快递凭证（第三联：ZZ公司送货联）

单据编号	=D3	联系人	=B7	联系电话	=C7
快递公司	快递件数	快递费		备注	
ZZ公司	=D7	=E7		=F7	
经手人：	=B8	主管：	=E8	发货日期：	=G8

图 5-4　快递发送记账单证模型定义的公式

（12）保存此模型并可投入使用。

5.5　案例小结与思考

本案例的设计主要使用了 Excel 单元格引用的方法，按照实际工作需要自定义了多个公式。同时，还考虑了一个 Excel 财务模型必须注意的细节。本案例告诉我们设计案例时需要站在使用者的角度考虑模型的布局和可能避免的错误。

虽然本模型基本能满足 A 公司快递发送记账单证的设计要求，但仍然存在很多可改进之处。期待你思考以下问题：

（1）本模型虽然上机操作和公式定义都很简单，但细节决定成败——请你考虑本模型中定义公式的单元格的选取，以及修饰本模型时都用到了哪些技巧？

（2）本模型中哪些部分是"模型 I"中的基础数据区？哪些部分是数据分析区？本模型为什么把 5 个 Excel 表格布局成如图 5-3 所示的样子？

（3）A 公司快递发送记账单证模型还有哪些可改进之处？说出你改进的理由。

第6章 Excel 财务模型设计模式 II 的应用

【摘要】本章根据 QCSJ 公司车间工人的工作量法绩效考核方案，建立了基于 Excel 的 QCSJ 公司车间工人工资核算系统。本章从引言、QCSJ 公司的案例资料、案例分析、案例设计、QCSJ 公司车间工人工资核算系统使用注意事项及本案例启示与思考等方面阐述了 Excel 财务建模设计模式 II 的应用步骤与系统使用注意事项。

6.1 绩效考核工作量法概述

绩效考核工作量法，是把需要考核的多项工作折合为统一的标准工作量，再将汇总出的标准工作量乘以单位工作量对应的单位工资金额得出应发工资、扣款合计、实发工资的一种按绩效计算工资的方法。其中，单位工作量对应的工资金额可根据企业净利润除以该公司月或年总工作量来计算，也可按企业员工职称有关规定给出统一的对应工资金额。

绩效考核工作量法类似于企业实行的计件工资，对提升员工工作效率、加快工作进度、促使企业员工关注企业发展都有着不可估量的作用。由于本模型所用到的 Excel 财务建模设计模型II可由员工自行填写上交部门负责人再进行汇总，免去员工校对、拖延时间等烦琐的事情。所以，在实际工作中有较为广泛的应用和推广前景。

假设 QCSJ 公司案例规定单位工作量对应的工资金额为 200 元，因此，本案例只需要设计 Excel 模型，分析汇总出每位员工每月的总工作量即可。

说明：

本案例中涉及的 QCSJ 公司及其所有规则和数据纯属虚构，实际使用时可按市场行情修改。

6.2　QCSJ 公司案例资料

6.2.1　QCSJ 公司主要考核指标

QCSJ 公司是一家生产制造兽药的公司，公司对车间工人的绩效考核拟采用工作量法。即将公司车间工人的主要考核指标均统一为对应的标准工作量，每个标准工作量按每月公司车间工人的人均工作量对应的人均工资来核算。公司主要考核指标有：

（1）基本工资。基本工资也称为基础工资，按车间人员岗位核算工作量。假设公司车间有多个工种，为方便说明本案例暂选择公司车间的机修工、装卸工和包装工三个工种为例。其基本工资对应的车间工人岗位工作量标准表如表 6-1 所示。

表 6-1　车间工人岗位工作量标准表

序号	岗位	标准工作量（个/天）
1	机修工	3
2	装卸工	2
3	包装工	1

（2）考勤工资。考勤工资按出勤实际状况核算工作量。细则如下：①本月全勤：奖励 3 个工作量。②迟到（早退）扣工作量：每次减 0.5 个工作量。③事假减工作量：每次减 1 个工作量。④病假减工作量：每天减 1.5 个工作量。⑤旷工减工作量：每天减 2 个工作量。

（3）计件工资。计件工资按岗位和工作类别核算工作量。车间工人计件工作量标准表如表 6-2 所示。

表 6-2　车间工人计件工作量标准表

序号	岗位	工作类别	计件工作量（个/件）
1	机修工	大修	3
		中修	1
		维保修	0.05
2	装卸工	装卸	0.002
3	包装工	包装	0.001

（4）奖励工资。车间工人的奖励工资需要考虑优化建议的级别（效果）和次数，本案例中假设优化建议的级别分为：大优、中优、小优和微微优，其对应的奖励工作量依次为：10 个/次、3 个/次、1 个/次、0.5 个/次。

（5）其他工资。在实际工作中，可能会有给车间工人的其他奖励或代扣款项，这部分工资可以考虑在汇总的工资表中直接输入工作量或金额，本案例中直接输入金额。例如，年终奖励、代扣个人所得税、代扣保险费等均以金额形式输入。

现假设本月单位工作量对应的工资标准是 200 元。要求：设计制作 QCSJ 公司的 Excel 车间工人工资核算系统。

6.2.2 QCSJ 公司的部分数据资料

为方便将数据代入 QCSJ 公司的 Excel 车间工人工资核算系统中进行模型正确性验证，现将我们收集到的相关数据（虚拟的）资料列示如下：

（1）QCSJ 公司本月绩效考核时单位标准工作量对应工资为 200 元。

（2）公司车间现有以下三个工种：机修工、装卸工和包装工。员工甲、员工乙、员工丙分别在这三个岗位工作。

（3）员工甲、员工乙、员工丙每月应工作 22 天，本月的基础工作量如表 6-3 所示。

表 6-3 员工甲、员工乙、员工丙本月的基础工作量

编号	姓名	岗位	标准工作量（个/天）	应工作天数	应计标准工作量（月度）	备注
1	员工甲	机修工	3	22		
2	员工乙	装卸工	2	22		
3	员工丙	包装工	1	22		

（4）员工甲、员工乙、员工丙本月的考勤情况如表 6-4 所示。

表 6-4 员工甲、员工乙、员工丙本月的考勤情况

编号	姓名	岗位	全勤（天）	迟到（次）	病假（天）	事假（天）	旷工（天）	备注
1	员工甲	机修工	22	1	0	1	0	
2	员工乙	装卸工	22	0	1	0	0	
3	员工丙	包装工	22	0	0	0	0	

（5）员工甲、员工乙、员工丙本月计件工作量如表 6-5 所示。

表 6-5　员工甲、员工乙、员工丙本月计件工作量

编号	姓名	岗位	工作类别	计件标准工作量（个/件）	件数	残次件数	备注
1	员工甲	机修工	大修	3	2	0	
			中修	1	3	1	
			维保修	0.05	100	2	
2	员工乙	装卸工	装卸	0.002	20000	0	
3	员工丙	包装工	包装	0.001	30000	1000	

（6）员工甲、员工乙、员工丙本月优化建议工作量如表 6-6 所示。

表 6-6　员工甲、员工乙、员工丙本月优化建议工作量

编号	姓名	岗位	有效优化建议的项数	有效优化建议的级别	实计优化建议工作量	备注
1	员工甲	机修工	1	中优	3	
	员工甲	机修工	2	微微优	1	
2	员工乙	装卸工	1	微微优	0.5	
3	员工丙	包装工	0	—	0	

（7）员工甲、员工乙、员工丙本月无代发、代扣工作量。

6.3　QCSJ 公司案例分析

根据 QCSJ 公司对车间工人采用工作量法考核的方案，不难发现本案例是典型的可利用 Excel 财务建模设计模式 Ⅱ 来实施的案例。

Excel 车间工人工资考核系统模型需要的数据表分析如下：

6.3.1　本案例需要的基础数据表表样

经过反复研究，我们认为本案例的基础数据表应该围绕车间工人的五个主要考核指标展开。这五个指标分别是：基本工资、考勤工资、计件工资、奖励工资、其他工资。在此，我们必须要考虑这五个指标输入已知数据时新增的列标题（字段名）。现分别分析如下：

（1）车间工人基础工资工作量表表样。车间工人岗位工作量表应该增加本月应工作天数、本月应计标准工作量和备注。修改后的车间工人基础工资工作量

表（表样）如表6-7所示。

表6-7 车间工人基础工资工作量表（表样）

姓名	岗位	标准工作量（个/天）	本月应工作天数	本月实际工作天数	本月应计标准工作量（个）	备注

表6-7中，岗位可选择机修工/装卸工/包装工之一，每个工人按每个岗位填写一行。本月应计标准工作量（个）需要定义的公式为：

本月应计标准工作量＝标准工作量×本月实际工作天数

提示：

本章默认加底纹的是需要定义公式的单元格。

（2）车间工人考勤工资工作量表。考勤工资工作量表应该考虑本月全勤天数、迟到次数、早退次数、病假天数、事假天数、旷工天数、本月考勤应计工作量（正数表示奖励工作量数，负数表示扣除工作量数）、备注等。修改后的车间工人考勤工资工作量表（表样）如表6-4所示。

表6-8 车间工人考勤工资工作量表（表样）

职工编号	姓名	岗位	本月全勤（天）	迟到（次）	早退（次）	病假（天）	事假（天）	旷工（天）	本月考勤应计工作量	备注

表6-8中，岗位选择标准同表6-3，而员工甲本月考勤工作量为正数时表示奖励工作量数，负数表示扣除工作量数。本月考勤工作量计算公式为：

本月考勤工作量＝本月全勤×3−迟到×0.5−早退×0.5−病假×1−事假×1.5−旷工×2

（3）车间工人计件工资工作量表。因不同岗位、不同类别的计件工作量标准不同，所以需要增列件数、月计件工作量，并考虑出现残次品件数、应扣工作量、实际计件工作量、备注等工作量数量。调整后的车间工人计件工资工作量表（表样）如表6-9所示。

表6-9 车间工人计件工资工作量表（表样）

职工编号	姓名	岗位	工作类别	计件标准工作量	件数	应计件工作量	残次品件数	应扣工作量	实际计件工作量	备注

续表

职工编号	姓名	岗位	工作类别	计件标准工作量	件数	应计件工作量	残次品件数	应扣工作量	实际计件工作量	备注
					本月计件工资工作量					

表 6-9 中，岗位选择仍同表 6-3，但工作类别应在机修工-大修、机修工-中修、机修工-维保修、装卸、包装这五种类别中选择其中一种。为此，表 6-5 中表体要空五行，最后一行要进行本月计件工资工作量合计。

特别提示：每一种类别填写表 6-9 时都应单独填写一行。例如，某工人是机修工，本月大修、中修、维保修均有，此表该工人应该填写三行。所以，本样表一个工人可根据本月从事过的工作类别填写多行（5 种工作类别最多对应 5 行），最后一行（第 6 行）应该能自动汇总出该工人月计件工资工作量合计。其计算公式为：

月计件工资工作量合计 = $\sum$ 应计件工作量 - $\sum$ 应扣工作量

（4）车间工人奖励工资工作量表。奖励工资则需要考虑有效优化建议的项数、有效优化建议的级次、工作量级次、月实际奖励工作量数、备注等。对单位有特殊贡献需要奖励者也可转化为不同的有效优化建议的级次奖励工作量。车间工人奖励工资工作量表（表样）如表 6-10 所示。

表 6-10　车间工人奖励工资工作量表（表样）

职工编号	姓名	岗位	有效优化建议项数	有效优化建议的级次工作量	实际优化建议工作量	备注
			本月奖励工资工作量			

特别强调：每一种有效优化建议的级次在填写工作量时都应该在表 6-10 中

单独填写一行。例如，某工人本月有效优化建议的级次有大优 1 次、微微优 2 次，则此表该工人应该填写两行。所以，本样表一个工人可根据本月从事过的工作类别填写多行（4 种奖励级次最多对应四行），最后一行（第 5 行）应该能自动汇总该工人月奖励工资工作量合计。

本月奖励工资工作量合计的计算公式如下：

本月奖励工资工作量合计 = ∑ 实际优化建议工作量

（5）其他工资的核算表。其他工资的核算可用于临时奖金的发放和代扣款项目的扣除。这部分金额通常可由人力资源部门或财务部人员录入。因此，为了直观反映这类工资，我们建议其他工资中的项目在 QCSJ 公司车间工人工资汇总表中增加各项临时代发工资，如代发 1、代发 2 等；本月的代扣项，如代扣 1、代扣 2 等。

6.3.2　本案例分析后的车间工人工资表

经过前期的准备和案例分析，不难得出 QCSJ 公司车间工人工资汇总表应该汇总前述五项工资：基本工资、考勤工资、计件工资、奖励工资、其他工资，还应该有一个标准工资表，其中必须有应发工资、扣款合计和实发工资。表样如表 6-11 所示。

表 6-11　QCSJ 公司车间工人工资核算表表样

职工编号	姓名	岗位	基础工作量	考勤工作量	计件工作量	奖励工作量	代发1	代发2	代发m	应计工作量	代扣1	代扣2	代扣n	代扣工作量	本月工作量	签章

需要注意的是，表 6-11 中的临时奖励项及代扣项录入的是工作量还是金额会直接影响到 QCSJ 公司车间工人汇总表中本月应发工资和实发工资定义的计算公式。

如果其他工资录入的是工作量，汇总时的公式为：

应发工资 =（基础工资+考勤工资+计件工资+奖励工资+其他代发工资−扣款合计）×单位工作量标准金额

如果其他工资录入的是金额，汇总时的公式为：

应发工资 =（基础工资+考勤工资+计件工资+奖励工资）×单位工作量标准金额+其他代发工资 1−扣款合计

其他工资 $= \sum$ 奖励 i　(i=1, 2, …, m)

扣款合计 $= \sum$ 代扣 i　(i=1, 2, …, n)

6.4　QCSJ 公司案例设计

6.4.1　QCSJ 公司车间工人工资核算系统创建的主要流程

将 QCSJ 公司的案例分析结合 Excel 财务建模设计模型 Ⅱ 的流程图，不难得出 QCSJ 公司车间工人工资核算系统设计的主要流程图。如图 6-1 所示。

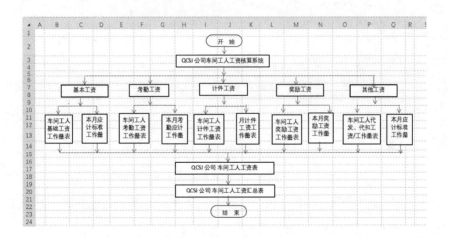

图 6-1　QCSJ 公司车间工人工资核算系统设计的主要流程

6.4.2　QCSJ 公司车间工人工资核算系统的操作

由于本案例牵涉的工作表较多，以下仅列示主要操作步骤，仅供参考。

（1）启动 Excel。

（2）建立本案例用到的各工作表表样。主要步骤：

1）按需要增加 3 个新工作表并依次重命名为：QCSJ 公司主要考核指标、QCSJ 公司车间工人月工作量表 1、车间工人月工作量表表样 1。

2）完成如图 6-2 所示的表格和文字。

3）完成如图 6-3、图 6-4 所示的车间工人月工作量表表样 1。

1.基本工资

表6-1　车间工人岗位工作量标准表

序号	岗位	标准工作量（个/天）
1	机修工	3
2	装卸工	2
3	包装工	1

3.计件工资

表6-2　车间工人计件工作量标准表

序号	岗位	工作类别	计件工作量（个/件）
1	机修工	大修	3
		中修	1
		维保修	0.05
2	装卸工	装卸	0.002
3	包装工	包装	0.001

2.考勤工资

考勤工资按出勤实际状况核算工作量。细则如下：

（1）本月全勤：奖励3个工作量。

（2）迟到（早退）扣工作量：每次减0.5个工作量。

（3）事假减工作量：每天减1个工作量。

（4）病假减工作量：每天减1.5个工作量。

（5）旷工减工作量：每天减2个工作量。

4.奖励工资

车间工人的奖励工资需要考虑优化建议的级别（效果）和次数，本案例中假设优化建议的级别分为：大优、中优、小优和微优，其对应的奖励工作量依次为：10个/次、3个/次、1个/次、0.5个/次。

5.其他工资

代发、代扣等。

图6-2　QCSJ 公司主要考核指标

QCSJ公司20XX年X月车间工人工作量表

职工编号	姓名	岗位	基本工作量	考勤工作量	计件工作量	奖励工作量	代发1	代发2	代发m	应实工作量	代扣1	代扣2	代扣n	代扣工作量	实发工作量	签章

本月应扣工作量合计

本月所代扣工作量及实发工作量合计

说明：（1）此处每个员工每个工种填写一行。（2）单位工作量对应标准工资按公司的为准。

车间工人本月数据资料

1.基本工资

表6-3　车间工人本月基本工作量表

编号	姓名	岗位	标准工作量（个/天）	应工作天数	应计标准工作量（月度）	备注
1				22		
2				22		
3				22		
			本月基本工作量			

2.考勤工作量

表6-4　车间工人本月考勤工作量表

编号	姓名	岗位	全勤（天）	迟到（次）	病假（天）	事假（天）	旷工（天）	本月考勤工作量	备注
1			22						
2			22						
3			22						
							本月考勤工作量		

图6-3　车间工人月工作量表表样1（上半部分）

3			22					
					本月考勤工作量			

3.计件工作量

表6-5　车间工人本月计件工作量表

编号	姓名	岗位	工作类别	计件标准工作量（个/件）	件数	残次件数	本月计件工作量	备注
1								
2								
3								
						本月计件工资量		

4.奖励工作量

表6-6　车间工人本月奖励工作量表

编号	姓名	岗位	有效优化建议的项数	优化建议的级次1	实计优化建议工作量	备注
1						
2						
3						
4						
				本月奖励工作量		

5.其他工作量

表6-8　车间工人本月其他工作量表

编号	姓名	代发1	代发2	代发m	代扣1	代扣2	代扣n	备注
1								
		本月代发工作量			代扣工作量			

说明：其他工作量代发与代扣部分不建议让工人自行填列，建议由负责人在车间工人工资核算时总表中填写。

图6-4　车间工人月工作量表表样1（下半部分）

提示：

加底纹的单元格需要定义计算公式，下同。

4）考虑到填写图6-3和图6-4本月数据资料时可能记不清本公司考核标准，导致填写中出现一些错误信息。因此，现将车间工人月工作量考核标准加入车间工人月工作量表表样1中，可得出如图6-5和图6-6所示的车间工人月工作量表表样2。

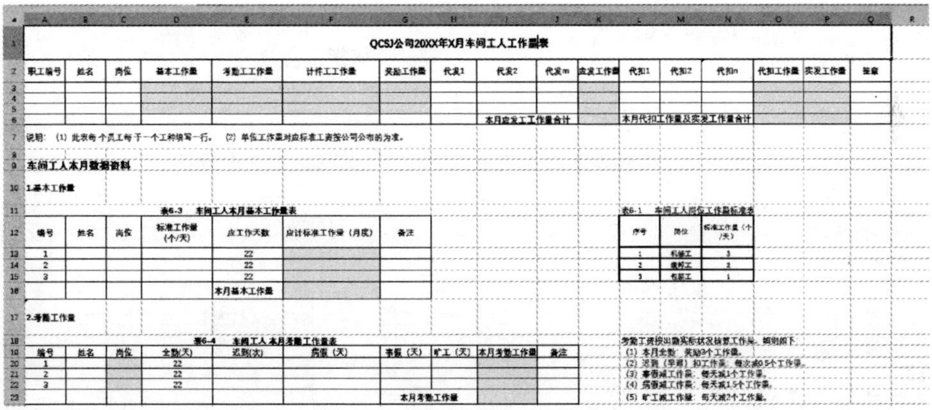

图 6-5　车间工人月工作量表表样 2（加考核标准，上半部分）

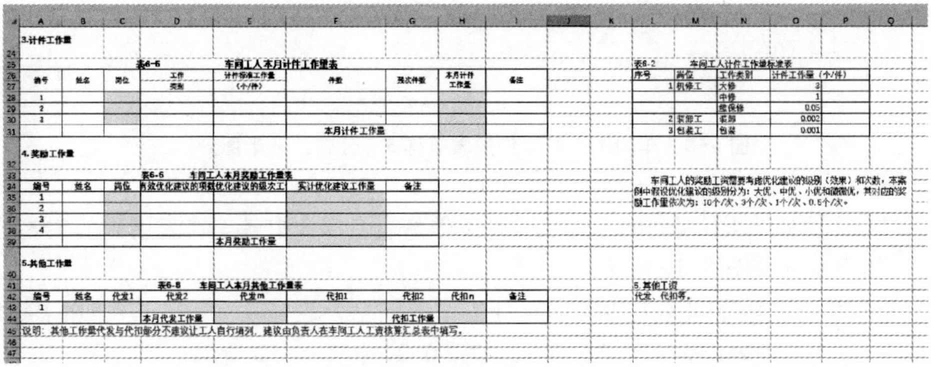

图 6-6　车间工人月工作量表表样 2（加考核标准，下半部分）

根据 QCSJ 公司考核指标要求定义图6-5和图6-6中各表中加底纹的单元格的公式。定义公式后即可交付用户使用。

车间工人月工作量表表样3如图6-7、图6-8所示。

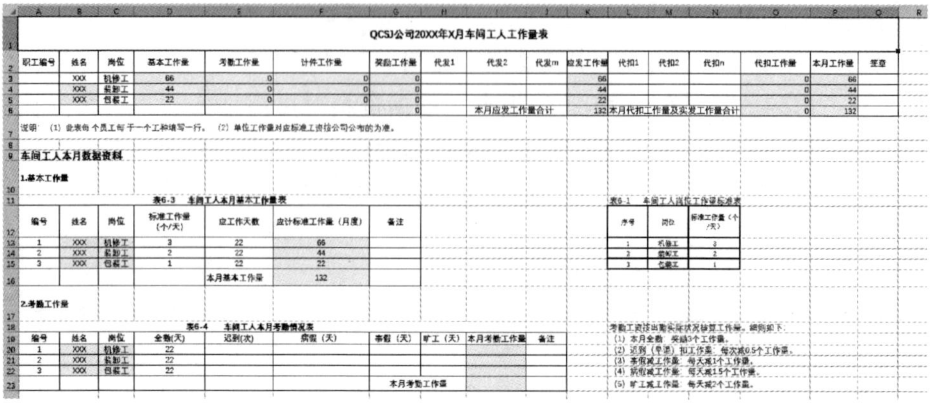

图6-7　车间工人月工作量表表样3（公式，上半部分）

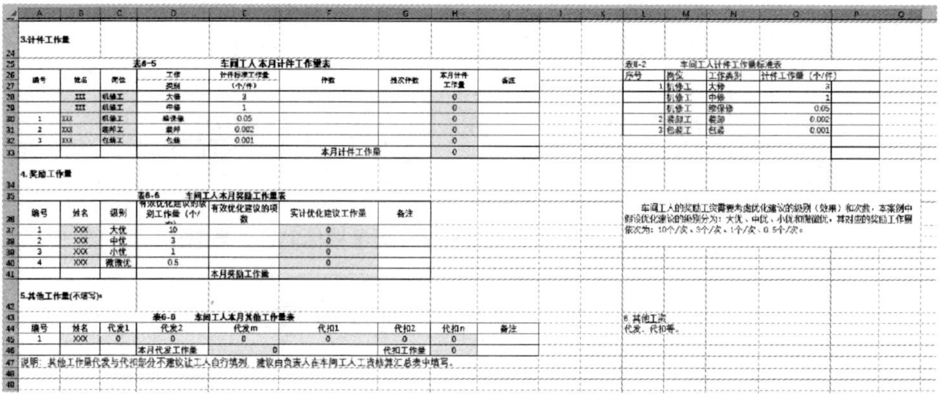

图6-8　车间工人月工作量表表样3（公式，下半部分）

限于篇幅，以下仅列出车间工人月工作量表表样3中各工作表用到的主要公式，如图6-9和图6-10所示。

5）设计制作车间工人20××年×月工作量汇总表表样4、车间工人20××年×月工作量汇总表表样5（定义公式），如图6-11和图6-12所示。

6）测试车间工人月工作量表表样3及车间工人20××年×月工作量汇总表表样4。

首先，根据表6-3~表6-6中的数据，复制车间工人月工作量表表样3三次后，分别填写每个工人的工作量表。

QCSJ公司20XX年X月车间工人工作量表

职工编号	姓名	岗位	基本工作量	考勤工作量	计件工作量	奖励工作量	代发1	代发2	代发m	应发工作量	代扣1	代扣2	代扣n	代扣工作量	实发工作量	签章
XXX		机修工	=F13	=I20	=H28+H29+H30	=F37				=SUM(D3:J3)				=L3+M3+N3	=K3-O3	
=B3		奖部工	=F14	=I21	=H31	=F38				=SUM(D4:J4)				=L4+M4+N4	=K4-O4	
=B3		包装工	=F15	=I22	=H32	=F39				=SUM(D5:J5)				=L5+M5+N5	=K5-O5	
						=F40		本月应发工作量合计		=G6+K3+K4+K5		扣工作量及实发工		=O3+O4+O5	=K6-O6	

说明：（1）此表每个

车间工人本月数据

1.基本工作量

表6-3　车间工人本月基本工作量表

编号	姓名	岗位	标准工作量(个)	实际工作天数	标准工作量(月)	备注
1	=B3	=C3	2	22	=D13*E13	
2	=B4	=C4	2	22	=D14*E14	
3	=B5	=C5	1	22	=D15*E15	
					本月基础 =SUM(F13:F15)	

表6-1　车间工人标准工作量

序号	岗位	标准工作量
1	机修工	1
2	奖部工	2
3	包装工	3

2.考勤工作量

表6-4　车间工人本月考勤工作量表

编号	姓名	岗位	全勤(天)	迟到(次)	病假(天)	事假(天)	工(天)	考勤工	备注
1	=B3	=C3	22						
2	=B4	=C4	22						
3	=B5	=C5	22						
							本月考勤工作量		

考勤工
(1)
(2)
(3)
(4)
(5)

图6-9　车间工人月工作量表表样3（公式，上半部分）

编号	姓名	岗位	全勤(天)	迟到(次)	病假(天)	事假(天)	工(天)	考勤工	备注
1	=B3	=C3	22						
2	=B4	=C4	22						
3	=B5	=C5	22						
							本月考勤工作量		

(1)
(2)
(3)
(4)
(5)

3.计件工作量

表6-5　车间工人本月计件工作量表

编号	姓名	岗位	工作类别	单价(个/件)	件数	黑次书数	本月计件工作量	备注
	=B3	机修工	大修	3			=(F28-G28)*E28	
	=B3	机修工	中修	3			=(F29-G29)*E29	
1	=B13	=C3	维修保	0.05			=(F30-G30)*E30	
2	=B14	=C4	奖	0.002			=(F31-G31)*E31	
3	=B15	=C5	包装	0.001			=(F32-G32)*E32	
						本月计件工作量	=SUM(H28:H32)	

表6-2　车间工人计件工作量标准表

序号	岗位	工作类别	计件工作量(个)
1	机修	中修	
	机修	维修保	0.05
2	奖装	组装	0.002
3	包装	包装	0.001

4.奖励工

表6-6　车间工人本月奖励工作量表

编号	姓名	级别	有效优化建议工作量	有效优化建议	实计优化建议工作量	备注
1	=B3	大优	10		=D37*E37	
2	=B4	中优	3		=D38*E38	
3	=B5	小优	1		=D39*E39	
4	=B39	微微优	0.5		=D40*E40	
				本月奖励		

车间工人的奖励工资需要考虑优化建议的级别（效果）和次数。本案例中假设优化建议的级别分为：大优、中优、小优和微微优，其对应的奖励工作量依次为：10个/次、3个/次、1个/次、0.5个/次。

5.其他工作量(不填写)

表6-8　车间工人本月其他工作量表

编号	姓名	代发1	代发2	代发m	代扣1	代扣2	代扣n	备注
1	=B3	=H3	=I3	=L3	=M3	=N3		
		本月代发 =C4S+D4			代扣工作量 =F4S+G4S+H4S			

5.其他

说明：其他工作量代

图6-10　车间工人月工作量表表样3（公式，下半部分）

图6-11 车间工人20××年×月工作量汇总表表样4

图6-12 车间工人20××年×月工作量汇总表表样5（定义公式）

提示：

①只按实际情况填写白色单元格，单元格会自动生成数据。②没有信息的单元格留空白即可。

图6-13和图6-14分别是员工甲本月的工作量表（用电子版，无须打印）。

图6-13 员工甲本月的工作量表（上半部分）

提示：

图6-13中，按考勤考核指标可定义员工考勤工作量计算公式。员工甲考勤工作量I20单元格计算公式为：= IF（AND（E20 = ""，F20 = ""，G20 = ""，

H20=""),"", 3-0.5*E20-1*G20-1.5*H20)，将 I20 公式向下填充至 I22 即可。

5.计件工作量

表6-5　　车间工人本月计件工作量表

编号	姓名	岗位	工作类别	计件标准工作量（个/件）	件数	预估件数	本月计件工作量	备注
1001	员工甲	机修工	大修	3	2		6	
1001	员工甲	机修工	中修					
1001	员工甲	机修工		0.05	100		4.9	
1001	员工甲	焊工	焊接	0.002				
1001	员工甲	包装工	包装	0.001				
					本月计件工作量		129	

表6-2　车间工人计件工作量标准表

序号	岗位	工作类别	计件工作量（个/件）
1	机修工	大修	3
2	机修工	中修	
3	焊工	焊接保养	0.05
4	焊工	焊接	0.002
5	包装工	包装	0.001

奖励工作量

表6-6　车间工人本月奖励工作量表

编号	姓名	级别	有效优化建议的项别对应工作量（个）	有效优化建议的项数	实计优化建议工作量	备注
1001	员工甲	大优	10	1	10	
1001	员工甲	中优	3	2	6	
1001	员工甲	小优	1	1	1	
1001	员工甲	微微优	0.5	0	0	
				本月奖励工作量	17	

车间工人的试验工作量可由优化建议的项别（级别）和次数，本项有中标准优化建议的级别分为：大优、中优、小优和微微优，其对应的试验工作量依次为：10个/次、3个/次、1个/次、0.5个/次。

5.其他工作量（不填写）

表6-8　车间工人本月其他工作量表

编号	姓名	代发1	代发m	代扣1	代扣2	代扣n	备注
1001	员工甲						
		本月代发工作量				代扣工作量	

说明：其他工作量（代发与代扣部分）不建议让工人自行填列，建议由负责人在车间工人工资核算汇总表中填写。

5.其他工作量：代发、代扣等。

图 6-14　员工甲本月的工作量表（下半部分）

图 6-15 和图 6-16 分别是员工乙本月的工作量表（用电子版，无须打印）。

QCSJ公司20XX年X月车间工人工作量表

职工编号	姓名	岗位	基本工作量	考勤工作量	计件工作量	奖励工作量	代发1	代发m	代发量	代扣1	代扣2	代扣n	代扣工作量	实发工作量	签章
1002	员工乙	机修工	0		0	0			0				0	0	
1002	员工乙	装卸工	44	1.5	40	0			86				0	86	
1002	员工乙	包装工	0		0	0			0				0	0	

说明：（1）此表每个员工每月一个工种填写一行。（2）单位工作量对应标准直接从公司公布的为准。（3）代发1、代发2、代发n及代发量；代扣1、代扣2、代扣n和代扣量m

车间工人本月数据资料

1.基本工作量

表6-3　车间工人本月的基本工作量表

编号	姓名	岗位	标准工作量（个/天）	应工作天数	计标准工作量（月度）	备注
1002	员工乙	机修工			0	
1002	员工乙	装卸工	2	22	44	
1002	员工乙	包装工			0	
			本月基本工作量		44	

车间工人各岗位工作量：

表6-1　车间工人岗位工作量

序号	岗位	标准工作量（个/天）
1	机修工	3
2	装卸工	
3	包装工	1

2.考勤工作量

表6-4　车间工人本月考勤工作量表

编号	姓名	岗位	全勤（天）	迟到（次）	病假（天）	事假（天）	旷工（天）	本月考勤工作量	备注
1002	员工乙	机修工	22						
1002	员工乙	装卸工	22	0	1	0		1.5	
1002	员工乙	包装工	22						
						本月考勤工作量			

考勤工资标准实际情况依次核算工作量，规则如下：
（1）全勤：奖励2个工作量。
（2）迟到（早退）：扣1个工作量，每次减0.5个工作量。
（3）事假：减1个工作量，每天减1个工作量。
（4）病假：减1.5个工作量，每天减1.5个工作量。
（5）旷工减2个工作量，每天减2个工作量。

图 6-15　员工乙本月的工作量表（上半部分）

图 6-17 和图 6-18 分别是员工丙本月的工作量表（用电子版，无须打印）。

7）将审核无误的如图 6-14～图 6-18 所示的员工甲、员工乙、员工丙本月的工作量复制到 QCSJ 公司 20××年×月车间工人工作量汇总表中，如图 6-19 所示。

提示：

复制后粘贴时选择"值"可将工作量表中的数据粘贴到工资表中。

3.计件工作量

表6-5　车间工人本月计件工作量表

编号	姓名	岗位	工作类别	计件标准工作量（个/件）	作数	次次件数	本月计件工作量	备注
1002	员工乙	机修工	大修	3			0	
1002	员工乙	机修工	中修	1			0	
1002	员工乙	机修工	修保修	0.05			0	
1002	员工乙	装卸工	装卸	0.002	20000	0	40	
1002	员工乙	包装工	包装	0.001			0	
				本月计件工作量			40	

表6-2　车间工人计件工作量标准表

序号	岗位	工作类别	计件工作量（个/件）
1	机修工	大修	3
	机修工	中修	1
	机修工	修保修	0.05
2	装卸工	装卸	0.002
3	包装工	包装	0.001

4.奖励工作量

表6-6　车间工人本月奖励工作量表

编号	姓名	级别	有效优化建议的级别工作量	有效优化建议的项数	实计优化建议工作量	备注
1002	员工乙	大优	10		0	
1002	员工乙	中优	3		0	
1002	员工乙	小优	1		0	
1002	员工乙	微微优	0.5	1	0.5	
				本月奖励工作量	0.5	

车间工人的奖励工资需要考虑优化建议的级别（效果）和次数，本案例中奖励优化建议分别为：大优、中优、小优和微微优，其对应的奖励工作量依次为：10个/次、3个/次、1个/次、0.5个/次。

5.其他工作量（不填写）。

表6-8　车间工人本月其他工作量表

编号	姓名	代发1	代发m	代扣1	代扣n	备注
1002	员工乙					
		本月代发工作量		代扣工作量		

6.其他工资
代发、代扣等。

说明：其他工作量代发与代扣部分不建议让工人自行填列，建议由负责人在车间工人工资核算汇总表中填写。

图6-16　员工乙本月的工作量表（下半部分）

QCSJ公司车间-员工甲-月工作量考核样表3 | QCSJ公司车间-员工乙-月工作量考核样表3 (2) | QCSJ公司车间-员工丙-月工作量…

QCSJ公司20XX年X月车间工人工作量表

职工编号	姓名	岗位	基本工作量	考勤工作量	计件工作量	奖励工作量	代发1	代发2	代发m	应发工作量	代扣1	代扣2	代扣n	代扣工作量	实发工作量	签章
1002	员工丙	机修工	0			0				0				0	0	
1003	员工丙	装卸工	0			0				0				0	0	
1002	员工丙	包装工	22	29		3				54					54	

说明：（1）此表每个员工每干一个工种填写一行。 （2）单位工作量对应标准工资按公司公布的为准。

车间工人本月数据资料

1.基本工作量

表6-3　车间工人本月的基本工作量表

编号	姓名	岗位	标准工作量（个/天）	应工作天数	实计标准工作量（月度）	备注
1002	员工丙	机修工			0	
1002	员工丙	装卸工			0	
1003	员工丙	包装工	1	22	22	
				本月基本工作量	22	

表6-1　车间工人岗位工作量标准

序号	岗位	标准工作量（个/天）
1	机修工	
2	装卸工	
3	包装工	1

2.考勤工作量

表6-4　车间工人本月考勤工作量表

编号	姓名	岗位	全勤（天）	迟到（次）	病假（天）	事假（天）	旷工（天）	本月考勤工作量	备注
1002	员工丙	机修工	22						
1002	员工丙	装卸工	22						
1003	员工丙	包装工	22		0	0	0	2	
							本月考勤工作量		

考勤工资将根据出勤实际状况核算工作量，原则如下：
（1）本月全勤，奖励2个工作量。
（2）迟到（早退）扣工作量：每次减0.5个工作量。
（3）事假减工作量：每天减1个工作量。
（4）病假减工作量：每天减1个工作量。
（5）旷工减工作量：每天减2个工作量。

图6-17　员工丙本月的工作量表（上半部分）

8）计算工资金额。按图6-19所示的工作量定义公式汇总出QCSJ公司车间工人工资表。各项汇总金额为：车间每个工人的各项工作量＊单位工作量对应的标准工资。

提示：

本案例假设QCSJ公司单位工作量对应的标准工资为200元，也可将岗位工资按工人职称工资输入，系统会自动计算出对应的工资金额。

QCSJ公司20××年×月车间工人工资表各项公式参考答案如图6-20所示。

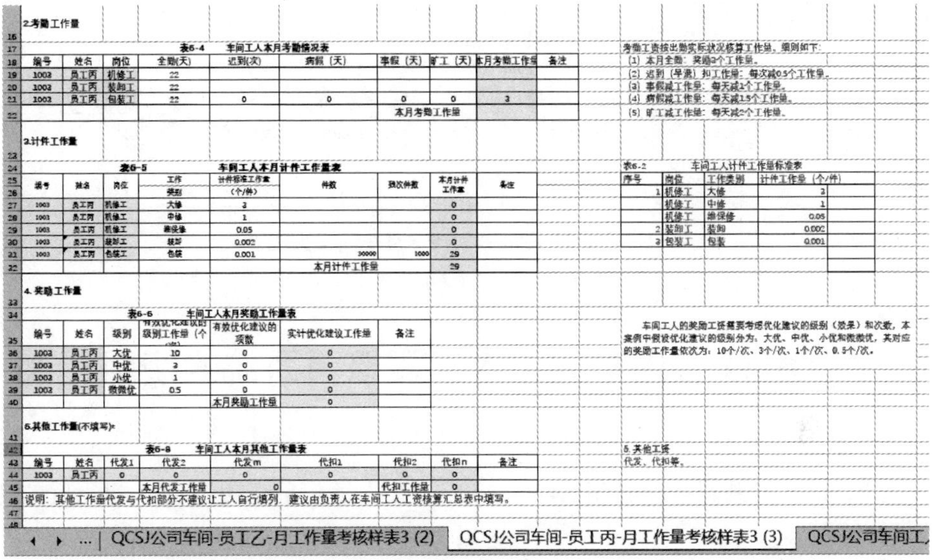

图 6-18　员工丙本月的工作量表（下半部分）

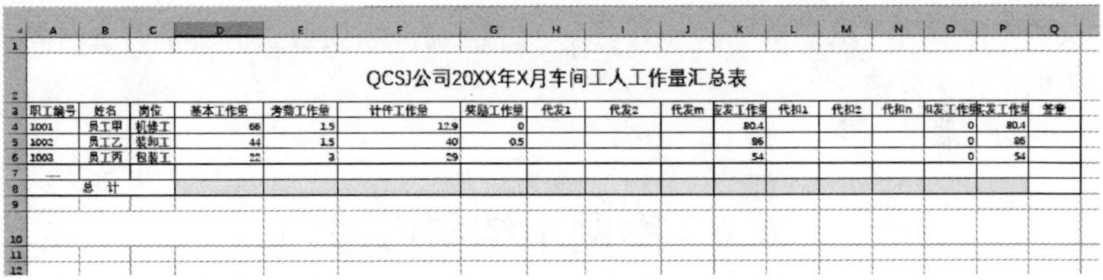

图 6-19　QCSJ 公司 20××年×月车间工人工作量汇总表

图 6-20　QCSJ 公司 20××年×月车间工人工资表各项公式参考答案

　　系统自动计算生成的 QCSJ 公司 20××年×月车间工人工资表如图 6-21 所示。

职工编号	姓名	岗位工资	基本工资	考勤工资	计件工资	奖励工资	代发1	代发2	代发m	应发工资	代扣1	代扣2	代扣n	扣款合计	实发工资	签章
1	员工甲	200	12200.00	300.00	2580.00	0.00	0.00	0.00	0.00	16080.00	0.00	0.00	0.00	0.00	16080.00	
2	员工乙	200	8800.00	300.00	8000.00	100.00	0.00	0.00	0.00	17200.00	0.00	0.00	0.00	0.00	17200.00	
3	员工丙	200	4400.00	600.00	5800.00	0.00	0.00	0.00	0.00	10800.00	0.00	0.00	0.00	0.00	10800.00	
总 计			26400.00	1200.00	16380.00	100.00	0.00	0.00	0.00	44080.00	0.00	0.00	0.00	0.00	44080.00	

QCSJ公司20XX年X月车间工人工资表

主送：   审核：   制表：   日期： 20XX.XX.XX

说明：岗位工资按单位工作量对应的工资，可按职称分别执行不同标准，也可统一标准。本案例中按单位工作量200元累计算。

图 6-21 QCSJ 公司 20××年×月车间工人工资表

6.5 QCSJ 公司车间工人工资核算系统的使用建议

（1）仿本案例制订一套适合本公司车间工人考核的、可行的、细化后的考核指标体系。

（2）规范各种量表（工种）的填表方式。特别注意，同一人有多个工种工作量时工作量表的填写应为一人多行。

（3）本系统使用时要求各级部门负责人按考核指标要求严格审核部门员工提交的工作量表（电子版）并进行公示，才能确保绩效考核的质量，从而调动员工的工作积极性。

6.6 案例小结与思考

本案例设计制作出的 QCSJ 公司的 Excel 车间工人工资考核系统由公司员工使用手机或电脑填报个人月工作情况后系统能自动计算出每个员工的月工作量及每个员工本月的实发工资。

提示：

代发工资项和代扣工资项可由财务人员汇总出整个车间工人工资表后统一录入，或事先公布代发工资、代扣工资后由工人自行录入后财务人员再进行统一核对。

需要思考的问题：

（1）本案例呈现的是 QCSJ 公司 Excel 车间工人工资考核系统工资条还是工资表？

（2）工资表中应定义的公式有哪些？

（3）你认为本案例还有哪些地方可以改进？

第7章　Excel 财务模型设计模式Ⅲ的应用

【摘要】本章通过基于 Excel 的 SX 公司账务管理系统模型的分析、设计过程，阐明了一个基于 Excel 的财务管理系统设计"模式Ⅲ"的应用情况。首先，收集案例资料；其次，进行案例分析，分析基础数据表和分析数据表并分析本模型应设置的功能菜单项；再次，案例操作，上机进行 SX 公司账务管理系统模型的设计；最后，设计适合 SX 公司账务管理系统模型的封面，建立各功能菜单项与各工作表之间相互切换的"超链接"。经过部分数据试用并修改后即可将本系统交付使用。

7.1　SX 公司背景

SX 公司位于中国醋都，是以 XX 为主导产业的现代化食品生产企业，在继承传统工艺的基础上进行技术创新。以自主研发、自主品牌、自营出口为发展战略，以名牌兴企、质量兴企、科技兴企、文化兴企经营思路在国内食醋行业率先对品牌进行精准定位，弘扬晋商文化，发展传统产业，为人类提供安全、营养、健康的产品是企业的使命。

本案例可归结为设计制作一个 Excel 账务管理系统的问题，属于应用 Excel 财务模型设计"模式Ⅲ"的类型。现按照 Excel 财务模型设计"模式Ⅲ"的思路构建此案例。

说明：

本案例中数据纯属虚构，实际使用时可按实际情况修改所有数据。

7.2 SX 公司案例资料

7.2.1 资料一

20××年1月会计科目及期初余额表，如表7-1所示。

表7-1 SX 公司 20××年1月会计科目及期初余额

科目代码	科目名称	期初余额		科目代码	科目名称	期初余额	
		借	贷			借	贷
1001	库存现金	600		2202	应付账款		28000
1002	银行存款	16500		220201	亨氏公司		20000
100201	工行存款	10000		220202	运输公司		8000
100202	农行存款	6500		2221	应交税费		32000
1122	应收账款	8000		222101	应交增值税（进项税）		
112201	百利公司	5000		222102	应交增值税（销项税）		32000
112202	光明公司	3000		4001	实收资本		16000
1403	原材料	60000		4103	本年利润		89000
140301	A 材料	40000		4104	利润分配	36500	
140302	B 材料	20000		5001	生产成本	25000	
1405	库存商品	40000		5101	制造费用		
1601	固定资产	57400		6001	主营业务收入		
1602	累计折旧		10500	6401	主营业务成本		
2001	短期借款		68500				

7.2.2 资料二

20××年1月发生经济业务如下：

（1）1月2日，向光明公司购入 A 材料 200 吨，单价 20 元，购入 B 材料 200 吨，单价 40 元。材料已入库，款已用工行存款支付，发票注明进项税额 2040 元。

（2）1月7日，生产产品领用 A 材料 70 吨，单价 20 元，B 材料 30 吨，单价

40 元。

（3）1 月 10 日，销售部李明借库存现金支票一张，从工商银行提取库存现金 2000 元。

（4）1 月 13 日，李明购办公用品打印机一台 2000 元，款项由农行支票支付。

（5）1 月 16 日，向亨氏公司销售产品一批，货款 120000 元，已收存工商银行，发票注明销项税额 20400 元。

（6）1 月 23 日，发放行政人员工资 60000 元，款项由农行支票支付。

（7）1 月 25 日，本月计提固定资产折旧费 32000 元。其中车间计提 20000 元，行政部门计提 12000 元。

（8）1 月 26 日，结转产品应负担的制造费用 20000 元。

（9）1 月 28 日，结转完工产品成本 25000 元。

（10）1 月 29 日，向亨氏公司销售产品一批，货款 88000 元，已收存工商银行，发票注明销项税额 14960 元。

（11）1 月 30 日，结转已销产品销售成本 95000 元。

（12）1 月 31 日，将本月产品销售收入 208000 元，销售成本 95000 元，管理费用 14000 元结转记入本年利润账户。

试利用 Excel 建立模型，满足以下要求：

1）利用 Excel 完成 SX 公司 20×× 年 1 月期初余额表。

2）利用 Excel 完成 SX 公司 20×× 年 1 月记账凭证的输入。

3）利用 Excel 制作 SX 公司明细账。

4）利用 Excel 制作 SX 公司总账。

5）利用 Excel 制作 SX 公司试算平衡表。

6）利用 Excel 制作 SX 公司科目汇总表（上旬、中旬、下旬）。

7.3　SX 公司案例分析

账务处理是会计业务处理的核心内容，一些小微企业不买商品化财务软件时利用 Excel 同样可以进行账务处理。因此，基于 Excel 的账务处理模型不仅有一定的实用价值，也便于小微企业的会计信息化。

利用 Excel 进行账务处理的主要流程如下：

（1）建账。即根据已知资料建立 SX 公司"期初余额表"。

（2）凭证处理。本模型设计的凭证处理环节很简单，直接将企业发生的业务输入"记账凭证"工作表并通过"自动筛选/高级筛选"按一定的条件查询凭证。记账凭证不仅考虑凭证的主要元素，还考虑到了凭证的审核、记账和结账的过程。审核、记账通过签字实现，结账签字则和保护"记账凭证"工作表为只读工作表同时进行。

（3）形成账簿。本章形成的账簿（总账、明细账）、"试算平衡表"和"科目汇总表"数据源是"期初余额表"及"记账凭证"。因此，只要将所建模型的"期初余额表"和所发生的业务"记账凭证"换成另一个单位的数据，本模型将自动生成明细账、总账、"试算平衡表"和"科目汇总表"。

综上所述，利用 Excel 进行账务处理的过程就是建立基于 Excel 的账务处理模型的过程。

7.4 SX 公司案例设计与制作

众所周知，不同的设计者设计出的工作表表样不同，所建模型样子和过程也不同，但结果应该相同。因此，建模时保证账务处理工作簿中所有工作表中相关数据的一致性和正确性是账务处理模型有实用价值的关键！

按照 7.3 所述账务处理操作流程，限于篇幅，本案例仅列出主要设计与操作过程如下：

（1）启动 Excel 并重命名为：SX 公司账务处理系统。

（2）新增 8 个工作表并分别重命名为：期初余额表、记账凭证、明细账、总账、试算平衡表、科目汇总表（上旬）、科目汇总表（中旬）、科目汇总表（下旬）。

（3）根据资料一完成 SX 公司期初余额表，参考答案如图 7-1 所示。

（4）根据资料二完成 SX 公司记账凭证，参考答案如图 7-2 所示。

（5）先做出明细账表样（本案例中只有如图 7-3 所示的明细科目）。再利用函数 VLOOKUP（）和 SUMIF（）定义公式可生成 SX 公司明细账，明细账参考答案如图 7-3 所示。

图 7-4 是 SX 公司明细账定义公式的参考答案。

（6）先做出 SX 公司总账模板，再从期初余额表中跨表取出期初余额，本期借/贷方发生额通过 SUMIF（）函数从记账凭证中得到，期末余额则根据以下公式定义：

期初余额表

序号	科目代码	会计科目	期初借方余额	期初贷方余额
1	1001	库存现金	600.00	
2	1002	银行存款	16500.00	
3	100201	工行存款	10000.00	
4	100202	农行存款	6500.00	
5	1122	应收账款	8000.00	
6	112201	百利公司	5000.00	
7	112202	光明公司	3000.00	
8	1403	原材料	60000.00	
9	140301	A材料	40000.00	
10	140302	B材料	20000.00	
11	1405	库存商品	40000.00	
12	1601	固定资产	57400.00	
13	1602	累计折旧		10500.00
14	2001	短期借款		68500.00
15	2202	应付账款		28000.00
16	220201	享氏公司		20000.00
17	220202	运输公司		8000.00
18	2221	应交税费		32000.00
19	222101	应交增值税（进项税		
20	222102	应交增值税（销项税		32000.00
21	4001	实收资本		16000.00
22	4103	本年利润		89000.00
23	4104	利润分配	36500.00	
24	5001	生产成本	25000.00	
25	5101	制造费用		
26	6001	主营业务收入		
27	6401	主营业务成本		
28		合　　计	244000.00	244000.00

图 7-1　SX 公司期初余额表

记账凭证

凭证类别	凭证字号	日期	摘要	科目代码	会计科目	借方金额	贷方金额	制单	附件	审核
记	1	20XX-1-02	购原材料	1403	原材料	12000.00		本人姓名		
	1	20XX-1-02	购原材料	100201	工行存款		14,040.00	本人姓名		
	1	20XX-1-02	购原材料	222101	进项税额	2040.00		本人姓名		
记	2	20XX-1-07	生产领用原材料	5001	生产成本	2600.00		本人姓名		
	2	20XX-1-07	生产领用原材料	1403	原材料		2,600.00	本人姓名		
记	3	20XX-1-10	提取现金	1001	库存现金	2000.00		本人姓名		
	3	20XX-1-10	提取现金	100202	农行存款		2,000.00	本人姓名		
记	4	20XX-1-13	购办公用品	6602	管理费用	2000.00		本人姓名		
	4	20XX-1-13	购办公用品	100202	农行存款		2,000.00	本人姓名		
	5	20XX-1-16	销售产品	6001	主营业务收入		120,000.00	本人姓名		
	5	20XX-1-16	销售产品	100201	工行存款	140400.00		本人姓名		
	5	20XX-1-16	销售产品	222102	销项税额		20,400.00	本人姓名		
记	6	20XX-1-23	支付行政人员工资	2211	应付职工薪酬	60000.00		本人姓名		
	6	20XX-1-23	支付行政人员工资	100202	农行存款		60,000.00	本人姓名		
	7	20XX-1-25	计提折旧	1602	累计折旧		32,000.00	本人姓名		
记	7	20XX-1-25	计提折旧	5101	制造费用	20000.00		本人姓名		
	7	20XX-1-25	计提折旧	6602	管理费用	12000.00		本人姓名		
记	8	20XX-1-26	结转制造费用	5001	生产成本	20000.00		本人姓名		
	8	20XX-1-26	结转制造费用	5101	制造费用		20,000.00	本人姓名		
记	9	20XX-1-28	结转完工产品成本	1405	库存商品	25000.00		本人姓名		
	9	20XX-1-28	结转完工产品成本	5001	生产成本		25,000.00	本人姓名		
记	10	20XX-1-29	销售产品	6001	主营业务收入		88,000.00	本人姓名		
	10	20XX-1-29	销售产品	100201	工行存款	102960.00		本人姓名		
	10	20XX-1-29	销售产品	222102	销项税额		14,960.00	本人姓名		
记	11	20XX-1-30	结转已销产品销售成本	1405	库存商品		95,000.00	本人姓名		
	11	20XX-1-30	结转已销产品销售成本	6401	主营业务成本	95000.00		本人姓名		
记	12	20XX-1-31	结转收入	4103	本年利润		208,000.00	本人姓名		
	12	20XX-1-31	结转收入	4103	本年利润	109000.00		本人姓名		
记	12	20XX-1-31	结转收入	6001	主营业务收入	208000.00		本人姓名		
	12	20XX-1-31	结转支出	6401	主营业务成本		95,000.00	本人姓名		
	12	20XX-1-31	结转支出	6602	管理费用		14,000.00	本人姓名		

图 7-2　SX 公司记账凭证

	A	B	C	D	E	F	G
1				明细账			
2	序号	科目代码	会计科目	期初余额	借方发生额	贷方发生额	期末余额
3	1	100201	工行存款	10000.00	243360.00	14040.00	239320.00
4	2	100202	农行存款	6500.00		64000.00	-57500.00
5	4	222101	进项税额		2040.00		2040.00
6	5	222102	销项税额	32000.00		35360.00	-3360.00

图 7-3 SX 公司明细账

图 7-4 明细账定义的公式

期末余额＝期初余额+本期借方发生额-本期贷方发生额

提示：

期末余额为正数时表示余额在借方；期末余额为负数时表示余额方向相反，在贷方。

图 7-5 是 SX 公司总账的参考答案，图 7-6 和图 7-7 是总账所定义的公式。

	A	B	C	D	E	F	G
1				A公司总账			
2	序号	科目代码	会计科目	期初余额	本期借方发生额	本期贷方发生额	期末余额
3	1	1001	库存现金	600.00	2000.00		2600.00
4	2	1002	银行存款	16500.00	243360.00	78040.00	181820.00
5	3	1122	应收账款	8000.00			8000.00
6	4	1403	原材料	60000.00	12000.00	2600.00	69400.00
7	5	1405	库存商品	40000.00	25000.00	95000.00	-30000.00
8	6	1601	固定资产	57400.00			57400.00
9	7	1602	累计折旧	-10500.00		32000.00	-42500.00
10	8	2001	短期借款	-68500.00			-68500.00
11	9	2202	应付账款	-28000.00			-28000.00
12	10	2211	应付职工薪酬			60000.00	60000.00
13	11	2221	应交税费	-32000.00	2040.00	35360.00	-65320.00
14	12	4001	实收资本	-16000.00			-16000.00
15	13	4103	本年利润	-89000.00	109000.00	208000.00	-188000.00
16	14	4104	利润分配	36500.00			36500.00
17	15	5001	生产成本	25000.00	22600.00	25000.00	22600.00
18	16	5101	制造费用		20000.00	20000.00	
19	17	6601	销售费用				
20	18	6602	管理费用		14000.00	14000.00	
21	19	6001	主营业务收入		208000.00	208000.00	
22	20	6401	主营业务成本		95000.00	95000.00	
23	21		合　计		813000.00	813000.00	

图 7-5 总账参考答案

（7）根据"期初余额表"和"总账"，通过跨表取数的方法很容易得到如图 7-8 所示的"试算平衡表"的参考答案。

图 7-9 是 SX 公司"试算平衡表"所定义的公式。

A公司总账

序	科目代码	会计科目	期初余额	本期借方发生额
1	1001	库存现金	=期初余额表!D3	=SUMIF(记账凭证!E3:E33,B3,记账凭证!G3:G33)
2	1002	银行存款	=期初余额表!D4	=SUMIF(记账凭证!E3:E33,100201,记账凭证!G3:G33)+SUMIF(记账凭证!E3:E33,100202,记账凭证!G3:G33)
3	1122	应收账款	=期初余额表!D7	=SUMIF(记账凭证!E3:E33,112201,记账凭证!G3:G33)+SUMIF(记账凭证!E3:E33,112202,记账凭证!G3:G33)
4	1403	原材料	=期初余额表!D10	=SUMIF(记账凭证!E3:E33,B6,记账凭证!G3:G33)
5	1405	库存商品	=期初余额表!D13	=SUMIF(记账凭证!E3:E33,B7,记账凭证!G3:G33)
6	1601	固定资产	=期初余额表!D14	=SUMIF(记账凭证!E3:E33,B8,记账凭证!G3:G33)
7	1602	累计折旧	=期初余额表!E15	=SUMIF(记账凭证!E3:E33,B9,记账凭证!G3:G33)
8	2001	短期借款	=期初余额表!E16	=SUMIF(记账凭证!E3:E33,B10,记账凭证!G3:G33)
9	2202	应付账款	=期初余额表!E17	=SUMIF(记账凭证!E3:E33,220201,记账凭证!G3:G33)+SUMIF(记账凭证!E3:E33,220202,记账凭证!G3:G33)
10	2211	应付职工薪酬		=SUMIF(记账凭证!E3:E33,B12,记账凭证!G3:G33)
11	2221	应交税费	=期初余额表!E20	=SUMIF(记账凭证!E3:E33,222101,记账凭证!G3:G33)+SUMIF(记账凭证!E3:E33,222102,记账凭证!G3:G33)
12	4001	实收资本	=期初余额表!E23	=SUMIF(记账凭证!E3:E33,B14,记账凭证!G3:G33)
13	4103	本年利润	=期初余额表!E24	=SUMIF(记账凭证!E3:E33,B15,记账凭证!G3:G33)
14	4104	利润分配	=期初余额表!D25	=SUMIF(记账凭证!E3:E33,B16,记账凭证!G3:G33)
15	5001	生产成本	=期初余额表!D26	=SUMIF(记账凭证!E3:E33,5001,记账凭证!G3:G33)+SUMIF(记账凭证!E3:E33,500101,记账凭证!G3:G33)
16	5101	制造费用		=SUMIF(记账凭证!E3:E33,B18,记账凭证!G3:G33)
17	6601	销售费用		=SUMIF(记账凭证!E3:E33,B19,记账凭证!G3:G33)
18	6602	管理费用		=SUMIF(记账凭证!E3:E33,B20,记账凭证!G3:G33)
19	6001	主营业务收入		=SUMIF(记账凭证!E3:E33,B21,记账凭证!G3:G33)
20	6401	主营业务成本		=SUMIF(记账凭证!E3:E33,B22,记账凭证!G3:G33)
21		合　计	=SUM(D3:D22)	=SUM(E3:E22)

图7-6　总账定义的公式（左边定义的公式）

本期贷方发生额	期末余额
=SUMIF(记账凭证!E3:E33,B3,记账凭证!H3:H33)	=D3+E3-F3
=SUMIF(记账凭证!E3:E33,100201,记账凭证!H3:H33)+SUMIF(记账凭证!E3:E33,100202,记账凭证!H...	=D4+E4-F4
=SUMIF(记账凭证!E3:E33,112201,记账凭证!H3:H33)+SUMIF(记账凭证!E3:E33,112202,记账凭证!H...	=D5+E5-F5
=SUMIF(记账凭证!E3:E33,B6,记账凭证!H3:H33)	=D6+E6-F6
=SUMIF(记账凭证!E3:E33,B7,记账凭证!H3:H33)	=D7+E7-F7
=SUMIF(记账凭证!E3:E33,B8,记账凭证!H3:H33)	=D8+E8-F8
=SUMIF(记账凭证!E3:E33,B9,记账凭证!H3:H33)	=D9+E9-F9
=SUMIF(记账凭证!E3:E33,B10,记账凭证!H3:H33)	=D10+E10-F10
=SUMIF(记账凭证!E3:E33,220201,记账凭证!H3:H33)+SUMIF(记账凭证!E3:E33,220202,记账凭证!H...	=D11+E11-F11
=SUMIF(记账凭证!E3:E33,B12,记账凭证!H3:H33)	=D12+E12-F12
=SUMIF(记账凭证!E3:E33,222101,记账凭证!H3:H33)+SUMIF(记账凭证!E3:E33,222102,记账凭证!H...	=D13+E13-F13
=SUMIF(记账凭证!E3:E33,B14,记账凭证!H3:H33)	=D14+E14-F14
=SUMIF(记账凭证!E3:E33,B15,记账凭证!H3:H33)	=D15+E15-F15
=SUMIF(记账凭证!E3:E33,B16,记账凭证!H3:H33)	=D16+E16-F16
=SUMIF(记账凭证!E3:E33,B17,记账凭证!H3:H33)	=D17+E17-F17
=SUMIF(记账凭证!E3:E33,B18,记账凭证!H3:H33)	=D18+E18-F18
=SUMIF(记账凭证!E3:E33,B19,记账凭证!H3:H33)	=D19+E19-F19
=SUMIF(记账凭证!E3:E33,B20,记账凭证!H3:H33)	=D20+E20-F20
=SUMIF(记账凭证!E3:E33,B21,记账凭证!H3:H33)	=D21+E21-F21
=SUMIF(记账凭证!E3:E33,B22,记账凭证!H3:H33)	=D22+E22-F22
=SUM(F3:F22)	=SUM(G3:G22)

图7-7　总账定义公式（右边定义的公式）

试算平衡表

序号	科目代码	会计科目	期初余额 借方余额	期初余额 贷方余额	本期发生额 借方金额	本期发生额 贷方金额	期末余额 借方余额	期末余额 贷方余额
1	1001	库存现金	600.00		2000.00		2600.00	
2	1002	银行存款	16500.00		243360.00	78040.00	181820.00	
5	1122	应收账款	8000.00				8000.00	
8	1403	原材料	60000.00		12000.00	2600.00	69400.00	
11	1405	库存商品	40000.00		25000.00	95000.00		-30000.00
12	1601	固定资产	57400.00				57400.00	
13	1602	累计折旧		-10500.00		32000.00		-42500.00
14	2001	短期借款		-68500.00				-68500.00
15	2202	应付账款		-28000.00				-28000.00
16	2211	应付职工薪酬				60000.00	60000.00	
17	2221	应交税费		-32000.00	2040.00	35360.00	-65320.00	
18	4001	实收资本		-16000.00				-16000.00
19	4103	本年利润		-89000.00	109000.00	208000.00		-188000.00
20	4104	利润分配	36500.00				36500.00	
21	5001	生产成本	25000.00		22600.00	25000.00	22600.00	
22	5101	制造费用			20000.00	20000.00		
23	6601	销售费用						
24	6602	管理费用			14000.00	14000.00		
25	6001	主营业务收入			208000.00	208000.00		
26	6401	主营业务成本			95000.00	95000.00		
27		合　计	244000.00	-244000.00	813000.00	813000.00	373000.00	-373000.00

图7-8　试算平衡表参考答案

序号	科目代码	会计科目	期初余额		本期发生额		期末余额	
			借方余额	贷方余额	借方金额	贷方金额	借方余额	贷方余额
1	1001	库存现金	=总账!D3		=总账!E3	=总账!F3	=总账!G3	
4	1002	银行存款	=总账!D4		=总账!E4	=总账!F4	=总账!G4	
5	1122	应收账款	=总账!D5		=总账!E5	=总账!F5	=总账!G5	
8	1403	原材料	=总账!D6		=总账!E6	=总账!F6	=总账!G6	
11	1405	库存商品	=总账!D7		=总账!E7	=总账!F7		=总账!G7
12	1601	固定资产	=总账!D8		=总账!E8	=总账!F8	=总账!G8	
13	1602	累计折旧		=总账!D9	=总账!E9	=总账!F9		=总账!G9
14	2001	短期借款		=总账!D10	=总账!E10	=总账!F10		=总账!G10
15	2202	应付账款		=总账!D11	=总账!E11	=总账!F11		=总账!G11
16	2211	应付职工薪酬		=总账!D12	=总账!E12	=总账!F12	=总账!G12	
17	2221	应交税费		=总账!D13	=总账!E13	=总账!F13	=总账!G13	
18	4001	实收资本		=总账!D14	=总账!E14	=总账!F14	=总账!G14	
19	4103	本年利润		=总账!D15	=总账!E15	=总账!F15	=总账!G15	
20	4104	利润分配	=总账!D16		=总账!E16	=总账!F16	=总账!G16	
21	5001	生产成本	=总账!D17		=总账!E17	=总账!F17	=总账!G17	
22	5101	制造费用	=总账!D18		=总账!E18	=总账!F18	=总账!G18	
23	6601	销售费用	=总账!D19		=总账!E19	=总账!F19	=总账!G19	
24	6602	管理费用	=总账!D20		=总账!E20	=总账!F20		=总账!G20
25	6001	主营业务收入		=总账!D21	=总账!E21	=总账!F21		=总账!G21
26	6401	主营业务成本	=总账!D22		=总账!E22	=总账!F22	=总账!G22	
27		合 计	=SUM(D4:D23)	=SUM(E4:E23)	=SUM(F4:F23)	=SUM(G4:G23)	=SUM(H4:H23)	=SUM(I4:I23)

图 7-9　试算平衡表定义公式

（8）把"记账凭证"作为数据来源，通过 SUMIF（）函数可分别得到 SX 公司的上旬、中旬、下旬的科目汇总表。

提示：

定义上旬、中旬、下旬的科目汇总表使用 SUMIF（）函数时，查找区域和求和区域只能分别选择 SX 公司上旬、中旬和下旬的业务。

图 7-10 为科目汇总表上旬参考答案，所定义的公式如图 7-11 和图 7-12 所示。

序号	科目代码	科目名称	借方发生额	贷方发生额
		科目汇总表		
		20XX年1月份　第01号		
1	1001	库存现金	2000.00	
2	1002	银行存款		16040.00
3	1122	应收账款		
4	1403	原材料	12000.00	2600.00
5	1405	库存商品		
6	1601	固定资产		
7	1602	累计折旧		
8	2001	短期借款		
9	2202	应付账款		
10	2211	应付职工薪酬		
11	2221	应交税费	2040.00	
12	4001	实收资本		
13	4103	本年利润		
14	4104	利润分配		
15	5001	生产成本	2600.00	
16	5101	制造费用		
17	6601	销售费用		
18	6602	管理费用		
19	6001	主营业务收入		
20	6401	主营业务成本		
21		合 计	18640.00	18640.00

图 7-10　科目汇总表上旬参考答案

图 7-13 和图 7-14 是科目汇总表中旬和科目汇总表下旬的参考答案，限于篇幅，所定义的公式请参考图 7-11 和图 7-12。

序号	科目代码	科目名称	借方发生额
			科目汇总表
			20XX年1月份　第 01 号
1	1001	库存现金	=SUMIF(记账凭证!E3:E9,B4,记账凭证!G3:G9)
2	1002	银行存款	=SUMIF(记账凭证!$E$3:$E$9,B5,记账凭证!$G$3:$G$9)
3	1122	应收账款	=SUMIF(记账凭证!$E$3:$E$9,B6,记账凭证!$G$3:$G$9)
4	1403	原材料	=SUMIF(记账凭证!$E$3:$E$9,B7,记账凭证!$G$3:$G$9)
5	1405	库存商品	=SUMIF(记账凭证!$E$3:$E$9,B8,记账凭证!$G$3:$G$9)
6	1601	固定资产	=SUMIF(记账凭证!$E$3:$E$9,B9,记账凭证!$G$3:$G$9)
7	1602	累计折旧	=SUMIF(记账凭证!$E$3:$E$9,B10,记账凭证!$G$3:$G$9)
8	2001	短期借款	=SUMIF(记账凭证!$E$3:$E$9,B11,记账凭证!$G$3:$G$9)
9	2202	应付账款	=SUMIF(记账凭证!$E$3:$E$9,B12,记账凭证!$G$3:$G$9)
10	2211	应付职工薪酬	=SUMIF(记账凭证!$E$3:$E$9,B13,记账凭证!$G$3:$G$9)
11	2221	应交税费	=SUMIF(记账凭证!$E$3:$E$9,222101,记账凭证!$G$3:$G$9)+SUMIF(记账凭证!$E$3:$E$9,222102,记账凭证!$G$3:$G$9)
12	4001	实收资本	=SUMIF(记账凭证!$E$3:$E$9,B15,记账凭证!$G$3:$G$9)
13	4103	本年利润	=SUMIF(记账凭证!$E$3:$E$9,B16,记账凭证!$G$3:$G$9)
14	4104	利润分配	=SUMIF(记账凭证!$E$3:$E$9,B17,记账凭证!$G$3:$G$9)
15	5001	生产成本	=SUMIF(记账凭证!$E$3:$E$9,5001,记账凭证!$G$3:$G$9)+SUMIF(记账凭证!$E$3:$E$9,500101,记账凭证!$G$3:G$9)
16	5101	制造费用	=SUMIF(记账凭证!$E$3:$E$9,B19,记账凭证!$G$3:$G$9)
17	6601	销售费用	=SUMIF(记账凭证!$E$3:$E$9,B20,记账凭证!$G$3:$G$9)
18	6602	管理费用	=SUMIF(记账凭证!$E$3:$E$9,B21,记账凭证!$G$3:$G$9)
19	6001	主营业务收入	=SUMIF(记账凭证!$E$3:$E$9,B22,记账凭证!$G$3:$G$9)
20	6401	主营业务成本	=SUMIF(记账凭证!$E$3:$E$9,B23,记账凭证!$G$3:$G$9)
21	合　计		=SUM(D4:D23)

图 7-11　科目汇总表上旬定义公式（左边部分）

序号	科目代码	科目名称	借方发生额
			科目汇总表
			20XX年1月份　第 01 号
1	1001	库存现金	=SUMIF(记账凭证!E3:E9,B4,记账凭证!G3:G9)
2	1002	银行存款	=SUMIF(记账凭证!$E$3:$E$9,100201,记账凭证!$G$3:$G$9)+SUMIF(记账凭证!$E$3:$E$9,100202,记账凭证!$G$3:$G$9)
3	1122	应收账款	=SUMIF(记账凭证!$E$3:$E$9,B6,记账凭证!$G$3:$G$9)
4	1403	原材料	=SUMIF(记账凭证!$E$3:$E$9,B7,记账凭证!$G$3:$G$9)
5	1405	库存商品	=SUMIF(记账凭证!$E$3:$E$9,B8,记账凭证!$G$3:$G$9)
6	1601	固定资产	=SUMIF(记账凭证!$E$3:$E$9,B9,记账凭证!$G$3:$G$9)
7	1602	累计折旧	=SUMIF(记账凭证!$E$3:$E$9,B10,记账凭证!$G$3:$G$9)
8	2001	短期借款	=SUMIF(记账凭证!$E$3:$E$9,B11,记账凭证!$G$3:$G$9)
9	2202	应付账款	=SUMIF(记账凭证!$E$3:$E$9,B12,记账凭证!$G$3:$G$9)
10	2211	应付职工薪酬	=SUMIF(记账凭证!$E$3:$E$9,B13,记账凭证!$G$3:$G$9)
11	2221	应交税费	=SUMIF(记账凭证!$E$3:$E$9,222101,记账凭证!$G$3:$G$9)+SUMIF(记账凭证!$E$3:$E$9,222102,记账凭证!$G$3:$G$9)
12	4001	实收资本	=SUMIF(记账凭证!$E$3:$E$9,B15,记账凭证!$G$3:$G$9)
13	4103	本年利润	=SUMIF(记账凭证!$E$3:$E$9,B16,记账凭证!$G$3:$G$9)
14	4104	利润分配	=SUMIF(记账凭证!$E$3:$E$9,B17,记账凭证!$G$3:$G$9)
15	5001	生产成本	=SUMIF(记账凭证!$E$3:$E$9,5001,记账凭证!$G$3:$G$9)+SUMIF(记账凭证!$E$3:$E$9,500101,记账凭证!$G$3:$G$9)
16	5101	制造费用	=SUMIF(记账凭证!$E$3:$E$9,B19,记账凭证!$G$3:$G$9)
17	6601	销售费用	=SUMIF(记账凭证!$E$3:$E$9,B20,记账凭证!$G$3:$G$9)
18	6602	管理费用	=SUMIF(记账凭证!$E$3:$E$9,B21,记账凭证!$G$3:$G$9)
19	6001	主营业务收入	=SUMIF(记账凭证!$E$3:$E$9,B22,记账凭证!$G$3:$G$9)
20	6401	主营业务成本	=SUMIF(记账凭证!$E$3:$E$9,B23,记账凭证!$G$3:$G$9)
21	合　计		=SUM(D4:D23)

图 7-12　科目汇总表上旬定义公式（右边部分）

序号	科目代码	科目名称	借方发生额	贷方发生额
		科目汇总表		
		20XX年1月份　第02号		
1	1001	库存现金		
2	1002	银行存款	140400.00	2000.00
3	1122	应收账款		
4	1403	原材料		
5	1405	库存商品		
6	1601	固定资产		
7	1602	累计折旧		
8	2001	短期借款		
9	2202	应付账款		
10	2211	应付职工薪酬		
11	2221	应交税费		20400.00
12	4001	实收资本		
13	4103	本年利润		
14	4104	利润分配		
15	5001	生产成本		
16	5101	制造费用		
17	6601	销售费用		
18	6602	管理费用	2000.00	
19	6001	主营业务收入		120000.00
20	6401	主营业务成本		
21		合　　计	142400.00	142400.00

图 7-13　科目汇总表中旬参考答案

序号	科目代码	科目名称	借方发生额	贷方发生额
		科目汇总表		
		20XX年1月份　第03号		
1	1001	库存现金		
2	1002	银行存款	102960.00	60000.00
3	1122	应收账款		
4	1403	原材料		
5	1405	库存商品	25000.00	95000.00
6	1601	固定资产		
7	1602	累计折旧		32000.00
8	2001	短期借款		
9	2202	应付账款		
10	2211	应付职工薪酬	60000.00	
11	2221	应交税费		14960.00
12	4001	实收资本		
13	4103	本年利润	109000.00	208000.00
14	4104	利润分配		
15	5001	生产成本	20000.00	25000.00
16	5101	制造费用	20000.00	20000.00
17	6601	销售费用		
18	6602	管理费用	12000.00	14000.00
19	6001	主营业务收入	208000.00	88000.00
20	6401	主营业务成本	95000.00	95000.00
21		合　　计	651960.00	651960.00

图 7-14　科目汇总表下旬参考答案

7.5　案例小结与思考

本案例设计完成了 SX 公司基于 Excel 的账务处理模型。显然，只要将 SX 公司账务处理模型中的数据源——"期初余额"及"记账凭证"工作表替换为其他企业自己的期初余额及记账凭证即可自动生成小微企业明细账、总账、试算平衡表及科目汇总表。使用 Excel 建立财务模型不仅提高了财务工作效率，而且完善了财务工作体系，可全面促进企业的快速发展。

需要思考的问题：

（1）结合本案例的设计流程简述基于 Excel 的企业账务处理的流程。

（2）会计科目编码有何规律？如何判断科目所属类别？如何识别科目的级别（一级科目／二级科目／三级科目）？

（3）本案例中如何形成的总账？

（4）本案例中用到了哪些函数？写出函数名、格式及主要功能。

（5）本案例中的上旬、中旬、下旬科目汇总表中用到了什么函数？要注意哪些事项？

第8章　ABC厂应收款管理系统设计

【摘要】本章以某省ABC厂20××年的应收款资料为例，从应收款管理系统设计的原则等出发，阐述了应收款管理系统设计的基础。重点探讨应收款管理系统设计与制作的整个过程并对应收款管理系统进行了详尽的运行分析，对该系统存在的不足进行了有效的整改。

8.1　应收款管理系统设计概述

8.1.1　应收款管理系统概述

应收款系统设计的意义：

随着社会发展的迅速，为了扩大销售，应收款是不可避免的，而对于企业来说，应收款的存在，会给企业带来相应的资金风险。假如企业的应收款管理欠缺的情况下，可能会带给企业不同程度的创伤。小则产生坏账，大则资金链断裂，导致企业破产。因此，企业的长期发展少不了应收款管理。如何及时收回应收款是每个企业都需要考虑的事情。企业财务管理人员需要随时掌握企业的应收款余额，反馈到销售部门，以便规划给予客户的优惠信誉额度，从而最大化地利用资金。现实中，很多中小微企业因财务软件成本较高而放弃购买，但应收款管理已经成为企业必须考虑的问题。

另外，Excel通过更新的方法可使用户直观浏览数据，快速进行复杂的分析。它具备易操作、多功能的特性，它不仅能够快速地制作出各种工作表，还能使用函数公式对大量数据进行复杂的运算，并对其整合出的数据进行图表分析，更加直观明了。利用Excel中的超级链接功能，大大提高企业人员的工作效率。因此，利用Excel设计出的应收款管理系统在功能上可以基本满足中小微企业日常需求，具有一定的现实意义。

　　ABC厂位于某省的一个小镇，注册资本为200万元，现有职工30人，作为石料中间商，为当地各类建设工程提供相应的材料及运输服务，从而获得主营业务收入。

　　本章将以ABC厂20××年应收款的数据为样本、以其实际财务处理流程为主线，利用Excel 2016对应收款数据进行收集、加工、分析处理，设计基于Excel的《应收款管理系统》，通过试用从中发现该系统设计中存在的一些问题，并提出相关对策。

8.1.2　应收款对企业的影响

　　（1）对企业生产经营的影响。一方面有促进作用。可以在市场低迷的情况下，扩大销售，能够提高企业占据市场的份额。还可以降低存货、减少开支。另一方面有阻碍作用，占用企业的流动资金，从而降低资金的周转速度，还可能会发生坏账损失，影响企业正常运转。

　　（2）对企业财务状况的影响。我国的会计记账前提是权责发生制，无论收入是否当期真实收回，只要当期发生收入，就会全部计入当期主营业务收入，账面利润的增加不能代表当期实现的现金流入。所以，应收款的增加从一定程度来说，会夸大经营成果，虚增营业利润，加大了资金的财务风险。另外，还会增加相应成本，例如税金、管理费用等支出，给企业带来一定负担。

8.1.3　应收款管理系统的设计原则与思路

　　（1）应收款管理系统设计原则。企业的应收款依附销售存在，从而涉及的内容繁多，项目复杂，往来客户存在着数量多、易变化的特点。因此，手工进行应收款管理是一件比较困难的事。如果设计出"应收款管理系统"，则可以快速地整理大量数据，并具有易保存的特点，还可以让中小微企业财务人员短期内就可以进行独立操作，能够快速掌握应收款的信息。此外，"应收款管理系统"还具有适应性较强、能够适应中小微企业各项需求的特点。当然，针对不同行业特性，可做相应的调整。

　　（2）应收款管理系统设计思路。"应收款管理系统"设计思路：先创建"应收款管理系统"工作簿，再建立完成"往来客户表"等基础数据工作表、制作完成应收款项表，并对其应收款进行账龄分析。最后，再建立有关图表、图形进行分析。

　　应收款管理系统设计流程如图8-1所示。

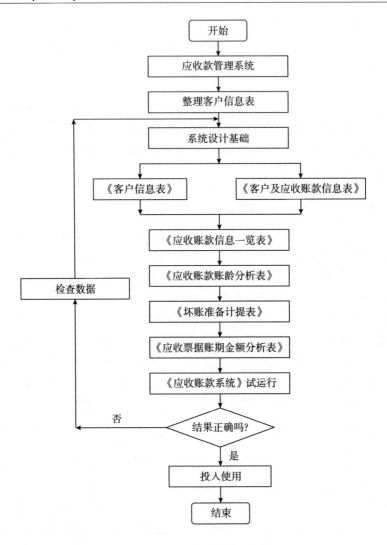

图 8-1 应收款管理系统设计流程

8.2 应收款管理系统设计基础

为了便于进行基于 Excel 的应收款管理系统的设计与分析，本章选择了较有代表性的小微型制造服务业——以 ABC 厂为例，并对所需要的该厂应收款信息进行了随机抽取，为设计制作《客户信息表》及《客户及应收款项表》获得了一手数据。

8.2.1 《客户信息表》的整理

（1）汇总抽取的客户信息。在深入 ABC 厂调研后，我们确定了其《客户信息表》中反映企业客户基本信息的一些字段，其中包括选取客户的代码、姓名等。

说明：

为了保护所抽取人的信息，联系电话和银行账号等信息暂不列示。

（2）客户分类。为方便对客户的管理，我们通过给客户编码实现对客户的简单分类。针对 ABC 石料厂客户及应收款信息，我们根据客户代码的首字母可对客户进行简单的分类。

对客户代码首字母含义约定如下：

1）字母 V 开头代表重要客户，期限 180 天。

2）字母 G 开头代表政府或事业单位，期限 180 天。

3）字母 E 开头代表一般企业，期限 90 天。

4）字母 S 开头代表小型企业或者个人，期限 60 天。

收集整理的 ABC 厂《客户信息表》如表 8-1 所示。

表 8-1　客户信息表

序号	客户代码	客户名称
1	V0001	尚＊＊工
2	V0002	星城＊＊设计
3	V0003	恒＊＊工程
4	V0004	友＊＊建工
5	V0005	和＊＊场
6	G0001	临＊＊政府
7	G0002	李＊＊小学
8	E0001	扶＊＊公司
9	E0002	尧＊＊计
10	E0003	和＊＊设计
11	E0004	璐＊＊工程
12	S0001	清＊＊科技
13	S0002	常＊＊设计
14	S0003	境＊＊建设
15	S0004	恩＊＊公司
16	S0005	宣＊＊公司

序号	客户代码	客户名称
17	S0006	思＊＊设计
18	S0007	道＊＊工程

8.2.2 《客户及应收款信息表》

经过分析，我们确定在《客户及应收款信息表》中除给客户按以上约定编码、记录客户名称外，还需要整理出的信息有：发票号码、期初余额（应收款）、开票日期、收款期限、备注等。

整理出的 ABC 厂《客户及应收款信息》如表 8-2 所示。

表 8-2　客户及应收款信息表

客户代码	客户名称	发票号码	期初余额	开票日期	收款期限（天）	备注
V0001	尚＊＊工	D2013	5000.00	上年-2-06	180	
V0002	星城＊＊设计	A5498	30000.00	上年-5-19	180	
V0003	恒＊＊工程	B5019	5000.00	上年-7-12	180	
V0004	友＊＊建工	F2014	10000.00	上年-4-20	180	
V0005	和＊＊场	S5499	5000.00	上年-6-07	180	
G0001	临＊＊政府		0.00		180	无欠款！
G0002	李＊＊小学		0.00		180	无欠款！
E0001	扶＊＊公司	A5500	20000.00	上年-2-16	90	
E0002	尧＊＊计		0.00		90	无欠款！
E0003	和＊＊设计	D2016	5000.00	上年-8-21	90	
E0004	璐＊＊工程	A8501	2000.00	前年-5-19	90	
S0001	清＊＊科技	T3022	5000.00	上年-10-16	60	
S0002	常＊＊设计		0.00		60	无欠款！
S0003	境＊＊建设		0.00		60	无欠款！
S0004	恩＊＊公司		0.00		60	无欠款！
S0005	宣＊＊公司		0.00		60	无欠款！
S0006	思＊＊设计	A4123	2000.00	20××-1-3	60	
S0007	道＊＊工程	B5024	2000.00	20××-1-22	60	

注：本表中"上年"为本年度 20××年-1 年；"前年"为本年度 20××年-2 年。

以 2024 年为例，在表 8-2 的基础上制作表 8-3。

表 8-3　客户及应收款信息表

客户代码	客户名称	发票号码	期初余额	开票日期	收款期限（天）	备注
V0001	尚 * * 工	D2013	5000.00	2023 年 2 月 6 日	180	
V0002	星城 * * 设计	A5498	30000.00	2023 年 5 月 19 日	180	
V0003	恒 * * 工程	B5019	5000.00	2023 年 12 月 12 日	180	
V0004	友 * * 建工	F2014	10000.00	2023 年 4 月 20 日	180	
V0005	和 * * 场	S5499	5000.00	2023 年 6 月 7 日	180	
G0001	临 * * 政府				180	无欠款！
G0002	李 * * 小学				180	无欠款！
E0001	扶 * * 公司	A5500	20000.00	2023 年 2 月 16 日	90	
E0002	尧 * * 计				90	无欠款！
E0003	和 * * 设计	D2016	5000.00	2023 年 11 月 21 日	90	
E0004	璐 * * 工程	A8501	2000.00	2022 年 5 月 19 日	90	
S0001	清 * * 科技	T3022	5000.00	2023 年 10 月 16 日	60	
S0002	常 * * 设计				60	无欠款！
S0003	境 * * 建设				60	无欠款！
S0004	恩 * * 公司				60	无欠款！
S0005	宣 * * 公司				60	无欠款！
S0006	思 * * 设计	A4123	2000.00	2024 年 1 月 3 日	60	
S0007	道 * * 工程	B5024	2000.00	2024 年 1 月 22 日	60	

注：本表是 2024 年的《客户及应收款信息表》，上年为 2023 年，前年为 2022 年。

8.3　应收款管理系统设计与制作

8.3.1　《客户信息表》的设计与创建

（1）打开 Excel，点菜单"文件"→"新建"，选择"空白工作簿"并保存为"应收款管理系统.xlsx"。

（2）选择工作表 Sheet1 并重命名为"客户信息表"。

（3）按制作 Excel 表格的一般步骤完成如表 8-1 所示的客户表。

已完成的《客户信息表》参考答案如图 8-2 所示。

	A	B	C	D
1		客户信息表		
2	序号	客户代码	客户名称	
3	01	V0001	尚**工	
4	02	V0002	星城**设计	
5	03	V0003	恒**工程	
6	04	V0004	友**建工	
7	05	V0005	和**场	
8	06	G0001	临**政府	
9	07	G0002	李**小学	
10	08	E0001	扶**公司	
11	09	E0002	尧**计	
12	10	E0003	和**设计	
13	11	E0004	璐**工程	
14	12	S0001	清**科技	
15	13	S0002	常**设计	
16	14	S0003	境**建设	
17	15	S0004	恩**公司	
18	16	S0005	宣**公司	
19	17	S0006	思**设计	
20	18	S0007	道**工程	
21				

图 8-2 《客户信息表》参考答案

8.3.2 《客户及应收款信息表》的设计与创建

（1）选取 8.3.1 中的工作簿"应收款管理系统.xlsx"中的工作表 Sheet2 并重命名为"客户及应收款信息表"。

（2）参照表 8-3 制作出如图 8-3 所示的《客户及应收款信息表》（样表）。

（3）利用"跨表操作"从如图 8-2 所示的工作表中取出"客户代码""客户名称"数据。

主要操作：

1）定义的 A3 单元格公式为：=客户信息表！B3。

2）定义的 B3 单元格公式为：=客户信息表！C3。

3）选择 A3：B3 区域并向下填充到 A20：B20。

图 8-3　《客户及应收款信息表》（样表）

跨表操作后得到如图 8-4 所示的《客户及应收款信息表》。

客户代码	客户名称	发票号码	期初余额	开票日期	收款期限（天）	备注
V0001	尚**工					
V0002	星城**设计					
V0003	恒**工程					
V0004	友**建工					
V0005	和**场					
G0001	临**政府					
G0002	李**小学					
E0001	扶**公司					
E0002	尧**计					
E0003	和**设计					
E0004	鹏**工程					
S0001	清**科技					
S0002	常**设计					
S0003	境**建设					
S0004	思**公司					
S0005	宜**公司					
S0006	思**工程					
S0007	道**工程					

注：本表是2024年的《客户及应收款信息表》，上年为2023年，前年为2022年。

图 8-4　跨表操作后得到的《客户及应收款信息表》

（4）输入图 8-4 工作表中的字段"发票号码""期初余额""开票日期""收款期限（天）"等数据。

注意：

①录入字段"开票日期"中的数据时，"20××"表示本年度；"上年"表示20××-1 年，"前年"表示 20××-2 年。例如：假设本年度为 2024 年，"上年"为 2023 年，"前年"则为 2022 年。②为方便读者录入数据，可将此处注意事项①中的内容复制到表尾。

（5）增加一行"累计"，用于显示 ABC 厂应收款总额。

主要操作：在单元格 A21 中输入"累计"→选择区域 A21：C21 合并单元格并居中→在单元格 D21 中定义公式=SUM（D3：D20）即可。

（6）格式化《客户及应收款信息表》。

《客户及应收款信息表》参考答案如图 8-5 所示。

客户代码	客户名称	发票号码	期初余额	开票日期	收款期限（天）	备注
V0001	尚**工	D2013	5,000.00	上年-02-06	180	
V0002	星城**设计	A5498	30,000.00	上年-05-19	180	
V0003	恒**工程	B5019	5,000.00	上年-12-12	180	
V0004	友**建工	F2014	10,000.00	上年-4-20	180	
V0005	和**场	S5499	5,000.00	上年-06-07	180	
G0001	临**政府		0.00		180	
G0002	李**小学		0.00		180	
E0001	扶**公司	A5500	20,000.00	上年-02-16	90	
E0002	尧**计		0.00		90	
E0003	和**设计	D2016	5,000.00	上年-11-21	90	
E0004	璐**工程	A8501	2,000.00	前年-5-19	90	
S0001	清**科技	T3022	5,000.00	上年-10-16	60	
S0002	常**设计		0.00		60	
S0003	境**建设		0.00		60	
S0004	恩**公司		0.00		60	
S0005	宜**公司		0.00		60	
S0006	思**设计	A4123	2,000.00	20XX-1-3	60	
S0007	道**工程	B5024	2,000.00	20XX-1-22	60	

注：本表中20XX年表示本年度；"上年"为20XX年-1；"前年"为20XX年-2。

图 8-5　《客户及应收款信息表》参考答案

假设本年度为 2024 年，单元格中的"无"用"空"表示，对应的备注显示为"无欠款！"则 2024 年《客户及应收款信息表》参考答案如图 8-6 所示。

客户代码	客户名称	发票号码	期初余额	开票日期	收款期限（天）	备注
V0001	尚**工	D2013	5,000.00	2023/2/6	180	
V0002	星城**设计	A5498	30,000.00	2023/5/19	180	
V0003	恒**工程	B5019	5,000.00	2023/12/12	180	
V0004	友**建工	F2014	10,000.00	2023/4/20	180	
V0005	和**场	S5499	5,000.00	2023/6/7	180	
G0001	临**政府				180	无欠款！
G0002	李**小学				180	无欠款！
E0001	扶**公司	A5500	20,000.00	2023/2/16	90	
E0002	尧**计				90	无欠款！
E0003	和**设计	D2016	5,000.00	2023/11/21	90	
E0004	璐**工程	A8501	2,000.00	2022/5/19	90	
S0001	清**科技	T3022	5,000.00	2023/10/16	60	
S0002	常**设计				60	无欠款！
S0003	境**建设				60	无欠款！
S0004	恩**公司				60	无欠款！
S0005	宜**公司				60	无欠款！
S0006	思**设计	A4123	2,000.00	2024/1/3	60	
S0007	道**工程	B5024	2,000.00	2024/1/22	60	

注：本表是2024年的《客户及应收款信息表》，上年为2023年，前年为2022年。

图 8-6　2024 年《客户及应收款信息表》参考答案

《客户及应收款信息表》定义公式的参考答案如图 8-7 所示。

	A	B	C	D	E	F	G
1				客户及应收款信息			
2	客户代码	客户名称	发票号码	期初余额	收款期限（天）		备注
3	V0001	尚**工	D2013	=客户及应收账款信息表!D3	4	180	=IF(D3=0,"无欠款，无发票号码！"," ")
4	V0002	泉城**设计	A5498	=客户及应收账款信息表!D4	4	180	=IF(D4=0,"无欠款，无发票号码！"," ")
5	V0003	恒**工程	B5019	=客户及应收账款信息表!D5	4	180	=IF(D5=0,"无欠款，无发票号码！"," ")
6	V0004	友**建工	F2014	=客户及应收账款信息表!D6	4	180	=IF(D6=0,"无欠款，无发票号码！"," ")
7	V0005	和**场	S5499	=客户及应收账款信息表!D7	4	180	=IF(D7=0,"无欠款，无发票号码！"," ")
8	G0001	临**政府		=客户及应收账款信息表!D8		180	=IF(D8=0,"无欠款"," ")
9	G0002	李**小学		=客户及应收账款信息表!D9		180	=IF(D9=0,"无欠款"," ")
10	E0001	扶**公司	A5500	=客户及应收账款信息表!D10	4	90	=IF(D10=0,"无欠款！"," ")
11	E0002	亮**计		=客户及应收账款信息表!D11		90	=IF(D11=0,"无欠款！"," ")
12	E0003	和**设计	D2016	=客户及应收账款信息表!D12	4	90	=IF(D12=0,"无欠款！"," ")
13	E0004	瑶**工程	A8501	=客户及应收账款信息表!D13	4	90	=IF(D13=0,"无欠款！"," ")
14	S0001	清**科技	T3022	=客户及应收账款信息表!D14	4	60	=IF(D14=0,"无欠款！"," ")
15	S0002	常**设计		=客户及应收账款信息表!D15		60	=IF(D15=0,"无欠款！"," ")
16	S0003	境**建设		=客户及应收账款信息表!D16		60	=IF(D16=0,"无欠款！"," ")
17	S0004	恩**公司		=客户及应收账款信息表!D17		60	=IF(D17=0,"无欠款！"," ")
18	S0005	宜**公司		=客户及应收账款信息表!D18		60	=IF(D18=0,"无欠款！"," ")
19	S0006	思**设计	A4123	=客户及应收账款信息表!D19	4	60	=IF(D19=0,"无欠款！"," ")
20	S0007	道**工程	B5024	=客户及应收账款信息表!D20	4	60	=IF(D20=0,"无欠款！"," ")
21	注：本表是2024年的《客户及应收款信息表》，上年为2023年，前年为2022年。						

图 8-7　《客户及应收款信息表》定义公式的参考答案

8.3.3　《应收款信息一览表》的设计与创建

在实际工作中，企业更加关注的是每个客户实时应收款的欠款情况。因此，设计制作《应收款信息一览表》尤为重要。

从使用《应收款信息一览表》者的角度，不难分析出《应收款信息一览表》中既要反映出本公司信息，还要有客户（单位）及其应收款的期初金额。此外，还能直观地反映出客户欠款的到期日、离到期日的天数、是否需要催款等。因此，创建《应收款信息一览表》的步骤如下：

（1）选取 8.3.1 中的工作簿"应收款管理系统.xlsx"中的工作表 Sheet3 并重命名为"应收款信息一览表"。

（2）根据上面的分析制作出如图 8-8 所示的《应收款信息一览表》（表样）。

图 8-8　《应收款信息一览表》（表样）

（3）利用"跨表操作"从《客户及应收款信息表》中取出"单位代码"（客户代码）、"单位名称"（客户名称）、"借或贷"、"期初余额"、"开票日期"的数据。

主要操作：

第一个客户的取数公式如下：

1）B5 单元格公式为：＝客户及应收款信息表 0！A3。

2）定义的 C5 单元格公式为：＝客户及应收款信息表 0！B3。

3）定义的 E5 单元格公式为：＝客户及应收款信息表 0！D3。

4）定义的 F5 单元格公式为：＝IF（E5＝0,""，客户及应收款信息表 0！E3）。

5）定义的 G5 单元格公式为：＝客户及应收款信息表 0！F3。

其他客户的取数公式：

选择 B5：G5 区域并向下填充到 B22：G22。

（4）定义公式确定"借或贷"方向。

定义的 D5 公式为：＝IF（E5＝0,"","借"）

选择 D5 并向下填充到 D22。

（5）复制"到期日"。计算依据：如果期初余额为 0，到期日为空（""），否则"到期日"为开票日期加收款期限。操作如下：

第一位客户的"到期日"单元格 H5 计算公式是：

＝IF（E5＝0,""，F5+G5）

提示：

此表中，假设本年为 2019 年。

选中 H5 利用自动填充到 H22，可填充全部客户应收款的到期日。

（6）选中 N2 单元格，录入"日期:"；选中 O2 单元格，输入日期：20××-2-1。

提示：

此表中，假设当前日期为 2019-2-1。

（7）将"当前日期"与"到期日"进行比较，判断是否到期。

第一个客户的"是否到期"单元格 I5 公式是：

＝IF（AND（E5>0，$O$2-H5>0），"是",""）

选中 I5 利用自动填充到 I22，可判断出全部客户应收款是否到期。

（8）对已到期的客户，判断"当前日期"与"到期日"的差，进而判断不同客户的应收款项逾期状态属于"0~60 天""61~120 天""121~365 天""366 天以上"中的哪个期间。即针对不同企业赊欠的多笔应收款划分成不同的账龄组分析出各客户分属的应收款账龄组。

具体应收款账龄操作步骤如下：

1）选择 J5 单元格，输入的公式：

=IF(H5<$O $2,"", E5)。

2）选择 K5 单元格，输入的公式：

=IF(AND(($O $2-H5)<61,($O $2-H5)>0), E5,"")。

3）选择 L5 单元格，输入的公式：

=IF(AND(($O $2-H5)>60,($O $2-H5)<121), E5,"")。

4）选择 M5 单元格，输入的公式：

=IF(AND(($O $2-H5)>120,($O $2-H5)<366), E5,"")。

5）选择 N5 单元格，输入的公式：

=IF(365<($O $2-H5), E5,"")。

6）使用 IF 公式让应收款按照账龄进行分类，然后调整金额显示格式。

主要操作：选中区域 J5：N22，右键单击选设置单元格格式→选“数字”选择项卡→单击“货币”，小数位数：2，货币符号：¥。

（9）定义“是否催款”的公式。假设客户应收款超过 4 个月就必须“催款”，则第一个客户“是否催款”单元格 O5 应定义的公式为：

=IF(AND(E5>0, $O $2-H5>120),"是", IF(E5=0,"否，无欠款!","否"))

（10）计算各账龄组应收款的总计。

选择区域 A23：I23→点“合并及居中”按钮→输入“总计”。

在 J23 单元格定义公式：=SUM(J5：J22)。

选择 J23 并向右填充到 N23。

（11）修改《应收款信息一览表》的格式。如将“借或贷”列居中，给此工作表中“期初余额”列加 2 位小数并右对齐等。

《应收款信息一览表》参考答案如图 8-9 所示。

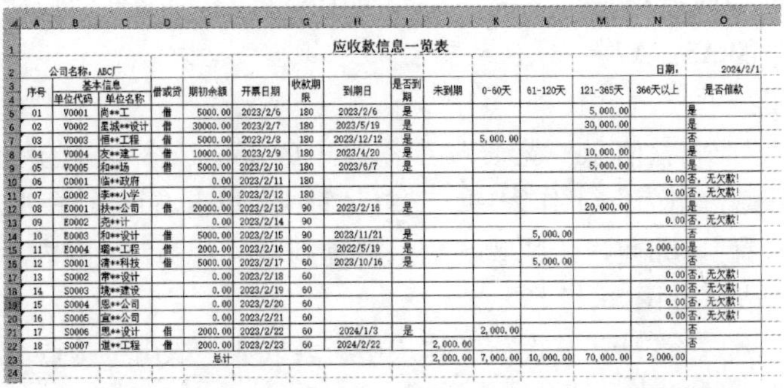

应收款信息一览表

公司名称：ABC厂　　日期：2024/2/1

序号	基本信息 单位代码	基本信息 单位名称	借或贷	期初余额	开票日期	收款期限	到期日	是否到期	未到期	0-60天	61-120天	121-365天	366天以上	是否催款
01	V0001	尚**工	借	5000.00	2023/2/6	180	2023/2/6	是				5,000.00		是
02	V0002	星城**设计	借	30000.00	2023/2/7	180	2023/5/19	是				30,000.00		是
03	V0003	恒**工程	借	5000.00	2023/2/8	180	2023/12/12	是		5,000.00				否
04	V0004	友**建工	借	10000.00	2023/2/9	180	2023/4/20	是				10,000.00		是
05	V0005	和**场	借	5000.00	2023/2/10	180	2023/6/7	是				5,000.00		是
06	G0001	临**政府		0.00	2023/2/11	180							0.00	否，无欠款!
07	G0002	李**小学		0.00	2023/2/12	180							0.00	否，无欠款!
08	E0001	扶**公司	借	20000.00	2023/2/13	90	2023/2/16	是				20,000.00		是
09	E0002	亮**计		0.00	2023/2/14	90							0.00	否，无欠款!
10	E0003	和**设计	借	5000.00	2023/2/15	90	2023/11/21	是			5,000.00			否
11	E0004	瑶**工程	借	2000.00	2023/2/16	90	2022/5/19	是					2,000.00	是
12	S0001	清**科技	借	5000.00	2023/2/17	60	2023/10/16	是			5,000.00			否
13	S0002	常**设计		0.00	2023/2/18	60							0.00	否，无欠款!
14	S0003	境**建设		0.00	2023/2/19	60							0.00	否，无欠款!
15	S0004	恩**公司		0.00	2023/2/20	60							0.00	否，无欠款!
16	S0005	宜**公司		0.00	2023/2/21	60							0.00	否，无欠款!
17	S0006	思**设计	借	2000.00	2023/2/22	60	2024/1/3	是		2,000.00				否
18	S0007	道**工程	借	2000.00	2023/2/23	60	2024/2/22		2,000.00					否
总计									2,000.00	7,000.00	10,000.00	70,000.00	2,000.00	

图 8-9 《应收款信息一览表》参考答案

《应收款信息一览表》定义公式参考答案如图 8-10、图 8-11 所示。

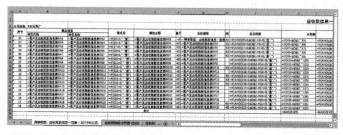

图 8-10　《应收款信息一览表》定义公式参考答案（左半部分）

图 8-11　《应收款信息一览表》定义公式参考答案（右半部分）

8.3.4　应收款账龄分析表的设计与创建

应收款账龄分析是利用账龄分析将应收款按拖欠时间的长短，预判可收回金额与坏账损失，并计提坏账准备。

主要操作如下：

（1）增加一个工作表并重命名为"应收款账龄分析表"工作表。

（2）选中范围 A1：C1，点按钮"合并后居中"并输入"应收款账龄分析表"。

（3）分别在 A2、B2、C2 单元格中输入"账龄""应收款金额""百分率"。

（4）从"应收款信息一览表"工作表中复制 J3：N3 到"应收款账龄分析表"工作表中的 A3：A7。

主要操作：

1）选中"应收款信息一览表"工作表中的 J3：N3 →右键单击选择复制，在"应收款账龄分析表"工作表中，选择 A3 →并单击右键选择"选择性粘贴"→再选择"转置"。如此账龄区域就会垂直复制至 A3：A7 范围内。此时的"应收款账龄分析表"如图 8-12 所示。

2）从"应收款信息一览表"工作表中跨表取数，取出"应收款金额"。

定义的公式如下：

	A	B	C	D
1		应收款账龄分析表		
2	账龄	应收款金额	百分率	
3	未到期			
4	0-60天			
5	61-120天			
6	121-365天			
7	366天以上			
8	合计			
9				
10				

图 8-12　应收款账龄分析表

"未到期"应收款金额 B3 单元格公式：

=应收款信息一览表！J23

"0~60 天"应收款金额 B4 单元格公式：

=应收款信息一览表！K23

"61~120 天"应收款金额 B5 单元格公式：

=应收款信息一览表！L23

"121~365 天"应收款金额 B6 单元格公式：

=应收款信息一览表！M23

"365 天以上"应收款金额 B7 单元格公式：

=应收款信息一览表！N23

3）定义"应收款金额"合计 B8 单元格公式：

=SUM（B3：B7）

4）选择 C3 单元格，定义公式=B3/$B$8 并向下填充公式至 C8。

5）选中区域 C3：C8，设置为 2 位小数且百分比样式。

此时，"应收款账龄分析表"如图 8-13 所示。

	A	B	C
1		应收款账龄分析表	
2	账龄	应收款金额	百分率
3	未到期	14,000.00	15.38%
4	0-60天	10,000.00	10.99%
5	61-120天	40,000.00	43.96%
6	121-365天	25,000.00	27.47%
7	366天以上	2,000.00	2.20%
8	总计	91,000.00	100.00%

图 8-13　应收款账龄分析表

6）选中区域 A2：B7，单击菜单"插入"→"插入柱形图或条形图"，选"二维柱形图"，不难得出如图 8-14 所示的"应收款账龄分析图"。

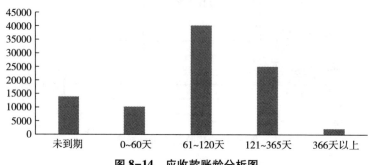

图 8-14　应收款账龄分析图

7）选中区域 A2：A7，再按下 Ctrl 时选中区域 C2：C7，单击菜单"插入"→"插入饼图或圆环图"，选"饼图"，得出如图 8-15 所示的"应收款不同账龄分析图"。

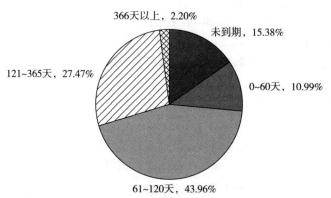

图 8-15　应收款不同账龄分析图

8.3.5　《坏账准备计提表》的设计与创建

企业遵循《企业会计准则》，采用备抵法按期估计坏账损失。

假设 ABC 厂 20××年 12 月 11 日"坏账准备"科目余额为贷方金额 401 元，利用账龄分析法预估坏账损失，具体操作步骤如下：

（1）新建工作表并重命名为"坏账准备计提表"。

（2）新建如图 8-16 所示的《坏账准备计提表》。

	A	B	C	D	E
1			坏账准备计提表		
2	账龄	应收金额	估计损失比率	估计损失额	
3					
4					
5					
6					
7					
8					
9					
10					
11					

图 8-16　《坏账准备计提表》

（3）从图 8-12 所示的《应收款账龄分析表》中跨表取出"账龄""应收金额"的值。

主要操作：

A3 公式：=应收款账龄分析表！A3

B3 公式：=应收款账龄分析表！B3

选中区域 A3：B3 向下填充公式至 A8：B8。

（4）假设单元格 C3：C7 估计损失比率依次为"0.50%""1.00%""2.00%""3.00%""5.00%"，根据"估计损失额=应收款金额 * 估计损失比率"容易定义出计算估计损失额的公式。

D3 单元格公式=B3 * C3 并向下填充至 C8。

《坏账准备计提表》的参考答案如图 8-17 所示。

	A	B	C	D
1		坏账准备计提表		
2	账龄	应收金额	估计损失比率	估计损失额
3	未到期	14,000.00	0.50%	70.00
4	0-60天	10,000.00	1.00%	100.00
5	61-120天	40,000.00	2.00%	800.00
6	121-365天	25,000.00	3.00%	750.00
7	366天以上	2,000.00	5.00%	100.00
8	总计	91,000.00	2.00%	1,820.00

图 8-17　《坏账准备计提表》的参考答案

根据图 8-16，可以计算出企业在 2024 年 2 月 1 日"坏账准备"账面金额是 1820 元，企业需依据目前"坏账准备"项目的账面余额来算出这一期应入账金额。原有坏账准备贷方余额为 401 元，因此这一期分录的金额是 1820-401=1419（元）。企业要调整分录情况如下：

借：资产减值损失　　　　　　　　　　　　　　　　　　1419.00
　　贷：坏账准备　　　　　　　　　　　　　　　　　　　　1419.00

8.4 应收款管理系统运行分析

8.4.1 应收款管理系统的缺陷

将 ABC 厂的客户相关数据运用到 8.3 设计完成的应收款管理系统中，我们发现虽然能解决该厂的应收款管理中遇到的问题，但该系统仍然有一些不足，现分析如下：

（1）在实际应用中缺乏安全性。应收款在任何企业都属于商业机密，因个人习惯，大多数用户为了操作方便未给"应收款管理系统"设置密码，这将会导致企业的应收款信息泄露，引起不必要的麻烦，可能给企业带来损失。本系统尚未设置文件密码，在实际应用中系统缺乏安全性。

（2）未能加强各表之间的联系。通过对 ABC 石料厂应收款信息的录入，定义公式时使用公式函数的参与，最后图表的制作，使得系统能够快速地整合数据，让财务人员大大减少工作量，而且可以很直观地看出不同账期内应收款的金额，给公司管理层提供相关资金信息，以便管理层做出相关决策。但是各表都是独立存在，在日常工作中，经常需要将各类表的数据整合到一起，这需要各表间存在联系。

（3）缺乏逾期应收款的管理操作。从资料中可以看出有很多应收款已经逾期，但是企业并未对逾期的应收款有相应的管理操作。这样很可能造成企业不能好好地利用资金，创造很大的价值，或是可能造成企业资金链的断开，后果不堪设想。

（4）无相应的赊销报批程序。应收款在资产负债表上列为一项流动资产，对于企业来说十分重要。虽说它的产生是为了促进销售，但无相关赊销报批程序，可能会让企业承担更大的风险。另外，也可能会造成销售人员和财务人员不能很好地衔接工作，浪费更大的人力资源，如果坏账发生，不能明确责任人，会对公司造成不必要的损失。

8.4.2　进一步完善应收管理系统功能的相关对策

8.4.2.1　工作表的保护

对应收款管理系统进行保护，最直接的方法就是对文档进行加密。而 Excel 的加密方法可以打开工作簿，选择菜单上的"审阅"→"加密文档"，在弹出来的对话框中录入密码，保存后关闭工作簿。再次要打开时就需要输入密码。如图 8-18 所示。

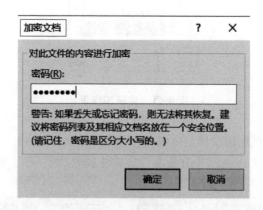

图 8-18　加密文档

为了更好地提高应收款管理系统的安全性，财务人员除了对应账款管理系统的工作簿加密，还需要不定期地更换密码，更好地保护工作簿的安全性。具体操作如图 8-19 所示。

图 8-19　锁定单元格

为了防止应收款相关表格被不熟悉表格的工作人员或不具备操作权限的人员进行误操作，使得模板的内容或格式发生变化，企业应当对工作簿设置保护，可以选择菜单上的"审阅"→"保护工作簿"；还可以通过选择右键，选择"隐藏"，从而保护工作表。具体操作如图 8-20 所示。

8.4.2.2　增加应收款管理系统的联系性

为了增加各表的联系性，更好地应用于日常工作中，可以通过制作封面，添加超链接，在实际操作过程中，可以快速切换到所需要的工作表，避免工作操作重复，提高工作质量。

图 8-20　隐藏工作表

应收款管理系统封面设计具体操作步骤如下：

（1）创建新的工作表，并命名为"应收账款管理系统"。如图 8-21 所示。

应收账款管理系统　往来客户表　客户票据信息　应收账款项表

图 8-21　工作表命名

（2）选择功能区的"插入"→"形状"，然后点击选择"矩形"，如图 8-22 所示。

（3）插入矩形成功后，调整矩形页面宽度至 Z 列，高度至 45 行，此处主要为充满表格页，起到美观的效果，可根据实际情况自行调整至合适位置。

（4）选择矩形，选择"设置形状格式"→"填充"，设置蓝灰色作为填充背景，如图 8-23 所示。

（5）选择功能区"插入"→"艺术字"，选择黑色带阴影艺术字体，录入"ABC 厂应收款管理系统"，形成效果如图 8-24 所示。

（6）选择功能区"插入"→"SmartArt"，在选择 SmartArt 图形中选择"垂直框列表"，然后点击确定，如图 8-25 所示。

（7）选择垂直框列表，"文本框"中录入"往来客户表""客户票据信息""应收款项表""应收款分析图"，然后选择功能区"设计"→"更改颜色"，选择主题颜色"彩色"，如图 8-26 所示。

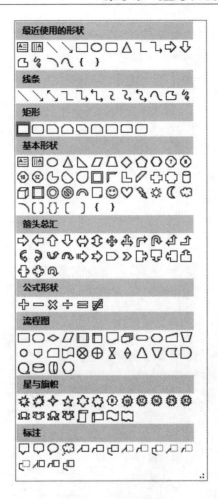

图 8-22　插入矩形

（8）选中垂直框列表的"往来客户表"，然后选择"超链接"，点击"本文档中的位置"，选择"往来客户表"，选择"确定"，重复操作四次，把文字均做好对应工作表的超链接，如图 8-27 所示。

（9）选择功能区"插入"→"艺术字"，在艺术字的文本框中输入作者姓名，按下"回车键"换行，再输入日期为 2018.03。

设置"字体"为"仿宋"28 号字，然后调整至系统右下角位置，并根据应收款管理系统版本在系统命中添加对应的版本号为 V1.2，设计完成如图 8-28 所示。

图 8-23 设置矩形背景

图 8-24 设置系统名称

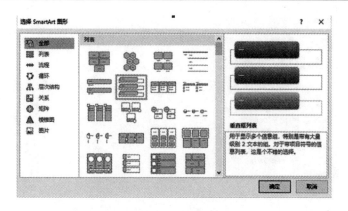

图 8-25　插入垂直框列表

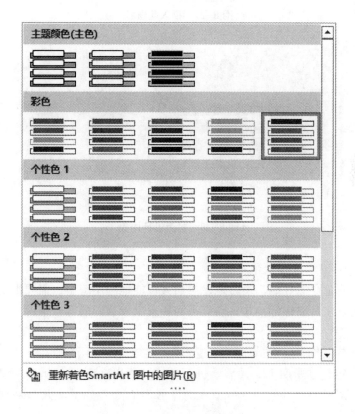

图 8-26　设计垂直框列表样式

图 8-27　插入超链接

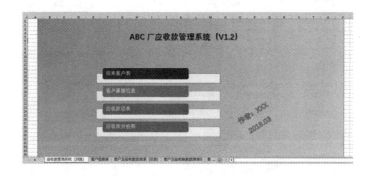

图 8-28　封面设计成果

8.4.2.3　自动发催款单功能

为了能使企业更好地、及时地、尽最大可能地利用资金，需要财务人员及时对到期的应收款自动标记，并自动显示需要发出催款函的客户情况。具体操作步骤如下：

（1）选择功能区"公式"→"逻辑"，选择"IF"函数。

（2）设定超过账期 120 天需要进行催收，所以在 Logical_test 中录进条件值"H2-H5>120"，在 Value_if_true 值正确显示"是"，在 Value_if_false 值错误显示"否"，如图 8-29 所示。

（3）在"是否催收"列重复录进 IF 函数公式，完成自动显示是否需要催收，对于需要催款的发送催款单给客户，如图 8-30 所示。

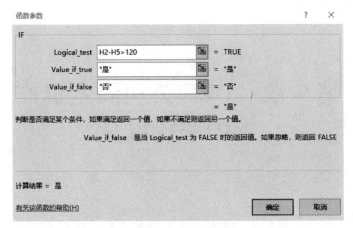

图 8-29　编辑 IF 函数

日期	2018/2/1							
收款期限	到期日	是否到期	未到期	0~60天	61~120天	121~365天	366天以上	是否催款
180	2017/8/5	是	--	--	--	¥5,000.00	--	是
180	2017/11/15	是	--	--	¥30,000.00	--	--	否
180	2018/1/8	是	--	¥5,000.00	--	--	--	否
90	2017/5/17	是	--	--	--	¥20,000.00	--	是
60	2017/12/15	是	--	¥5,000.00	--	--	--	否
90	2018/2/19	否	¥5,000.00	--	--	--	--	否
90	2016/8/17	是	--	--	--	--	¥2,000.00	是
180	2017/10/17	是	--	--	¥10,000.00	--	--	否
180	2017/12/4	是	--	¥5,000.00	--	--	--	否
60	2018/3/4	否	¥2,000.00	--	--	--	--	否
60	2018/3/23	否	¥2,000.00	--	--	--	--	否
			¥9,000.00	¥15,000.00	¥40,000.00	¥25,000.00	¥2,000.00	

图 8-30　催款信息设置

8.4.3　建立赊销报批制度

应收款作为风险较大的流动资产，它的产生需要严格控制。首先，需要完备的赊销手续，便于核对信息及相互制约。其次，需要根据企业实际情况及客户还款记录，控制客户的信用额度，避免造成资金的风险。最后，企业内部应健全赊销责任制，推行赊销人员是应收款的第一责任人，记入综合考核，完善清欠制度。

第9章 DEF公司固定资产管理系统设计

【摘要】 本章从固定资产管理的主要功能出发，以 DEF 公司固定资产资料为例，阐述了基于 Excel 的简易固定资产管理系统设计与制作的整个过程。建立的固定资产信息表是该系统的数据源，建立的"独立固定资产卡片""固定资产调拨""固定资产的折旧计提""固定资产的折旧费用分配情况表"等工作表都有一定的实用性。本章还分析了该系统的不足并对该系统采取了一些有效改进。

9.1　固定资产管理系统概述

9.1.1　固定资产管理概述

固定资产指企业为生产产品、提供劳务、出租或者经营管理而持有的，使用寿命超过一个会计年度的有效资产。

固定资产管理是企业资产管理中不可或缺的重要组成部分，同时固定资产也是企业生产力要素之一。企业只有做好固定资产的管理工作，才能更好地在生产经营过程中有充足的资金支持，进而能够提高企业自身的竞争力。

企业对固定资产管理核算的监督是一项至关重要的工作。由于企业单位固定资产比较零散，所以相对应的固定管理工作比较琐碎，需要单位多个部门的共同参与和管理。固定资产的管理是一项技术性较强的工作，要求相关工作人员在掌握相关计算机技术的同时要拥有过高的专业知识和职业道德。企业的固定资产价值会随着固定资产增减变化的方式逐渐变化。因此，固定资产进行核算时必须严格地遵守相关规章制度。

9.1.2　固定资产管理系统设计的主要功能

（1）固定资产的变动管理。固定资产的增加、减少、调拨等导致固定资产信息改变的过程都属于固定资产的变动管理，应该对固定资产进行变动处理。即选择需要变动的固定资产，向原部门进行申请，经过企业管理人员的审核，对于影响固定资产价值变动的情况，在经过财务部门的审核批准后记账，完成固定资产的变动处理。

（2）固定资产的折旧管理。固定资产折旧指在固定资产使用寿命内，按照企业确定的方法对应计折旧额进行分摊的过程。无论企业选择哪种折旧方法，折旧额都会受到固定资产原价、预计净残值、使用寿命等因素的影响。全面把握影响固定资产折旧的因素，选择适合企业自身情况的折旧方法才能保证计提折旧额的准确性。特别注意的是，企业固定资产的计提折旧年限，如果企业有新开分店，则应该根据企业的管理制度对在开业以前购置的固定资产进行折旧处理。

（3）资产清查。资产清查是通过对实物的实地盘点与核对，确定财产物资的实存数，以查明账存数与实存数是否相符的一种专门办法。资产清查有利于确保财产物资的完整与安全，有利于企业单位对固定资产的监督管理，规范企业资产现有的内部管理制度，真实反映企业的固定资产的现实情况，使公司的管理水平进一步得到提升。

9.1.3　DEF 公司 Excel 固定资产管理系统操作流程

目前，国内所设计的固定资产管理系统大多是财务软件中的一个模块，但仍有一些小微企业尚未购买财务软件或购买的财务软件中没有固定资产模块。因此，设计、制作、应用基于 Excel 2016 的固定资产管理系统模型具有一定的现实意义。

DEF 公司是一家商务服务公司。该公司文件中规定：固定资产指公司持有的使用寿命超过一个会计年度，单位价值在 500 元以上的有形资产（不包括办公家具、维修配件及耗材）。各店（公司）对每一项固定资产要单独建立卡片进行管理，若固定资产的不同组成部分折旧年限不一致，要分别建立固定资产卡片，进行固定资产变动管理。

本书主要使用 Excel 2016 软件通过对数据的录入、公式编辑、超级链接（跨表操作）、数据筛选、自定义公式等对 DEF 公司的固定资产进行简单、快捷的数据处理，从而设计制作出一个简易、实用的固定资产管理系统。此固定资产管理系统设计制作的流程如图 9-1 所示。

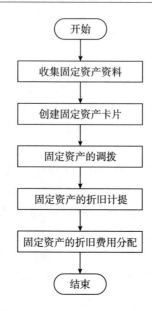

图 9-1　固定资产管理系统设计流程

9.2　固定资产管理系统设计制作

9.2.1　收集 DEF 公司固定资产资料

要设计 DEF 公司固定资产管理系统，必须先对该公司已有固定资产资料进行详细的搜集和整理。经过近 2 个月的准备，我们初步掌握了 DEF 公司现有固定资产的状况。截至 20×× 年（本年度）3 月，该公司已有固定资产数据清单如图 9-2 所示。

说明：

限于篇幅，此处仅列出部分固定资产资料。

以下将以图 9-2 为数据源，建立基于 Excel 的 DEF 公司简易固定资产管理系统。

9.2.2　设计制作固定资产卡片信息表

（1）新建工作簿"DEF 公司固定资产管理系统"。

（2）新建名称为“固定资产卡片”的工作表。并在其中建立“固定资产卡片信息表”结构，如图 9-3 所示。

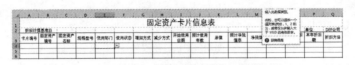

固定资产资料

日期	2024/3/1									单位：	DEF公司
固定资产名称	规格型号	使用部门	使用状态	增加方式	减少方式	开始使用日期	购置成本	预计使用年数	预计净残值率	已计提月份	折旧方法
计算机	Dell	管理部门	在用	购入	报废	2022/6/1	12,000.00	4	5%	21	平均年限法
计算机	Dell	管理部门	在用	购入	报废	2022/6/1	15,000.00	4	5%	21	平均年限法
传真机	惠普	管理部门	在用	购入	报废	2022/6/1	6,000.00	5	5%	21	平均年限法
复印机	佳能	管理部门	在用	购入	调拨	2022/6/1	30,000.00	5	5%	21	平均年限法
打印机	佳能	销售部门	在用	调拨	报废	2022/6/1	4,000.00	5	5%	21	平均年限法
A3彩喷打印机	爱普生	销售部门	在用	购入	出售	2022/6/1	2,393.16	5	5%	21	平均年限法
计算机	optiplex 5040MT	管理部门	在用	购入	报废	2022/6/1	6,200.00	5	5%	21	平均年限法
计算机	optiplex 5040MT	管理部门	在用	购入	报废	2022/6/1	6,200.00	5	5%	21	平均年限法
计算机	optiplex 5040MT	财务部门	在用	购入	报废	2022/6/1	6,200.00	5	5%	21	平均年限法
计算机	optiplex 5040MT	财务部门	在用	购入	报废	2022/6/1	6,200.00	5	5%	21	平均年限法
计算机	optiplex 5040MT	财务部门	在用	购入	报废	2022/11/1	6,200.00	5	5%	16	平均年限法
计算机	optiplex 5040MT	管理部门	在用	购入	报废	2022/12/1	6,200.00	5	5%	15	平均年限法
计算机	佳能	销售部门	在用	购入	报废	2022/11/1	4,188.03	5	5%	16	平均年限法
计算机	optiplex 5040MT	销售部门	在用	购入	报废	2022/6/1	4,060.00	5	5%	21	平均年限法
戴尔台式电脑	optiplex 5040MT	销售部门	在用	调拨	报废	2022/6/1	6,200.00	5	5%	21	平均年限法
戴尔台式电脑	optiplex 5040MT	销售部门	在用	购入	报废	2022/6/1	6,200.00	5	5%	21	平均年限法
戴尔台式电脑	optiplex 5040MT	管理部门	在用	购入	报废	2022/10/1	6,200.00	5	5%	17	平均年限法
戴尔台式电脑	optiplex 5040MT	管理部门	在用	购入	报废	2022/6/1	6,200.00	5	5%	21	双倍余额递减法
戴尔台式电脑	optiplex 5040MT	管理部门	在用	购入	报废	2022/12/1	6,200.00	5	5%	15	双倍余额递减法
考勤机		管理部门	在用	购入	报废	2022/6/1	550.00	5	5%	21	年数总和法
投影仪幕布		管理部门	在用	购入	报废	2022/11/1	600.00	5	5%	16	年数总和法
客服台点钞机		管理部门	在用	购入	报废	2022/6/1	2,094.02	5	5%	21	年数总和法
财务部凭证装订机		管理部门	在用	购入	报废	2022/6/1	1,452.99	5	5%	21	年数总和法

图 9-2　DEF 公司固定资产资料

固定资产卡片信息表

折旧计提基准日															单位	DEF公司
卡片编号	固定资产编号	固定资产名称	规格型号	使用部门	使用状态	增加方式	减少方式	开始使用日期	预计使用年数	原值	预计净残值率	净残值	已计提月份	本月折旧额	本年折旧额	折旧方法

图 9-3　固定资产卡片工作表结构示意图

（3）将使用部门 E 列设置数据验证（数据有效性），使其能在下拉列表中选择“生产部门/管理部门/销售部门/财务部门”之一输入。

进行数据验证设置的主要操作：

单击“E4”单元格，选择菜单中的“数据”→“数据验证”→“数据验证”，屏幕将出现如图 9-4 所示的提示和图 9-5 所示的“数据验证”对话框。

图 9-4　“使用部门”列的数据验证设置（一）

在图 9-5 中，单击“允许”后下拉列表从中选择“序列”，在“来源”文本框中输入“管理部门，生产部门，销售部门，财务部门”等信息，单击“确定”即可完成单击下拉列表选择使用部门的操作。

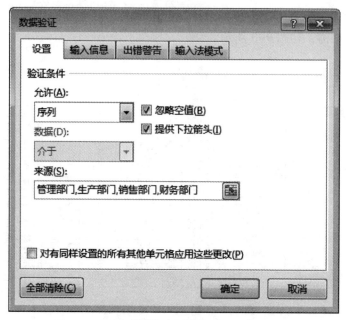

图 9-5 "使用部门"列的数据验证设置（二）

提示：

输入"管理部门，生产部门，销售部门，财务部门"等信息时，不输入双引号且各部门之间的逗号必须使用英文方式的逗号。

之后使用自动填充功能，填充至该表整个 E 列。

同理，可将"使用状态""增加方式""减少方式""折旧方法"等进行数据验证设置。不同列数据来源设置如表 9-1 所示。

表 9-1 不同列的有效性设置序列

列标题	序列设置
使用状态	在用，停用
增加方式	购入，调拨
减少方式	出售，捐赠、报废、调拨
折旧方法	平均年限法，年数总和法，双倍余额递减法

（4）输入 DEF 公司所有固定资产信息表的数据。

注意：

①已定义数据验证的字段请使用下拉按钮选择输入有关数据。②本表中假设各固定资产的"预计净残值率"均为 5%。③本表计算时应注意"折旧计提基准

日”设置的位置及日期。本表设置的“折旧计提基准日”是 2024-3-1。

(5) 以 01 号固定资产为例定义公式，再利用填充柄自动向下填充公式并设置相应格式。

1) 计算“净残值”的公式。根据净残值=原值 * 净残值率，在 M4 单元格中定义公式=K4 * L4。

2) 定义计算“已计提月份”的公式。01 号固定资产“已计提月份”N4 单元格的公式为：

=INT(DAYS360(I4, $C $2)/30)

说明：

①函数 DAYS360 ( ) 是按每年 360 天返回两个日期间相差的天数 (每月 30 天)。此处 DAYS360 (I4, $C $2) /30 是“开始使用日期”与折旧计提基准日相差的月数。②函数 INT ( ) 是取整函数，INT (DAYS360 (I4, $C $2) /30) 确保计算出的“已计提月份”是整数。

3) 定义计算“本月折旧额”的公式。对 01 号固定资产，如果该固定资产已经报废，“本月折旧额”为 0 (零)，否则用平均年限法进行计算“本月折旧额”。O4 (字母 O) 单元格定义的“本月折旧额”的公式为：

=IF(F4="报废", 0, SLN(K4, M4, J4)/12)

4) 定义计算本年折旧额的公式。根据本年折旧额=月折旧额 * 12，所以 01 号固定资产“本年折旧额”P4 定义的公式为：=O4 * 12。

说明：

这里 O4 中 O 是 O 列 (字母)。

(6) 保存“固定资产信息表”。

可供参考的固定资产信息表如图 9-6 所示。

固定资产卡片信息表																
折旧计提基准日		2024/3/1													单位	DEF公司
卡片编号	固定资产编号	固定资产名称	规格型号	使用部门	使用状态	增加方式	减少方式	开始使用日期	预计使用日期	原值	预计净残值率	净残值	已计提月份	本月折旧额	本年折旧额	折旧方法
01	1	计算机	Dell	管理部门	在用	购入	报废	2022/6/1	4	12,000.00	5%	600.00	21	237.50	2,850.00	平均年限法
02	2	计算机	Dell	管理部门	在用	购入	报废	2022/6/1	4	15,000.00	5%	750.00	21	296.88	3,562.50	平均年限法
03	3	传真机	惠普	管理部门	在用	购入	报废	2022/6/1	5	6,000.00	5%	300.00	21	95.00	1,140.00	平均年限法
04	4	复印机	佳能	管理部门	在用	购入	报废	2022/6/1	5	30,000.00	5%	1,500.00	21	475.00	5,700.00	平均年限法
05	5	打印机	佳能	销售部门	在用	调拨	调拨	2022/6/1	5	4,000.00	5%	200.00	21	63.33	760.00	平均年限法
06	6	A3彩喷打印机	爱普生	销售部门	在用	购入	报废	2022/6/1	5	2,393.16	5%	119.66	21	37.89	454.70	平均年限法
07	7	计算机	optiplex 5040MT	管理部门	在用	购入	报废	2022/6/1	5	6,200.00	5%	310.00	21	98.17	1,178.00	平均年限法
08	8	计算机	optiplex 5040MT	管理部门	在用	购入	报废	2022/6/1	5	6,200.00	5%	310.00	21	98.17	1,178.00	平均年限法
09	9	计算机	optiplex 5040MT	财务部门	在用	购入	报废	2022/6/1	5	6,200.00	5%	310.00	21	98.17	1,178.00	平均年限法
10	10	计算机	optiplex 5040MT	财务部门	在用	购入	报废	2022/6/1	5	6,200.00	5%	310.00	21	98.17	1,178.00	平均年限法
11	11	计算机	optiplex 5040MT	财务部门	在用	购入	报废	2022/11/1	5	6,200.00	5%	310.00	16	98.17	1,178.00	平均年限法
12	12	计算机	optiplex 5040MT	管理部门	在用	购入	报废	2022/12/1	5	6,200.00	5%	310.00	15	98.17	1,178.00	平均年限法
13	12	计算机	佳能	销售部门	在用	购入	报废	2022/11/1	5	4,188.03	5%	209.40	16	66.31	795.73	平均年限法
14	14	计算机	optiplex 5040MT	销售部门	在用	购入	报废	2022/6/1	5	4,060.00	5%	203.00	21	64.28	771.40	平均年限法
15	15	戴尔台式电脑	optiplex 5040MT	销售部门	在用	调拨	报废	2022/6/1	5	6,200.00	5%	310.00	21	98.17	1,178.00	平均年限法
16	16	戴尔台式电脑	optiplex 5040MT	销售部门	在用	购入	报废	2022/6/1	5	6,200.00	5%	310.00	21	98.17	1,178.00	平均年限法
17	17	戴尔台式电脑	optiplex 5040MT	管理部门	在用	购入	报废	2022/10/1	5	6,200.00	5%	310.00	17	98.17	1,178.00	平均年限法
18	18	戴尔台式电脑	optiplex 5040MT	管理部门	在用	购入	报废	2022/6/1	5	6,200.00	5%	310.00	21	124.00	1,488.00	双倍余额递减法
19	19	戴尔台式电脑	optiplex 5040MT	管理部门	在用	购入	报废	2022/12/1	5	6,200.00	5%	310.00	15	124.00	1,488.00	双倍余额递减法
20	20	考勤机		管理部门	在用	购入	报废	2022/6/1	5	550.00	5%	27.50	21	11.61	139.33	年数总和法
21	21	投影仪幕布		管理部门	在用	购入	报废	2022/11/1	5	600.00	5%	30.00	16	12.67	152.00	年数总和法
22	22	客服台点钞机		管理部门	在用	购入	报废	2022/6/1	5	2,094.02	5%	104.70	21	44.21	530.49	年数总和法
23	23	财务部凭证装订机		管理部门	在用	购入	报废	2022/6/1	5	1,452.99	5%	72.65	21	30.67	368.09	年数总和法

图 9-6 固定资产信息表

9.2.3 设计制作独立的固定资产卡片

固定资产卡片是指登记固定资产资料的卡片，用于固定资产进行明细分类核算的一种账簿形式。固定资产卡片主要包括的参数对象有资产编号、资产类别、购入时间、原值、存放地点、使用单位等有关固定资产的基本信息记录。根据传统固定资产卡片的样式不难设计出基于 Excel 的独立的固定资产卡片样式，如图 9-7 所示。

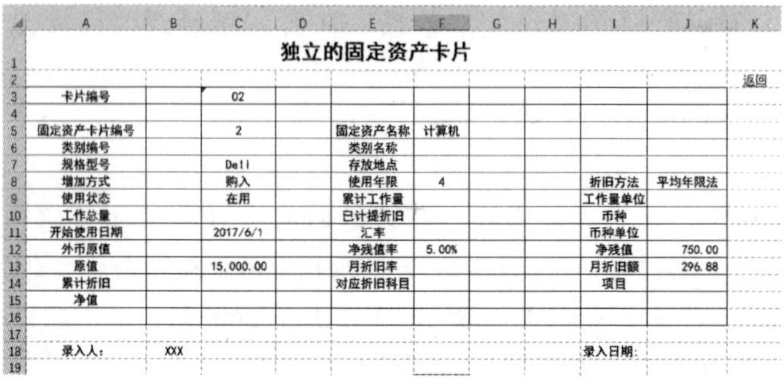

	A	B	C	D	E	F	G	H	I	J	K
1					独立的固定资产卡片						
2											返回
3	卡片编号		02								
4											
5	固定资产卡片编号		2		固定资产名称	计算机					
6	类别编号				类别名称						
7	规格型号		Dell		存放地点						
8	增加方式		购入		使用年限	4			折旧方法	平均年限法	
9	使用状态		在用		累计工作量				工作量单位		
10	工作总量				已计提折旧				币种		
11	开始使用日期		2017/6/1		汇率				币种单位		
12	外币原值				净残值率	5.00%			净残值	750.00	
13	原值		15,000.00		月折旧率				月折旧额	296.88	
14	累计折旧				对应折旧科目				项目		
15	净值										
16											
17											
18	录入人：	XXX							录入日期:		
19											

图 9-7　卡片编号为 02 的固定资产内容

设计制作“独立的固定资产卡片”主要步骤：

（1）增加一个工作表并重命名为“独立的固定资产卡片”。

（2）输入固定资产卡片的相关信息。先选定单元格位置，再逐一输入对应单元格内容，如图 9-6 所示。

（3）调节单元格格式为适合的行高、列宽。

（4）给“独立的固定资产卡片”工作表定义计算公式。此步主要采用从“固定资产卡片”工作表中跨表取数的方法定义相应公式。现以 03 号固定资产独立卡片定义公式举例如下：

固定资产卡片编号 C5 单元格中定义的公式为：

=LOOKUP（$C $3，固定资产卡片！$A $4：$A $26，固定资产卡片！B4：B26）

固定资产规格型号 C7 单元格中定义的公式为：

=LOOKUP（$C $3，固定资产卡片！$A $4：$A $26，固定资产卡片！D4：D26）

固定资产使用状态 C9 单元格中定义的公式为：

=LOOKUP（$C $3，固定资产卡片！$A $4：$A $26，固定资产卡片！F4：F26）

固定资产开始使用日期 C11 单元格中定义的公式为：

=LOOKUP($C $3，固定资产卡片！$A $4：$A $26，固定资产卡片！I4：

I26）

同理，可设置其他对应的单元格公式，并设置相应的单元格格式。

（5）对设置完成的独立固定资产卡片根据编号进行数据验证（数据有效性设置）。

在固定资产卡片编号对应的 C5 单元格中分别输入不同的编号。如分别在 C5 单元格中输入 03、04、05 等会发现，当前显示的固定资产信息将随编号的变化而在动态地变化着。从而达到通过对卡片编号的变换验证对应消息的准确性与完整性的目的。

可供参考的"独立的固定资产卡片"工作表定义计算公式如图 9-8、图 9-9 所示。

图 9-8　卡片编号为 02 的独立固定资产卡片定义公式（左边部分）

图 9-9　卡片编号为 02 的独立固定资产卡片定义公式（右边部分）

9.2.4　固定资产的变动

9.2.4.1　新增固定资产

固定资产的增加是将购入或其他形式增加的固定资产增加到企业的固定资产卡片中的过程。

具体操作：打开工作表"固定资产卡片"，在该工作表后面直接添加新工作表。

9.2.4.2　固定资产的调拨

固定资产的调拨就是将固定资产从原来部门调拨到另一个部门进行使用的过程。现以调拨固定资产"08"为例。

主要操作：

（1）选中"固定资产卡片"工作表，单击菜单栏中的"数据"对其数据进行自动筛选的操作，使工作表处于筛选状态。

（2）将需要调拨的固定资产"08"的信息筛选出来，如图9-10所示。

图9-10　固定资产筛选结果

（3）对筛选出来的信息，单击"减少方式"，单击单元格右侧下拉按钮，在弹出的列表框中选择"调拨"，固定资产调拨出管理部门，如图9-11所示。

图9-11　固定资产调拨

（4）在下月初，将上面筛选出的固定资产的增加方式改为"调拨"，并将使用部门改为相应调拨的部门，如"销售部门"，减少方式可暂定为"报废"，即可实现固定资产调入"销售部门"。

（5）取消筛选，让卡片处于正常状态。

9.2.4.3　固定资产的减少

固定资产的减少是由于出售、报废等原因，将固定资产从固定资产卡片中删除信息的操作过程。

主要操作：

（1）首先使用Excel 2016中的筛选操作令表格处于筛选状态，将要报废的固定资产筛选出来。固定资产减少的筛选结果如图9-12所示。

图9-12　固定资产减少的筛选结果

（2）将筛选出来的固定资产的减少方式选择为"报废"，并进一步完成固定资产的减少操作。固定资产减少处理如图 9-13 所示。

图 9-13　固定资产减少

注意：

当月减少的固定资产要先进行固定资产折旧后再进行减少处理。

9.2.4.4　固定资产折旧

"固定资产折旧是指固定资产在使用寿命内，按确定的方法对应计折旧额进行的系统分摊，即固定资产在使用过程中逐渐磨损所减少的那部分价值。"

以 DEF 公司折旧计算为例。资料如下：

（1）房屋建筑物折旧年限为 20 年（若公司租赁合同年限短于 20 年的按租赁合同年限计提折旧），残值率为 5%。

（2）机器设备折旧年限为 12 年，残值率为 5%。

（3）超市货架设备的折旧年限为 5 年，残值率为 0。

（4）运输设备折旧年限为 5 年，残值率为 5%。

（5）办公设备折旧年限为 5 年，残值率为 5%。

现要求利用不同方法计算每月计提的折旧。

1）方法一：使用平均年限法。平均年限法，又称直线法，是按固定资产的使用年限平均计提折旧的方法。按平均年限法计提折旧额可以使用 SLN（ ） 函数计算，并且在一定期间内，折旧额呈线性变化。涉及的主要参数有固定资产的原值、净残值、预计使用年限等，具体步骤如下：

第一，将表格内容输入完整，包括表格标题、制表人等。

第二，在"已计提折旧"对应单元格，定义公式：

＝INT(DAYS360(I4，$D$2)/30)

计算出第一项固定资产的已计提折旧月数。

同理，将其余固定资产的已计提折旧月份计算出来。

第三，计算本月折旧额。计算本月折旧额的对应表格定义公式：

＝IF(F4＝"报废"，0，SLN(原值，净残值，预计使用年数)/12)

即＝IF(F4＝"报废"，0，SLN(K4，M4，J4)/12)

计算出该固定资产本月折旧额，同样将剩余固定资产使用平均年限法折旧的折旧额计算出来，如图 9-14 所示。

折旧计提基准日 2024/3/1 单位 XX公司

卡片编号	固定资产编号	固定资产名称	规格型号	使用部门	使用状态	增加方式	减少方式	开始使用日期	预计使用年数	原值	预计净残值率	净残值	已计提月份	本月折旧额	本年折旧额	折旧方法
01	1	计算机	Dell	管理部门	在用	购入	出售	2022/6/1	4	12,000.00	5%	600.00	21	237.50	2,850.00	平均年限法
02	2	计算机	Dell	管理部门	在用	购入	出售	2022/6/1	4	15,000.00	5%	750.00	21	296.88	3,562.50	平均年限法
03	3	传真机	惠普	管理部门	在用	购入	出售	2022/6/1	5	6,000.00	5%	300.00	21	95.00	1,140.00	平均年限法
04	4	复印机	佳能	管理部门	在用	购入	出售	2022/6/1	5	30,000.00	5%	1,500.00	21	475.00	5,700.00	平均年限法
05	5	打印机	佳能	销售部门	在用	购入	出售	2022/6/1	5	4,000.00	5%	200.00	21	63.33	760.00	平均年限法
06	6	A3彩喷打印机	爱普生	销售部门	在用	购入	出售	2022/6/1	5	2,393.16	5%	119.66	21	47.86	574.36	双倍余额递减法
07	7	计算机	optiplex 5040MT	管理部门	在用	购入	出售	2022/6/1	5	6,200.00	5%	310.00	21	124.00	1,488.00	双倍余额递减法
08	8	计算机	optiplex 5040MT	管理部门	在用	购入	出售	2022/6/1	5	6,200.00	5%	310.00	21	98.17	1,178.00	平均年限法
09	9	计算机	optiplex 5040MT	销售部门	在用	调拨	出售	2022/6/1	5	6,200.00	5%	310.00	21	98.17	1,178.00	平均年限法
10	10	计算机	optiplex 5040MT	财务部门	在用	购入	出售	2022/6/1	5	6,200.00	5%	310.00	21	98.17	1,178.00	平均年限法
11	11	计算机	optiplex 5040MT	财务部门	在用	购入	出售	2022/11/1	5	6,200.00	5%	310.00	16	98.17	1,178.00	平均年限法
12	12	计算机	optiplex 5040MT	管理部门	在用	购入	出售	2022/12/1	5	6,200.00	5%	310.00	15	98.17	1,178.00	平均年限法
13	13	计算机	佳能	销售部门	在用	购入	出售	2022/11/1	5	4,188.03	5%	209.40	16	66.31	795.73	平均年限法
14	14	计算机	optiplex 5040MT	销售部门	在用	购入	出售	2022/6/1	5	4,060.00	5%	203.00	21	64.28	771.40	平均年限法
15	15	戴尔台式电脑	optiplex 5040MT	销售部门	在用	购入	出售	2022/6/1	5	6,200.00	5%	310.00	21	98.17	1,178.00	平均年限法
16	16	戴尔台式电脑	optiplex 5040MT	销售部门	在用	购入	出售	2022/6/1	5	6,200.00	5%	310.00	21	98.17	1,178.00	平均年限法
17	17	戴尔台式电脑	optiplex 5040MT	管理部门	在用	购入	出售	2022/10/1	5	6,200.00	5%	310.00	17	98.17	1,178.00	平均年限法
18	18	戴尔台式电脑	optiplex 5040MT	管理部门	在用	购入	出售	2022/6/1	5	6,200.00	5%	310.00	21	98.17	1,178.00	平均年限法
19	19	戴尔台式电脑	optiplex 5040MT	管理部门	在用	购入	出售	2022/12/1	5	6,200.00	5%	310.00	15	98.17	1,178.00	平均年限法
20	20	考勤机		管理部门	在用	购入	出售	2022/6/1	5	550.00	5%	27.50	21	11.61	139.33	年数总和法
21	21	投影仪幕布		管理部门	在用	购入	出售	2022/11/1	5	600.00	5%	30.00	16	12.67	152.00	年数总和法
22	22	客服台点钞机		管理部门	在用	购入	出售	2022/6/1	5	2,094.02	5%	104.70	21	44.21	530.49	年数总和法
23	23	财务部凭证装订机		管理部门	在用	购入	出售	44,713.00	5	1,452.99	5%	72.65	21	30.67	368.09	年数总和法

图 9-14　平均年限法下“已计提月份”及“本月折旧额”的计算

2）方法二：双倍余额递减法。“双倍余额递减法是指在不考虑固定资产净残值的情况下，根据每期期初固定资产账面余额和双倍的直线法折旧率计算固定资产折旧的一种方法。”

在 Excel 中使用的公式表达为=DDB(原值，净残值，INT(已计提月份/12)+1)/12 函数，最后两年使用“=SLN(原值，净残值，预计使用年限)/12”函数。

双倍余额递减法计提折旧是使用 DDB()函数计算的。

具体步骤：

第一，编辑本月折旧额单元格公式。

=DDB(原值，净残值，预计使用年数，INT(已计提月份/12)+1)/12

即=DBB(K21，M21，J21，INT(N21/12)+1)/12)

第二，双倍余额递减法折旧的固定资产折旧后的结果如图 9-15 所示。

折旧计提基准日 2024/3/1 单位 XX公司

卡片编号	固定资产编号	固定资产名称	规格型号	使用部门	使用状态	增加方式	减少方式	开始使用日期	预计使用年数	原值	预计净残值率	净残值	已计提月份	本月折旧额	本年折旧额	折旧方法
06	6	A3彩喷打印机	爱普生	销售部门	在用	购入	出售	2022/6/1	5	2,393.16	5%	119.66	21	47.86	574.36	双倍余额递减法
07	7	计算机	optiplex 5040MT	管理部门	在用	购入	出售	2022/6/1	5	6,200.00	5%	310.00	21	124.00	1,488.00	双倍余额递减法

图 9-15　双倍余额递减法下本月折旧额计算

3）方法三：年数总和法。“年数总和法又称总和年限法，是指用固定资产原值减去预计净残值后的净额，乘以一个逐年递减的分数，计算折旧额的一种方法。”按年数总和法计算折旧额可以使用 SYD 函数，即=SYD(原值，净残值，预计使用年数 INT(已计提月份/12)+1)/12 函数来计算。主要涉及的参数有固定资产的原值、净残值、预计使用年限等。

具体步骤如下：

第一，单击"本月折旧额"，定义 O23（字母 O）公式：

=SYD(原值，净残值，预计使用年数 INT(已计提月份/12)+1)/12

因为使用的函数计算每年折旧额都不同，所以计算本月折旧额要先计算当年折旧额。

第二，自动填充年数总和法的其他固定资产折旧。

第三，本年折旧额 = 本月折旧额 * 12，按回车键，得到相应数值。

年数总和法计提折旧后的参考答案如图 9-16 所示。

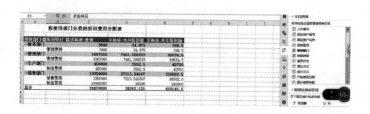

图 9-16　年数总和法计提折旧

9.2.5　固定资产折旧费用的分配

固定资产折旧费用的分配是指对折旧费用分配情况进行分析，可以按照固定资产折旧费用类别分析费用分配情况，也可以固定资产使用部门分析折旧费用分配。

具体分配步骤如下：

（1）将固定资产折旧表中"使用部门"后面加一列"折旧科目"单元格。

（2）新建一份数据透视表，并进行重命名为"折旧费用分配表"，同时选取合适的表格格式。

（3）在"数据透视表"字段任务窗格中，选中"折旧科目""原值""本月折旧额""使用部门"，将"本年折旧额"选择为"值"，可得到"折旧费用分配表"，如图 9-17 所示。

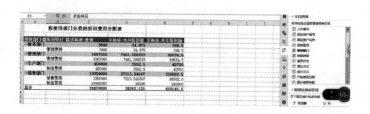

图 9-17　折旧费用分配表

按照"使用部门"浏览固定资产折旧费用的分配情况，可直观地查看本期折旧额中不同部门所占份额。

具体步骤如下：

（1）与按固定资产折旧费用类别分析折旧费用的分配表相似，添加"使用部门"，新建数据透视表，并修改其名称为"按使用部门分类的折旧费用分配表"。

（2）将"数据透视表字段"任务窗格中的"原值""本月折旧额""本年折旧额"添加到"值"列表框中。

（3）设置相应的文字格式以及表格中的名称，操作结果如图9-18所示。

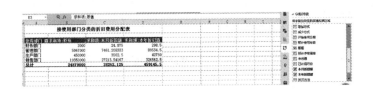

图9-18　按使用部门分类的折旧费用分配表

9.3　DEF公司固定资产管理系统分析

9.3.1　DEF公司固定资产管理系统存在的问题

（1）功能分散，对操作人员要求较高。在建立的Excel 2016的固定资产管理系统中，对于在使用该系统中切换各个工作表不够便捷的情况，需要在固定资产管理系统中增加固定资产管理系统封面来解决。可以在所建立的封面中列出相应的功能模块，并以超级链接形式将不同功能链接到相对应的工作表中，以便更加方便、快捷地使用固定资产管理系统。

（2）系统功能不完善，缺乏帮助。在完成基于Excel固定资产管理系统后，为了更好地方便使用者使用系统，尽快了解系统并投入使用，需对应建立该固定资产管理系统的帮助功能，包括初次使用该系统的步骤、注意事项等方面内容做文字说明。

（3）系统缺乏安全保护措施。在使用固定资产管理系统的过程中，要深刻认识到企业内部信息需要保密的重要性，企业信息的保密性会直接关系到企业的安全利益与企业的稳定。为了促进企业内部信息保密，对企业固定资产管理系统的保密工作要更加注意，同样在建立固定资产管理系统中，加强企业固定资产的相关信息保护十分必要。

9.3.2　完善 DEF 公司固定资产管理系统的措施

9.3.2.1　制作 Excel 固定资产管理系统的菜单

在完成 Excel 固定资产管理系统的设计制作后，需要对设计的固定资产管理系统进行全面整合，并根据实际需要设计固定资产管理系统的封面，从而实现基于 Excel 固定资产管理系统中各个工作表更加便捷地切换窗口，减少不必要的时间浪费，现举例如下。

设计封面的步骤：

（1）设计封面。首先单击菜单"插入"，选择"文本框"下面的"横排文本框"，鼠标变化为"细+"时，在封面工作表拖动画一个适合封面大小的文本框并自行设置一种填充色。

（2）插入艺术字设置页面标题"DEF 公司固定资产管理系统"。

（3）插入"横排文本框"，填写本系统的一种功能，设置一种喜欢的填充色，调整文本框的大小，并根据本系统功能数量复制多个。

（4）插入"横排文本框"，填写本系统的版本、作者信息、设计制作日期等可供参考的 DEF 公司固定资产管理系统封面，如图 9-19 所示。

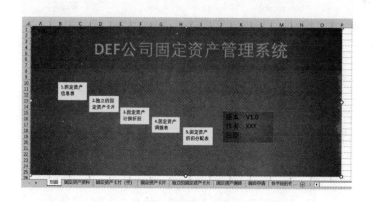

图 9-19　DEF 公司固定资产管理系统封面

（5）建立封面上各功能到对应工作表的超级链接。

具体操作：选择一个功能的文本框，如：1.固定资产信息表，右键单击选择"链接"，单击"本文档中的位置"，选择需要链接的工作表"固定资产卡片"

并"确定"即可。建立固定资产管理系统各功能与工作表的链接过程如图 9-20、图 9-21 所示。

图 9-20　建立固定资产管理系统各功能与工作表的链接（一）

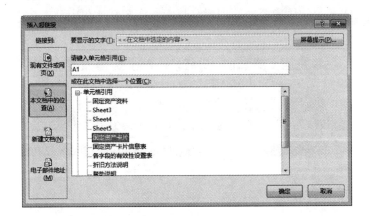

图 9-21　建立固定资产管理系统各功能与工作表的链接（二）

（6）设置从各工作表返回封面的返回按钮或超级链接。

具体操作：输入文字或插入某形状并设置文字或形状的格式。

右键单击选"超链接"，单击"本文档中的位置"，再选"封面"即可。

提示：

①鼠标指向已建立超链接的对象时会出现“手形”图标，单击即可链接到指定工作表。②做完超级链接，必须要通过单击进行超链接检验。

9.3.2.2 增加固定资产管理系统帮助功能

帮助功能也可以称为系统使用说明，就是在菜单中增加帮助功能按钮即对基于Excel 2016建立的固定资产管理系统中包含固定资产管理基本信息处理的固定资产信息、固定资产卡片信息表、独立的固定资产卡片、固定资产调拨处理、固定资产折旧计提、固定资产折旧费用分析的信息处理过程中的使用情况说明，如图9-22所示。

具体操作步骤：在使用DEF公司固定资产管理系统时，首先进入固定资产管理系统封面中，选择相应要处理的功能，并选择对应的模块内容进行处理，在系统封面（菜单）处可以自由选择切换相应模块进行处理。

	A	B
1	帮助说明：	
2	1	初次使用该系统进行固定资产业务操作时，要按照系统提示录入企业固定资产基本信息。
3	2	进行固定资产管理业务操作中，首先进入菜单栏目，选择需要办理的业务模块。
4	3	切换到相应模块后，根据企业的规章制度进行下一步业务操作。
5	4	固定资产在计提折旧中，要根据企业规定的折旧方法对应选择方法进行计提折旧。
6	5	在进行企业固定资产变动处理中，注意调入与调出时间的登记，并相应对固定资产进行折旧处理。
7	6	使用该系统过程中，系统操作人员要对企业信息保密，设置相应密码并对密码定期更换，确保企业信息安全。

图9-22 固定资产管理系统帮助功能

9.3.2.3 增加固定资产管理系统保密性设置

在固定资产管理系统工作过程中，为了避免公司信息泄露与无关人员更改该系统工作表数据等情况发生，应该对固定资产管理系统进行工作表和单元格的保护，即在使用该系统过程中，财务人员要对企业信息保密，设置相应密码并对单位密码适时更改。

具体步骤如下：

（1）单击菜单中的“审阅”后选择“保护工作表”，打开“保护工作表”对话框，如图9-23所示。

（2）在“取消工作表保护时使用的密码”输入保护密码，单击“确定”。

（3）弹出如图9-24所示的“确认密码”对话框时，输入密码并“确定”后可关闭对话框。

图 9-23 "保护工作表"截图

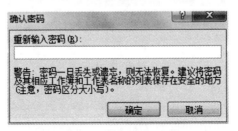

图 9-24 "确认密码"的截图

9.4 DEF 公司固定资产管理中存在的问题及对策

9.4.1 DEF 公司固定资产管理中的不足

（1）固定资产管理制度不完善。目前，我国一些企业在对固定资产管理中没有相对完整的、科学的管理制度体系。固定资产管理制度中存在漏洞，导致很多责任不是很明确，部分管理人员会因此懒散，由此产生对固定资产的管理和保护不到位、管理人员缺乏责任感的现象。例如，在企业中固定资产管理中没有明确部门管理人员职责，以及对管理人员疏忽管理的现象进行相应惩处措施；部分企业没有建立良好的盘点制度及定期或者不定期地对固定资产盘点清查的制度，从而造成账实不符，以及部分企业没有制定明确的检验、登记的制度，使得固定资产在购买或建立后，存在使固定资产变动不够明确的状况。

（2）企业部分固定资产核算不规范。固定资产管理工作是企业财务管理工作的重要构成部分，能够准确地反映出企业的现状。但是，在实际的企业固定资产管理工作中，企业管理中缺少对专业人员的管理与培训，导致相关的固定资产管理机制不能有效落实在工作人员以及在固定资产监管工作中。因此极易导致固定资产会出现损失，例如，在企业进行固定资产调拨过程中，未及时办理部门审核单或缺少必要的调拨申请以及管理部门审核单，或未及时与相关财务人员进行沟通的情况，由此引起的对固定资产折旧计提的不及时，导致企业固定资产核算不清的情况。

（3）固定资产浪费情况严重。在固定资产管理中，部分企业存在对固定资产管理不够重视、不够关注的现象，因此在固定资产实物管理中也就难以避免地出现忽视。例如，在新增加的固定资产购买后，在固定资产的管理中使用不合理及缺乏科学的管理情况，使固定资产不能获得合理的维护保养，这样做就大大地减少了设施的使用寿命，不利于企业的固定资产资源使用。

9.4.2　提升 DEF 公司固定资产管理水平的相关对策

固定资产管理制度的不完善会导致企业固定资产质量下降、工作效率低下，严重影响企业的发展。因此，在企业发展运营过程中，逐步完善固定资产管理制度，为企业建立一套严谨的固定资产管理制度是十分重要的。

强化 DEF 公司固定资产管理的相关对策如下：

（1）建章立制，明确责任。企业的固定资产管理工作需建立一份合理的规章制度，从而明确固定资产核算中采取的方式与操作流程、各部门在固定资产使用和管理过程中的职责，使各部门的管理人员在工作中有相应制度的约束和规范，以及对相应固定资产管理人员的业务培训也是十分必要的。明确各管理人员的职责分配，对企业的固定资产管理工作责任进行分离，明确责任归属，以便在进行固定资产业务处理时，对固定资产详细记录，落实每一个环节的控制，保证固定资产管理的正确实施。

（2）规范固定资产核算。固定资产核算是对固定资产的取得、折旧、清理等业务的核算。为了加强固定资产的核算，及时掌握公司固定资产的构成与使用状况，准确计提折旧，保证公司财产核算的准确制定了固定资产核算制度。企业必须严格按照《固定资产管理的核算与规定》进行固定资产核算。

（3）优化配置，降低成本。企业在购置固定资产前，需要根据财务部门编制的固定资产购置预算，根据企业自身现有固定资产情况，结合企业发展需要，采取方便企业在固定资产购置中建立合理的采购方案，进而减少资金的浪费和固定资产的闲置，把剩余资金运用到企业的发展中，进一步促进企业的顺利发展。

第10章 XYZ公司工资管理系统设计

【摘要】对于企业来说，工资核算和发放的工作量很大，如果采用手工操作很容易出错，利用Excel设计一套属于本公司的工资管理系统，便可有效地解决这些问题。本章选取XYZ公司20××年4月的工资数据为样本，探讨了XYZ公司工资管理系统设计的意义、流程与功能，重点研究XYZ公司工资管理系统设计与制作的过程。在对XYZ公司工资管理系统进行运行测试与分析后，从中发现该系统中存在的一些问题，并针对这些问题对XYZ公司工资管理系统进行了修改。

10.1 XYZ公司工资管理系统概述

10.1.1 XYZ建筑设计有限公司简介

XYZ建筑设计有限公司是一家中港合资的建筑设计企业，具有中华人民共和国建设部批准的建筑行业（建筑工程）甲级设计资质。拥有员工超过600名，包括建筑设计团队、城市规划设计团队、园境设计团队、室内设计团队、文物保育设计团队和旅游娱乐设计团队。XYZ公司将在全新的规模与平台上，成为更为国际化、更熟悉本土文化的境外建筑设计公司，并在城市设计、大型居住区规划、大型城市商业综合体、轨道交通与物业发展、住宅小区等各大领域，为客户提供从规划、总平面、建筑方案设计、施工图设计阶段的综合建筑设计服务。

本章将选取XYZ公司（可自己寻找一家公司）20××年（本年度）4月的工资数据为样本，设计制作基于Excel的XYZ公司的工资管理系统。

10.1.2 工资管理系统的分析

10.1.2.1 工资管理系统需求分析

（1）数据需求分析。工资管理系统在前期时需要大量的基础数据作为支撑，首先要知道员工编号、姓名、所属部门；其次要知道他们的考勤情况、享受的国家优惠政策情况和缴纳的各项社会保障费用情况；最后要知道他们的工资情况和国家关于缴纳个人所得税所依据的税率表。有了这些基础数据，才能通过工资管理系统计算员工工资。

（2）性能需求分析。自行设计出来的工资管理系统操作简单、使用方便快捷，能够通过员工基础数据自动核算工资，不仅减少了财务人员的工作量，也提高了他们的工作效率。

10.1.2.2 工资管理系统可行性分析

工资管理系统在技术上主要通过 Excel 软件完成，目前每个企业都安装了 Excel 软件，由此可以看出，工资管理系统在技术上具有可行性。

工资管理系统通过 Excel 自行设计完成，不必花费任何资金，为企业减少了资金的流出。此外，这个系统还可以提高财务人员的工作效率，降低办公费用。从经济方面看，工资管理系统也具有可行性。

工资管理系统是由个人设计出来的，符合国家法律规定和知识产权的规定，所以在法律上也具有可行性。

10.1.3 公司工资管理系统设计的流程

XYZ 公司工资管理系统设计流程如图 10-1 所示。

10.1.4 公司工资管理系统的设计要求

用 Excel 2016 软件制作工资管理系统的初衷，一方面是为了减少企业购买工资核算系统的资金，另一方面能够帮助财务人员更方便快捷地核算员工工资，从而提高工作效率。所以，设计出的公司工资管理系统应该具备以下特点：

（1）系统操作简单方便。

（2）能够通过输入基础数据自动核算出员工工资。

（3）能够通过更改基础信息表中的某些数据，从而自动更新工资汇总表对应的大批量数据。

（4）能够保证工资管理系统的安全性，保证工资数据不外泄。

（5）能够根据员工编号查询该员工的工资项目。

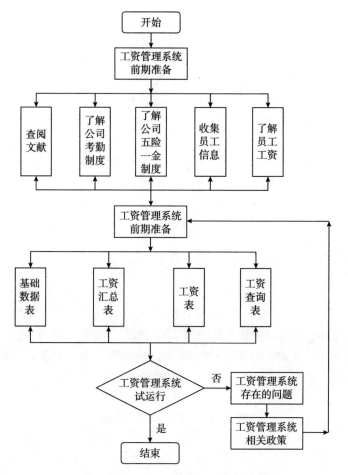

图 10-1　公司工资管理系统设计的流程

10.2　XYZ 公司工资管理系统设计的前期准备

10.2.1　公司考勤制度

10.2.1.1　考勤制度

办公时间为周一至周五 9：00～12：30 至 14：00～18：30（例：若早上 9：25 到岗，则下班时间必须为 18：55），每天的总工作时长必须满 8 小时，否则计作迟到或早退。每月考勤可补登 2 次。

（1）全勤奖励 300 元。

（2）迟到 1~15 分钟扣 20 元，迟到 15~30 分钟扣 50 元，迟到 30~60 分钟扣 100 元，迟到 60 分钟以上算旷工，扣工资 200 元，无全勤奖。

（3）早退小于等于 20 分钟扣 50 元，20 分钟以上扣工资 200 元，无全勤奖。

（4）一天以内的病假不扣全勤奖，2~3 天扣 100 元，3 天以上无全勤奖。

（5）请事假无全勤奖。

10.2.1.2　调休制度

工作日工作至 22：00 后离开公司，必须在系统上提交调休时间申请：18：00-22：00，第二天自动默认 10：00 前打卡考勤正常。员工非工作日加班没有加班费，但是，员工在系统上提交调休申请后，由上级和相关部门核查，通过后系统会生成调休时间，工作 4 小时可生成 0.5 天，以此类推。

10.2.2　代扣"五险一金"制度

深圳市社会平均工资每月为 8348 元，各项社保缴费基数上限为社会平均工资的三倍（25044 元/月），下限为社会平均工资基准率和缴费基数的 60%（5008.8 元/月），最低工资标准为每月 2200 元。

建筑行业工伤保险实行第六档基准率，其基准率为 0.78%，2019~2020 年，其基准在先行基础上下调 30%，各项缴费数依据如表 10-1 所示。

表 10-1　"五险一金"资料表

	养老保险		医疗保险		生育保险		失业保险		住房公积金		工伤保险
户籍	单位	个人	单位	个人	单位	个人	单位	个人	单位	个人	单位
深户	13%+1%	8%	5%+0.2%	2%	0.45%	0%	1%	0.5%	10%	10%	0.78%
非深户	13%	8%									
缴费基数	最高为社会平均工资三倍，最低为最低工资标准		最高为社会平均工资三倍，最低为社会平均工资的 60%		最高为社会平均工资三倍，最低为社会平均工资的 60%		最低工资		最高为社会平均工资三倍，最低为最低工资		最高为社会平均工资三倍，最低为社会平均工资的 60%

10.2.3　公司原始数据资料

在创建工资管理系统时，需要从人事部获取资料，以下为根据国家规定和人事部档案整理出来的资料：

10.2.3.1　公司员工基本信息资料

设计 XYZ 公司工资管理系统时，需要收集员工的基本信息，包括员工编号、姓名、户籍、部门、就职时间、基本工资和餐补等，其汇总资料如表 10-2 所示。

表 10-2　员工基本信息及工资标准表　　　　　单位：元

员工编号	姓名	户籍	部门	就职时间	基本工资/月	餐补/月
001	苏*梅	深户	财务部	2017 年 5 月 15 日	6000.00	300.00
002	周*颖	非深户	财务部	2018 年 10 月 8 日	5000.00	300.00
003	高*琳	非深户	财务部	2018 年 9 月 10 日	5000.00	300.00
004	吕*媛	深户	财务部	2007 年 6 月 25 日	11000.00	300.00
005	童*婧	非深户	财务部	2011 年 5 月 20 日	8000.00	300.00
006	武**	深户	财务部	2010 年 9 月 9 日	10000.00	300.00
007	胡*敏	深户	人事部	2012 年 7 月 16 日	10000.00	300.00
008	唐*萱	非深户	人事部	2017 年 8 月 7 日	6000.00	300.00
009	罗*枫	非深户	人事部	2016 年 10 月 9 日	7000.00	300.00
010	柳*芳	非深户	人事部	2018 年 8 月 13 日	5000.00	300.00
011	舒**	深户	人事部	2017 年 5 月 15 日	6000.00	300.00
012	郑*莹	深户	设计部	2016 年 6 月 27 日	20000.00	300.00
013	梁*铭	非深户	设计部	2017 年 7 月 3 日	15000.00	300.00
014	邓*妮	非深户	设计部	2011 年 6 月 20 日	60000.00	300.00
015	张*峰	非深户	设计部	2018 年 6 月 25 日	10000.00	300.00
016	蒋*贤	深户	设计部	2009 年 7 月 6 日	100000.00	300.00
017	刘**	非深户	设计部	2014 年 7 月 14 日	65000.00	300.00
018	汪*飞	非深户	设计部	2011 年 9 月 19 日	90000.00	300.00
019	杜*韬	深户	设计部	2013 年 7 月 1 日	70000.00	300.00
020	姚*玲	非深户	设计部	2015 年 6 月 22 日	40000.00	300.00
021	郭*霞	非深户	设计部	2017 年 6 月 26 日	15000.00	300.00
022	孟*怡	深户	方案部	2010 年 9 月 20 日	80000.00	300.00
023	卫*国	非深户	方案部	2014 年 7 月 7 日	25000.00	300.00
024	姜*萍	非深户	方案部	2013 年 8 月 19 日	45000.00	300.00
025	黄*飞	非深户	方案部	2016 年 7 月 25 日	40000.00	300.00
026	马*婷	深户	方案部	2010 年 7 月 26 日	90000.00	300.00
027	宋**	非深户	方案部	2015 年 5 月 25 日	30000.00	300.00

员工编号	姓名	户籍	部门	就职时间	基本工资/月	餐补/月
028	侯*捷	深户	方案部	2017 年 4 月 24 日	12000.00	300.00
029	袁*菲	非深户	方案部	2018 年 9 月 3 日	10000.00	300.00
030	危*平	深户	方案部	2007 年 9 月 3 日	150000.00	300.00
031	全**	深户	建筑部	2007 年 5 月 28 日	200000.00	300.00
032	姚**	非深户	建筑部	2016 年 7 月 4 日	50000.00	300.00
033	邱*贺	深户	建筑部	2015 年 6 月 22 日	45000.00	300.00
034	肖*邦	深户	建筑部	2012 年 7 月 2 日	110000.00	300.00
035	龚*冠	深户	建筑部	2010 年 6 月 7 日	120000.00	300.00
036	李*国	非深户	建筑部	2007 年 9 月 5 日	200000.00	300.00
037	王**	深户	建筑部	2012 年 12 月 10 日	110000.00	300.00
038	韩*权	深沪	建筑部	2013 年 6 月 10 日	100000.00	300.00
039	曾**	非深户	建筑部	2017 年 6 月 5 日	40000.00	300.00

资料来源：《XYZ 公司员工基础档案表》和《XYZ 公司员工工资细则表》。

10.2.3.2 公司员工专项附加扣除资料

设计 XYZ 公司工资管理系统时，还需要收集员工各项专项附加扣除资料，XYZ 公司的员工各项专项附加扣除资料涉及 5 种，如表 10-3～表 10-7 所示。

（1）员工继续教育扣除表。

表 10-3 员工继续教育扣除表 　　　　　单位：元

员工编号	姓名	户籍	继续教育
001	苏*梅	深户	400.00
002	周*颖	非深户	3600.00
003	高*琳	非深户	400.00
008	唐*萱	非深户	400.00
010	柳*芳	非深户	400.00
011	舒**	深户	400.00
013	梁*铭	非深户	3600.00
015	张*峰	非深户	3600.00
020	姚*玲	非深户	400.00
039	曾**	非深户	3600.00

资料来源：《XYZ 公司员工专项附加扣除信息表》。

（2）员工子女教育扣除表。

表 10-4　员工子女教育扣除表　　　　　　　　　　单位：元

员工编号	姓名	户籍	子女教育	员工编号	姓名	户籍	子女教育
004	吕 * 媛	深户	1000.00	024	姜 * 萍	非深户	1000.00
005	童 * 婧	非深户	1000.00	025	黄 * 飞	非深户	1000.00
006	武 * *	深户	1000.00	026	马 * 婷	深户	1000.00
007	胡 * 敏	深户	1000.00	027	宋 * *	非深户	1000.00
009	罗 * 枫	非深户	1000.00	028	侯 * 捷	深户	1000.00
012	郑 * 莹	深户	1000.00	029	袁 * 菲	非深户	1000.00
013	梁 * 铭	非深户	1000.00	030	危 * 平	深户	1000.00
014	邓 * 妮	非深户	1000.00	031	全 * *	深户	1000.00
015	张 * 峰	非深户	1000.00	032	姚 * *	非深户	1000.00
016	蒋 * 贤	深户	1000.00	033	邱 * 贺	深户	1000.00
017	刘 * *	非深户	1000.00	034	肖 * 邦	深户	1000.00
018	汪腾飞	非深户	1000.00	035	龚 * 冠	深户	1000.00
019	杜子韬	深户	1000.00	036	李 * 国	非深户	1000.00
020	姚美玲	非深户	1000.00	037	王 * *	深户	1000.00
021	郭彩霞	非深户	1000.00	038	韩 * 权	深户	1000.00
022	孟梓怡	深户	1000.00	039	曾 * *	非深户	1000.00
023	卫建国	非深户	1000.00				

资料来源：《XYZ 公司员工专项附加扣除信息表》。

（3）员工住房贷款利息扣除表。

表 10-5　员工住房贷款利息扣除表　　　　　　　单位：元

员工编号	姓名	户籍	住房贷款利息
004	吕 * 媛	深户	1000.00
006	武 * *	深户	1000.00
012	郑 * 莹	深户	1000.00
014	邓 * 妮	非深户	1000.00
016	蒋 * 贤	深户	1000.00
017	刘 * *	非深户	1000.00
018	汪 * 飞	非深户	1000.00
020	姚 * 玲	非深户	1000.00

续表

员工编号	姓名	户籍	住房贷款利息
022	孟＊怡	深户	1000.00
023	卫＊国	非深户	1000.00
024	姜＊萍	非深户	1000.00
025	黄＊飞	非深户	1000.00
026	马＊婷	深户	1000.00
028	侯＊捷	深户	1000.00
032	姚＊依	非深户	1000.00
035	龚＊冠	深户	1000.00
036	李＊国	非深户	1000.00
038	韩＊权	深户	1000.00

资料来源：《XYZ公司员工专项附加扣除信息表》。

（4）员工住房租金扣除表。

表 10-6　员工住房租金扣除表 单位：元

员工编号	姓名	户籍	住房租金
001	苏＊梅	深户	1100.00
002	周＊颖	非深户	800.00
003	高＊琳	非深户	800.00
005	童＊婧	非深户	800.00
007	胡＊敏	深户	1100.00
008	唐＊萱	非深户	800.00
009	罗＊枫	非深户	800.00
010	柳＊芳	非深户	800.00
011	舒＊＊	深户	1100.00
013	梁＊铭	非深户	800.00
015	张＊峰	非深户	800.00
021	郭＊霞	非深户	800.00
027	宋＊＊	非深户	800.00
029	袁＊菲	非深户	800.00
033	邱＊贺	深户	1100.00
039	曾＊＊	非深户	800.00

资料来源：《XYZ公司员工专项附加扣除信息表》。

（5）员工赡养老人扣除表。

表 10-7　员工赡养老人扣除表　　　　　　单位：元

员工编号	姓名	户籍	赡养老人	员工编号	姓名	户籍	赡养老人
004	吕＊媛	深户	1000.00	025	黄＊飞	非深户	500.00
005	童＊婧	非深户	400.00	026	马＊婷	深户	333.33
007	胡＊敏	深户	500.00	027	宋＊＊	非深户	333.33
012	郑＊莹	深户	1000.00	028	侯＊捷	深户	666.67
013	梁＊铭	非深户	500.00	029	袁＊菲	非深户	400.00
014	邓＊妮	非深户	500.00	030	危＊平	深户	333.33
016	蒋＊贤	深户	500.00	031	全＊哲	深户	333.33
017	刘＊＊	非深户	400.00	032	姚＊依	非深户	500.00
018	汪＊飞	非深户	400.00	033	邱＊贺	深户	400.00
019	杜＊韬	深户	500.00	034	肖＊邦	深户	666.67
020	姚＊玲	非深户	333.33	035	龚＊冠	深户	500.00
021	郭＊霞	非深户	500.00	036	李＊国	非深户	285.71
022	孟＊怡	深户	666.67	037	王＊＊	深户	333.33
023	卫＊国	非深户	500.00	038	韩＊权	深户	500.00
024	姜＊萍	非深户	400.00	039	曾＊＊	非深户	400.00

资料来源：《XYZ公司员工专项附加扣除信息表》。

10.2.4　公司员工考勤资料

设计 XYZ 公司工资管理系统时，还需要知道员工的考勤状态，XYZ 公司员工 2019 年 4 月的考勤资料如表 10-8 所示。

表 10-8　公司员工考勤表

员工编号	姓名	部门	病假（天）	事假（天）	1~15（分钟）	16~30（分钟）	31~60（分钟）
004	吕＊媛	财务部	1				
009	罗＊枫	人事部		1			
013	梁＊铭	设计部			1		
020	姚＊玲	设计部	1				
025	黄＊飞	方案部				1	
033	邱＊贺	建筑部					1
034	肖＊邦	建筑部	3				

资料来源：《XYZ公司员工考勤统计表》。

10.2.5 公司员工"五险一金"缴费基数资料

XYZ 公司各员工缴纳失业保险的基数为最低工资 2200 元，养老保险、医疗保险、生育保险、工伤保险和住房公积金的缴费基数如表 10-9 所示。

表 10-9 "五险一金"缴费基数表   单位：元

员工编号	姓名	部门	缴费基数	员工编号	姓名	部门	缴费基数
001	苏*梅	财务部	6000.00	021	郭*霞	设计部	15000.00
002	周*颖	财务部	5008.80	022	孟*怡	方案部	25044.00
003	高*琳	财务部	5008.80	023	卫*国	方案部	25000.00
004	吕*媛	财务部	11000.00	024	姜*萍	方案部	25044.00
005	童*婧	财务部	8000.00	025	黄*飞	方案部	25044.00
006	武**	财务部	10000.00	026	马*婷	方案部	25044.00
007	胡*敏	人事部	10000.00	027	宋**	方案部	25044.00
008	唐*萱	人事部	6000.00	028	侯*捷	方案部	12000.00
009	罗*枫	人事部	7000.00	029	袁*菲	方案部	10000.00
010	柳*芳	人事部	5008.80	030	危*平	方案部	25044.00
011	舒**	人事部	6000.00	031	全*哲	建筑部	25044.00
012	郑*莹	设计部	20000.00	032	姚*依	建筑部	25044.00
013	梁*铭	设计部	15000.00	033	邱*贺	建筑部	25044.00
014	邓*妮	设计部	25044.00	034	肖*邦	建筑部	25044.00
015	张*峰	设计部	10000.00	035	龚*冠	建筑部	25044.00
016	蒋*贤	设计部	25044.00	036	李*国	建筑部	25044.00
017	刘**	设计部	25044.00	037	王**	建筑部	25044.00
018	汪**	设计部	25044.00	038	韩**	建筑部	25044.00
019	杜**	设计部	25044.00	039	曾**	建筑部	25044.00
020	姚*玲	设计部	25044.00				

资料来源：《XYZ 公司员工"五险一金"缴纳表》。

10.2.6 个人所得税税率表

设计 XYZ 公司工资管理系统时，还需要知道计算各员工缴纳个人所得税的依据资料，如表 10-10 所示。

表 10-10 个人所得税税率表

级数	应纳税所得额下限	应纳税所得额上限	税率	速算扣除数
1	0. 00	36000. 00	3%	0. 00
2	36000. 00	144000. 00	10%	2520. 00
3	144000. 00	300000. 00	20%	16920. 00
4	300000. 00	420000. 00	25%	31920. 00
5	420000. 00	660000. 00	30%	52920. 00
6	660000. 00	960000. 00	35%	85920. 00
7	960000. 00		45%	181920. 00

资料来源：《个人所得税专项附加扣除暂行办法》。

10.3 XYZ 公司工资管理系统设计与制作

10.3.1 创建公司工资管理系统基础数据库

建立公司员工基本信息表。

基本信息表是企业员工基本信息的一个汇总，具体操作步骤如下：

（1）新建工作簿、工作表。启动 Excel，新建 Excel 工作簿并命名为"工资管理系统"，双击工作表标签"Sheet1"重命名为"员工基本信息"。

（2）输入基本信息表的表标题和各工资项目。在 A1 单元格输入"员工基本信息表"。在 A2 单元格中输入"单位：元"。在 A3 至 G3 单元格中分别输入"员工编号""姓名""户籍""部门""就职时间""基本工资/月""餐补/月"，在 A43 单元格输入"合计"。

（3）录入员工编号和姓名的基本信息。根据 10.2 中的信息，录入员工编号、姓名、基本工资信息。

（4）对部门的单元格进行数据有效性的设置。主要步骤如下：

1）选择 D4：D42 区域，转到"数据"选项卡，在"数据工具"功能组中选择"数据验证"→"数据验证"命令，打开"数据验证"对话框。在"设置"选项卡中的"允许"列表中选择"序列"，在来源中输入序列"财务部，人事部，方案部，建筑部，设计部"并确定，如图 10-2 所示。

提示：

输入序列"财务部，人事部，方案部，建筑部，设计部"时，没有双引号且各项之间必须用英文方式的逗号隔开。

图 10-2　输入数据验证条件

2）单击"输入信息"选项卡，在"输入信息"下的对话框中输入"请选择部门："，界面如图 10-3 所示。

图 10-3　输入数据验证信息

（5）选择输入部门信息。点击 D 列单元格右侧的下拉按钮，根据表 10-2 的信息选择员工所在部门。

（6）录入餐补信息。餐补信息在表 10-2 中获取，在 F4 单元格输入"300"，然后把鼠标移到单元格右下角，变成"+"后双击鼠标左键，实现自动（向下）填充。

（7）为 F43、G43 单元格设置公式。在 F43 单元格中输入"＝SUM（F4：F42）"，按 Enter 键后数据进行自动计算，把鼠标移到单元格右下角，等鼠标变成"+"时向右填充到 G42 单元格，公式便会自动填充。

（8）格式化"员工基本信息表"的格式。

1）将 A1：G1、A43：E43 合并居中，A2：G2 合并后右对齐。以合并居中 A1：G1 为例。

主要步骤：

选择 A1：G1 并单击"合并居中"按钮。

同理 A2：G2、A43：E43。

2）设置字体格式。依次完成以下操作：

单击"开始"选项卡，在"字体"功能组中设置为"宋体、18 号"。

选择区域 A3：G3，设置为"宋体、14 号"。

选择 A1：G43 区域，设置边框为"所有边框"，在"对齐方式"功能区的下拉列表中选择"水平对齐"→"居中"、"垂直对齐"→"居中"。

选择 A 列，在"数字"功能区的下拉列表中选择"文本"格式，选择 E 列，在"数字"功能区的下拉列表中选择"短日期"格式，选择 F、G 列，在"数字"功能区的下拉列表中选择"数值（小数位数：2）"格式。

按住 Ctrl+A 组合键，单击"开始"选项卡，在"对齐方式"功能组中选择"水平对齐"→"居中"、"垂直对齐"→"居中"，在"字体"功能组选择字体"宋体"。

选择 A4：G43 区域，在"字体"功能组中设置"字号"为"12"，在"单元格"功能组中选择"格式"→"列宽"，设置为"16"。

选择 A2：G43 区域，在"单元格"功能组中选择"格式"→"行高"，设置为"20"，点击"保存"。

（9）录入数据（数据在表 10-2 中获取）。

编辑完成后的《员工基本信息表》如图 10-4 所示。

10.3.2　建立公司的个人所得税专项附加扣除信息表

个人所得税专项附加扣除信息表是统计员工各项专项附加扣除的情况，其具体操作如下：

<table>
<tr><th colspan="7">员工基本信息表</th></tr>
<tr><th colspan="5"></th><th colspan="2">单位：元</th></tr>
<tr><th>员工编号</th><th>姓名</th><th>户籍</th><th>部门</th><th>就职时间</th><th>基本工资/月</th><th>餐补/月</th></tr>
<tr><td>001</td><td>苏*梅</td><td>深户</td><td>财务部</td><td>2017/5/15</td><td>6000.00</td><td>300.00</td></tr>
<tr><td>002</td><td>周*颖</td><td>非深户</td><td>财务部</td><td>2018/10/8</td><td>5000.00</td><td>300.00</td></tr>
<tr><td>003</td><td>高*珊</td><td>非深户</td><td>财务部</td><td>2018/9/10</td><td>5000.00</td><td>300.00</td></tr>
<tr><td>004</td><td>吕*媛</td><td>深户</td><td>财务部</td><td>2007/6/25</td><td>11000.00</td><td>300.00</td></tr>
<tr><td>005</td><td>童*婧</td><td>非深户</td><td>财务部</td><td>2013/5/20</td><td>8000.00</td><td>300.00</td></tr>
<tr><td>006</td><td>武**</td><td>深户</td><td>财务部</td><td>2010/9/9</td><td>10000.00</td><td>300.00</td></tr>
<tr><td>007</td><td>胡*敏</td><td>深户</td><td>人事部</td><td>2012/7/16</td><td>10000.00</td><td>300.00</td></tr>
<tr><td>008</td><td>唐*萱</td><td>非深户</td><td>人事部</td><td>2017/8/7</td><td>6000.00</td><td>300.00</td></tr>
<tr><td>009</td><td>罗*枫</td><td>非深户</td><td>人事部</td><td>2016/10/9</td><td>7000.00</td><td>300.00</td></tr>
<tr><td>010</td><td>柳*芳</td><td>非深户</td><td>人事部</td><td>2018/8/13</td><td>5000.00</td><td>300.00</td></tr>
<tr><td>011</td><td>舒**</td><td>深户</td><td>人事部</td><td>2017/5/15</td><td>6000.00</td><td>300.00</td></tr>
<tr><td>012</td><td>郑*莹</td><td>深户</td><td>设计部</td><td>2016/6/27</td><td>20000.00</td><td>300.00</td></tr>
<tr><td>013</td><td>梁*铭</td><td>非深户</td><td>设计部</td><td>2017/7/3</td><td>15000.00</td><td>300.00</td></tr>
<tr><td>014</td><td>邓*妮</td><td>深户</td><td>设计部</td><td>2011/6/20</td><td>60000.00</td><td>300.00</td></tr>
<tr><td>015</td><td>张*峰</td><td>非深户</td><td>设计部</td><td>2018/6/25</td><td>10000.00</td><td>300.00</td></tr>
<tr><td>016</td><td>蒋*贤</td><td>深户</td><td>设计部</td><td>2009/7/6</td><td>100000.00</td><td>300.00</td></tr>
<tr><td>017</td><td>刘**</td><td>非深户</td><td>设计部</td><td>2014/7/14</td><td>65000.00</td><td>300.00</td></tr>
<tr><td>018</td><td>汪*飞</td><td>非深户</td><td>设计部</td><td>2011/9/19</td><td>90000.00</td><td>300.00</td></tr>
<tr><td>019</td><td>杜*韬</td><td>深户</td><td>设计部</td><td>2013/7/1</td><td>70000.00</td><td>300.00</td></tr>
<tr><td>020</td><td>姚*玲</td><td>非深户</td><td>设计部</td><td>2015/6/22</td><td>40000.00</td><td>300.00</td></tr>
<tr><td>021</td><td>郭*霞</td><td>非深户</td><td>设计部</td><td>2017/6/26</td><td>15000.00</td><td>300.00</td></tr>
<tr><td>022</td><td>孟*怡</td><td>深户</td><td>方案部</td><td>2010/9/20</td><td>80000.00</td><td>300.00</td></tr>
<tr><td>023</td><td>卫*国</td><td>非深户</td><td>方案部</td><td>2014/7/7</td><td>25000.00</td><td>300.00</td></tr>
<tr><td>024</td><td>姜*萍</td><td>非深户</td><td>方案部</td><td>2013/8/19</td><td>45000.00</td><td>300.00</td></tr>
<tr><td>025</td><td>黄*飞</td><td>非深户</td><td>方案部</td><td>2016/7/25</td><td>40000.00</td><td>300.00</td></tr>
<tr><td>026</td><td>马*嫦</td><td>深户</td><td>方案部</td><td>2010/7/26</td><td>90000.00</td><td>300.00</td></tr>
<tr><td>027</td><td>宋*捷</td><td>非深户</td><td>方案部</td><td>2015/5/25</td><td>30000.00</td><td>300.00</td></tr>
<tr><td>028</td><td>侯*捷</td><td>深户</td><td>方案部</td><td>2017/4/24</td><td>12000.00</td><td>300.00</td></tr>
<tr><td>029</td><td>袁*菲</td><td>非深户</td><td>方案部</td><td>2018/9/3</td><td>10000.00</td><td>300.00</td></tr>
<tr><td>030</td><td>危*平</td><td>深户</td><td>方案部</td><td>2007/9/3</td><td>150000.00</td><td>300.00</td></tr>
<tr><td>031</td><td>全**</td><td>深户</td><td>建筑部</td><td>2007/5/28</td><td>200000.00</td><td>300.00</td></tr>
<tr><td>032</td><td>姚**</td><td>非深户</td><td>建筑部</td><td>2016/7/4</td><td>50000.00</td><td>300.00</td></tr>
<tr><td>033</td><td>邱*贺</td><td>深户</td><td>建筑部</td><td>2015/6/22</td><td>45000.00</td><td>300.00</td></tr>
<tr><td>034</td><td>肖*邦</td><td>深户</td><td>建筑部</td><td>2012/7/2</td><td>110000.00</td><td>300.00</td></tr>
<tr><td>035</td><td>龚*冠</td><td>深户</td><td>建筑部</td><td>2010/6/7</td><td>120000.00</td><td>300.00</td></tr>
<tr><td>036</td><td>李*国</td><td>非深户</td><td>建筑部</td><td>2007/9/5</td><td>200000.00</td><td>300.00</td></tr>
<tr><td>037</td><td>王**</td><td>深户</td><td>建筑部</td><td>2012/12/10</td><td>110000.00</td><td>300.00</td></tr>
<tr><td>038</td><td>韩*权</td><td>深户</td><td>建筑部</td><td>2013/6/10</td><td>100000.00</td><td>300.00</td></tr>
<tr><td>039</td><td>曾**</td><td>非深户</td><td>建筑部</td><td>2017/6/5</td><td>40000.00</td><td>300.00</td></tr>
<tr><td colspan="5">合计</td><td>2021000.00</td><td>11700.00</td></tr>
</table>

图 10-4 员工基本信息表

（1）新建工作表。新建 Excel 工作表，双击工作表标签"Sheet2"重命名为"附加扣除"。

（2）输入个人所得税专项附加扣除信息表的表标题和各项工资项目。在 A1 单元格输入"个人所得税专项附加扣除信息表"。在 A2 单元格中输入"单位：元"。在 A3 至 D3 单元格中分别输入"员工编号""姓名""户籍""扣除项目"，在 D4 至 J4 单元格中分别输入"继续教育""子女教育""大病医疗""住房贷款利息""住房租金""赡养老人""合计"，在 A44 单元格输入"合计"。

（3）设置员工编号、姓名、户籍和合计的公式。

在 A5 单元格输入公式"='基本信息'！A4"，然后把鼠标移到单元格右下角，等鼠标变成"＋"时双击鼠标左键，实现员工编号自动填充。

在 B5 单元格插入的公式为"='基本信息'！B4"

在 C5 单元格插入的公式为"='基本信息'！C4"

在 J5 单元格插入的公式为"=SUM（D5：I5）"

在 D44 单元格插入的公式为"=SUM（D5：D43）"，把鼠标移到单元格右下角，等鼠标变成"＋"时往右拖到 J44 单元格，公式便会自动填充。

（4）设置"个人所得税专项附加扣除信息表"的格式。

（5）录入数据。根据 10.2.2 中的表 10-3、表 10-4、表 10-5、表 10-6 和表 10-7 输入"继续教育""子女教育""大病医疗""住房贷款利息""住房租金"和"赡养老人"各表中的数据。

编辑完成的"个人所得税专项附加扣除信息表"如图 10-5 所示。

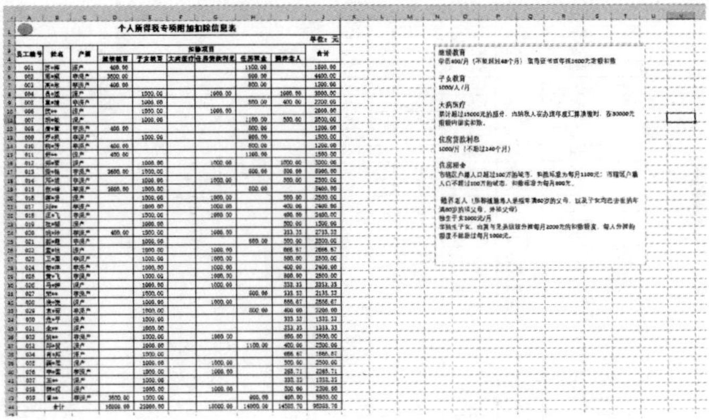

图 10-5　个人所得税专项附加扣除信息表

10.3.3　建立公司的"工龄工资表"

企业有一项工龄补贴的政策，所以需要根据"工龄工资表"计算职工的工龄情况来发放工龄补贴，其具体操作步骤如下：

（1）新建工作表。新建 Excel 工作表，双击"Sheet3"重命名为"工龄工资"。

（2）输入工龄工资表的表标题和各项工资项目。在 B1 单元格输入"工龄工资表"。在 B2 单元格中输入"单位：元"。在 B3 至 G3 单元格中分别输入"员工编号""姓名""部门""就职时间""工龄""工龄工资"，在 B43 单元格中输入"合计"。

（3）设置各工资项目的公式。员工编号、姓名和就职时间参考 10.3.2 中的步骤（3）。

在 F4 单元格输入公式"=ROUND（YEARFRAC（E4，NOW（））, 0）"。

在 G4 单元格输入公式"=IF（F4≥1，F4*100，0）"，把鼠标移到单元格右下角，等鼠标变成"+"时双击鼠标左键，实现工龄工资自动填充。

在 G43 单元格插入公式"=SUM（G4：G42）"，按 Enter 键后数据进行自动计算。

编辑完成后的"工龄工资表"如图 10-6 所示。

图 10-6　工龄工资表

10.3.4　建立公司的"绩效考核表"

"绩效考核表"是用来记录员工平时考勤状态的，企业统计员工考勤情况来计算应扣款项，其具体操作步骤如下：

（1）新建工作表。新建 Excel 工作簿，双击"Sheet4"重命名为"绩效考核"。

（2）输入绩效考核表的表标题和各项工资项目。在 A1 单元格输入"绩效考核表"。在 A2 单元格中输入"单位：元"。在 A3 至 R3 单元格中分别输入"员工编号""姓名""部门""就职时间""应上班天数""请假天数""实上班天数""迟到""早退""绩效奖金"，在 F4：H4、J4：N4、O4：Q4 单元格中分别输入"病假""事假""扣款""1～15""16～30""31～60""60 以上""合计扣款""≤20""20 以上""合计扣款"，在 A44 单元格输入"合计"。

（3）设置各工资项目的格式。

1）合并居中 A3：A4。

2）使用格式刷合并居中多个区域。选中 A3：A4，单击"开始"选项卡，双击格式刷，然后用"刷子"分别刷 B3：B4、C3：C4、D3：D4、E3：E4、I3：I4、R3：R4，再点击一次"格式刷"即可取消格式刷模式。

提示：

①只用格式刷"刷"一次时，选中区域，单击"开始"→"格式刷"。②多次使用格式刷时，选中区域，单击"开始"→双击"格式刷"。③选中区域，再单击"开始"→"格式刷"，可取消格式刷。

3）合并后居中 F3：H3、J3：N3 和 O3：Q3，选择区域 A3：R4，在"字体"功能组中设置字体为"宋体、12 号"，加粗。

4）选择区域 A1：R44，在"字体"→"边框"中选择"所有框线"。

（4）设置各工资项目的计算公式。

在 A5 单元格中输入公式"=VLOOKUP（'基本信息'！A4，'基本信息'！\$A\$4：\$D\$43，1，0）"，左键单击单元格，把鼠标移到右下角，待鼠标呈"+"后，双击鼠标左键。

在 B5 单元格中输入公式"=VLOOKUP（'基本信息'！B4，'基本信息'！\$B\$4：\$E\$43，1，0）"。

在 C5 单元格中输入公式"=VLOOKUP（'基本信息'！D4，'基本信息'！\$D\$4：\$E\$43，1，0）"。

在 D5 单元格中输入公式"=VLOOKUP（'基本信息'！E4，'基本信息'！\$E\$4：\$E\$43，1，0）"。

在 I5 单元格中输入公式"=E5-F5-G5"。

在 R5 单元格中输入公式“=300-H5-N5-Q5”。

在 F44 单元格插入的公式为“=SUM(F5：F43)”，把鼠标移到单元格右下角，等鼠标变成“+”时往右拉到 R44 单元格，公式便会自动填充。

（5）设置“绩效考核表”的格式（参考 10.3.1 中的步骤（8））。

（6）录入数据。

根据 10.2.4 中的表 10-8 录入各职工的考勤情况。

编辑后的《绩效考核表》如图 10-7 所示。

绩效考核表

单位：元

员工编号	姓名	部门	就职时间	应上班天数	请假天数			实上班天数	迟到					早退			绩效奖金
					病假	事假	扣款		1-15	16-30	31-60	60以上	合计扣款	<=20	20以上	合计扣款	
001	苏*琦	财务部	2017/5/15	22				22									300.00
002	周*枫	财务部	2018/10/8	22				22									300.00
003	蒋*琳	财务部	2018/9/19	22				22									300.00
004	吕*媛	财务部	2007/8/23	22	1			21									300.00
005	董*婧	财务部	2013/5/20	22				22									300.00
006	武**	财务部	2010/9/9	22				22									300.00
007	胡*敏	人事部	2012/7/16	22				22									300.00
008	唐*菲	人事部	2017/8/7	22				22									300.00
009	罗*帆	人事部	2015/10/9	22		1	300.00	21									
010	柳*芳	人事部	2018/8/13	22				22									300.00
011	舒**	人事部	2017/5/15	22				22									300.00
012	郑*慧	设计部	2016/6/27	22				22									300.00
013	吴*艳	设计部	2017/7/3	22				22	1				20.00				280.00
014	冯*媛	设计部	2011/6/20	22				22									300.00
015	张*峰	设计部	2018/6/25	22				22									300.00
016	蒋*贤	设计部	2009/7/5	22				22									300.00
017	刘**	设计部	2014/7/14	22				22									300.00
018	汪*飞	设计部	2011/9/19	22				22									300.00
019	杜*韬	设计部	2013/7/1	22				22									300.00
020	姚*玲	设计部	2015/6/22	22	1			21									300.00
021	郭*慧	设计部	2017/6/26	22				22									300.00
022	孟*怡	方案部	2010/9/20	22				22									300.00
023	卫*国	方案部	2014/7/7	22				22									300.00
024	姜*萍	方案部	2013/8/19	22				22									300.00
025	贾*飞	方案部	2016/7/25	22				22		1			50.00				250.00
026	马*婷	方案部	2010/7/26	22				22									300.00
027	宋**	方案部	2015/5/25	22				22									300.00
028	侯*捷	方案部	2017/4/24	22				22									300.00
029	袁*菲	方案部	2018/9/3	22				22									300.00
030	詹*平	方案部	2007/9/3	22				22									300.00
031	金**	建筑部	2007/5/28	22				22									300.00
032	姚*玲	建筑部	2016/7/4	22				22									300.00
033	周*波	建筑部	2015/6/22	22				22			1		100.00				200.00
034	丹*郑	建筑部	2012/7/2	22	3		300.00	19									
035	蒋*欣	建筑部	2010/6/7	22				22									300.00
036	李*国	建筑部	2007/9/5	22				22									300.00
037	王**	建筑部	2012/12/10	22				22									300.00
038	韩*叔	建筑部	2013/6/10	22				22									300.00
039	黄**	建筑部	2017/6/3	22				22									300.00
合计					5	1	600.00		1	1	2		170.00				10930.00

1.全勤奖励300元。
2.迟到1-15分钟扣20元，迟到15-30分钟扣50元，迟到30-60分钟扣100元，迟到60分钟以上算旷工，扣工资200元，无全勤奖
3.早退小于等于20分钟扣50元，20分钟以上扣工资200元，无全勤奖
4.一天以内的病假不扣全勤奖，2-3天扣100元，3天以上无全勤奖
5.请事假无全勤奖

图 10-7　绩效考核表

10.3.5　建立公司的“五险一金”比例表

10.3.5.1　建立公司的“五险一金”比例表样表

（1）新建工作表。新建 Excel 工作簿，双击“Sheet5”重命名为“五险一金”比例表。

（2）输入“五险一金”比例表的表标题和各工资项目。在 A1 单元格输入“五险一金比例表”。在 A2 至 M2 单元格中分别输入“养老保险”“医疗保险”“生育保险”“失业保险”“住房公积金”“工伤保险”，在 A3 至 M3 单元格中分别输入“户籍”“单位”“个人”“单位”“个人”“单位”“个人”“单位”“个人”“单位”“个人”“单位”。

（3）参照 10.3.4 的步骤（3）设置“五险一金”比例表各工资项目的格式。

（4）参照 10.3.1 的步骤（8）设置“五险一金”比例表表格整体格式。

（5）录入数据。

根据 10.2.2 中的表 10-1 中的数据录入"五险一金"的各项数据。

编辑完成的"五险一金"比例表如图 10-8 所示。

五险一金比例表										
	养老保险		医疗保险		生育保险		失业保险		住房公积金		工伤保险
户籍	单位	个人	单位	个人	单位	个人	单位	个人	单位	个人	单位
深户	13%+1%	8%	5%+0.2%	2%	0.45%	0%	1%	0.5%	10%	10%	0.78%
非深户	13%	8%									
缴费基数	最高为社平工资3倍，最低为最低工资标准		最高为社平工资3倍，最低为社平工资60%		最高为社平工资三倍，最低为社平工资60%		最低工资		最高为社平工资3倍，最低为最低工资		最高为社平工资三倍，最低为社平工资60%

图 10-8　"五险一金"比例表

10.3.5.2　定义公司"五险一金"缴费表的计算公式

"五险一金"缴费表用来记录员工缴纳各项社会保障费用，涉及的各项保险基准率都是根据国家规定再结合企业情况而定。

（1）"五险一金"缴费表的缴费计算公式。以定义苏＊梅"五险一金"缴费表的缴费计算公式为例。

1）医疗保险（含生育保险）缴纳数额＝缴费基数×（医疗保险缴费基准率+生育保险缴费基准率）

苏＊梅个人医疗保险（含生育保险）缴纳数额"＝G5＊0.02"。

2）养老保险缴纳数额＝缴费基数×养老保险缴费基准率

苏＊梅个人养老保险缴纳数额"＝G5＊0.08"。

3）工伤保险缴纳数额＝缴费基数×工伤保险缴费基准率

苏＊梅单位工伤保险缴纳数额"＝G5＊0.78/100"。

4）住房公积金缴纳数额＝缴费基数×住房公积金缴费基准率

苏＊梅个人住房公积金缴纳数额"＝G5＊0.1"。

5）失业保险缴费数额＝最低工资标准×失业保险基准率

苏＊梅个人失业保险缴费数额"＝N5＊0.005"。

6）"五险一金"缴纳合计＝医疗保险（含生育保险）缴纳数额+养老保险缴纳数额+工伤保险缴纳数额+住房公积金缴纳数额+失业保险缴费数额

苏＊梅单位"五险一金"缴纳合计"＝H5+J5+L5+O5+Q5"。

（2）创建 XYZ 公司工资管理系统的"五险一金"缴费表的具体操作：

1）新建工作表。新建 Excel 工作表，双击"Sheet6"重命名为"五险一金缴费表"。

2）输入"五险一金"缴费表的表标题和各项工资项目。单击 A1 单元格，在单元格中输入"五险一金计算表"。在 A2 单元格中输入"单位：元"。在 A3 至 S3 单元格中分别输入"员工编号""姓名""户籍""部门""就职时间""基本工资”“缴费基数”，“养老保险”“医疗保险（含生育保险）”“住房公积金”“失业保险”“工伤保险”“合计”，在 H4 至 S4 单元格中分别输入“单位”“个人”“单位”“个人”“单位”“个人”“基数”“单位”“个人”“单位”“单位”“个人”，在 A43 单元格输入“合计”。

3）设置各项工资项目的公式。员工编号、姓名、户籍、部门、就职时间、基本工资与缴费基数插入公式的操作方法参考 10. 3. 2 中的步骤（3）。

选择 C 列，在“数据”→“筛选”中筛选出“深户”，在 H5 单元格中输入公式“=G5＊0. 14”。

在“数据”→“筛选”中筛选出“非深户”，在 H6 单元格中输入公式“=G6＊0. 13”，左键单击单元格，把鼠标移到右下角，待鼠标呈“+”后，双击鼠标左键，实现自动填充。

在 I5 单元格中输入的公式参照缴费计算公式中的步骤（2）。

在 J5、K5 单元格中输入的公式参照缴费计算公式中的步骤（1）。

在 L5、M5 单元格中输入的公式参照缴费计算公式中的步骤（4）。

在 O5、P5 单元格中输入的公式参照缴费计算公式中的步骤（5）。

在 Q5 单元格中输入的公式参照缴费计算公式中的步骤（3）。

在 R5、S5 单元格中插入的公式参照缴费计算公式中的步骤（6）。

在 F44 单元格中插入的公式为“=SUM（F5：F43）”。

（3）录入数据。缴费基数和失业保险的数据根据 10. 2. 5 的表 10-9 填写。

（4）参照 10. 3. 1 中的步骤（8）设置“五险一金”缴费表的整体格式。

编辑完成后的《五险一金缴费表》如图 10-9 所示。

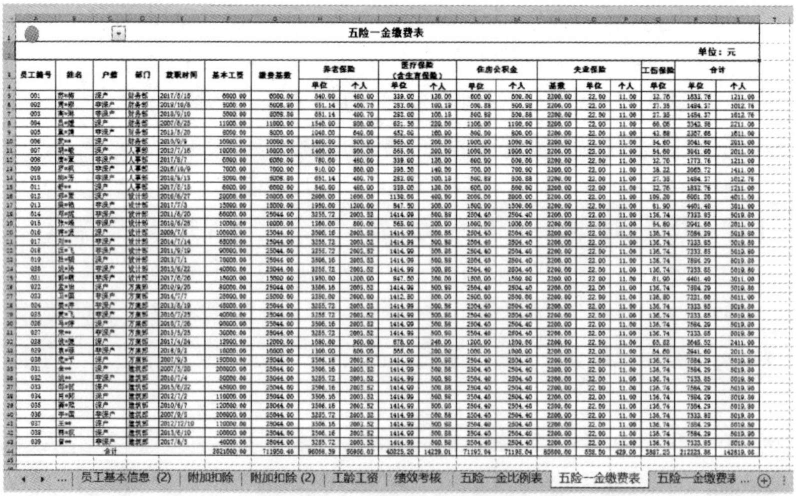

五险一金缴费表

单位：元

员工编号	姓名	户籍	部门	就职时间	基本工资	缴费基数	养老保险		医疗保险（含生育保险）		住房公积金		失业保险			工伤保险	合计	
							单位	个人	单位	个人	单位	个人	基数	单位	个人	单位	单位	个人
001	苏*梅	深户	财务部	2017/8/18	6000.00	6000.00	840.00	480.00	339.00	120.00	600.00	600.00	2200.00	22.00	11.00	32.76	1833.76	1211.00
002	周*郡	非深户	财务部	2019/10/8	5000.00	5008.80	651.14	400.70	283.00	100.18	500.88	500.88	2200.00	22.00	11.00	27.35	1484.37	1012.76
003	李*淋	非深户	财务部	2018/9/10	5000.00	5008.80	651.14	400.70	283.00	100.18	500.88	500.88	2200.00	22.00	11.00	27.35	1484.37	1012.76
004	吕*慢	深户	财务部	2007/8/25	11000.00	11000.00	1540.00	880.00	621.50	220.00	1100.00	1100.00	2200.00	22.00	11.00	60.06	3343.56	2211.00
005	夏*旗	非深户	财务部	2013/8/20	8000.00	8000.00	1040.00	640.00	452.00	160.00	800.00	800.00	2200.00	22.00	11.00	43.68	2357.68	1611.00
006	武**	深户	财务部	2010/9/9	10000.00	10000.00	1400.00	800.00	565.00	200.00	1000.00	1000.00	2200.00	22.00	11.00	54.60	3041.60	2011.00
007	胡*敏	深户	人事部	2012/7/16	10000.00	10000.00	1400.00	800.00	565.00	200.00	1000.00	1000.00	2200.00	22.00	11.00	54.60	3041.60	2011.00
008	唐*夏	非深户	人事部	2017/8/7	6000.00	6000.00	780.00	480.00	339.00	120.00	600.00	600.00	2200.00	22.00	11.00	32.76	1773.76	1211.00
009	罗*枫	非深户	人事部	2018/10/9	7000.00	7000.00	910.00	560.00	395.50	140.00	700.00	700.00	2200.00	22.00	11.00	38.22	2063.72	1411.00
010	柳*芳	非深户	人事部	2018/5/13	5000.00	5008.80	651.14	400.70	283.00	100.18	500.88	500.88	2200.00	22.00	11.00	27.35	1484.37	1012.76
011	钱**	深户	人事部	2017/8/18	6000.00	6000.00	840.00	480.00	339.00	120.00	600.00	600.00	2200.00	22.00	11.00	32.76	1833.76	1211.00
012	郑*置	深户	设计部	2016/6/27	20000.00	20000.00	2800.00	1600.00	1130.00	400.00	2000.00	2000.00	2200.00	22.00	11.00	109.20	6061.20	4011.00
013	吴*艳	非深户	设计部	2017/7/3	15000.00	15000.00	1950.00	1200.00	847.50	300.00	1500.00	1500.00	2200.00	22.00	11.00	81.90	4401.40	3011.00
014	邓*斌	非深户	设计部	2011/6/20	60000.00	25044.00	3255.72	2003.52	1414.99	500.88	2504.40	2504.40	2200.00	22.00	11.00	136.74	7333.85	5019.80
015	陈*峰	非深户	设计部	2018/6/28	10000.00	10000.00	1300.00	800.00	565.00	200.00	1000.00	1000.00	2200.00	22.00	11.00	54.60	2941.60	2011.00
016	薛*洪	深户	设计部	2009/7/6	100000.00	25044.00	3506.16	2003.52	1414.99	500.88	2504.40	2504.40	2200.00	22.00	11.00	136.74	7584.29	5019.80
017	刘**	非深户	设计部	2014/7/14	68000.00	25044.00	3255.72	2003.52	1414.99	500.88	2504.40	2504.40	2200.00	22.00	11.00	136.74	7333.85	5019.80
018	汪*飞	非深户	设计部	2011/9/19	90000.00	25044.00	3255.72	2003.52	1414.99	500.88	2504.40	2504.40	2200.00	22.00	11.00	136.74	7333.85	5019.80
019	杜*娟	深户	设计部	2013/7/1	70000.00	25044.00	3506.16	2003.52	1414.99	500.88	2504.40	2504.40	2200.00	22.00	11.00	136.74	7584.29	5019.80
020	姚*玲	非深户	设计部	2013/6/22	40000.00	25044.00	3255.72	2003.52	1414.99	500.88	2504.40	2504.40	2200.00	22.00	11.00	136.74	7333.85	5019.80
021	郭*麒	非深户	设计部	2017/6/26	15000.00	15000.00	1950.00	1200.00	847.50	300.00	1500.00	1500.00	2200.00	22.00	11.00	81.90	4401.40	3011.00
022	孟*迪	深户	万嘉部	2010/9/20	80000.00	25044.00	3506.16	2003.52	1414.99	500.88	2504.40	2504.40	2200.00	22.00	11.00	136.74	7584.29	5019.80
023	卫*国	非深户	万嘉部	2014/7/7	25000.00	25000.00	3250.00	2000.00	1412.50	500.00	2500.00	2500.00	2200.00	22.00	11.00	136.50	7221.00	5011.00
024	莫*萍	非深户	万嘉部	2011/8/19	45000.00	25044.00	3255.72	2003.52	1414.99	500.88	2504.40	2504.40	2200.00	22.00	11.00	136.74	7333.85	5019.80
025	黄*飞	非深户	万嘉部	2016/7/25	40000.00	25044.00	3255.72	2003.52	1414.99	500.88	2504.40	2504.40	2200.00	22.00	11.00	136.74	7333.85	5019.80
026	马*泽	深户	万嘉部	2018/7/26	90000.00	25044.00	3506.16	2003.52	1414.99	500.88	2504.40	2504.40	2200.00	22.00	11.00	136.74	7584.29	5019.80
027	宋**	非深户	万嘉部	2015/5/25	36000.00	25044.00	3255.72	2003.52	1414.99	500.88	2504.40	2504.40	2200.00	22.00	11.00	136.74	7333.85	5019.80
028	姚*媛	深户	万嘉部	2017/4/24	12000.00	12000.00	1680.00	960.00	678.00	240.00	1200.00	1200.00	2200.00	22.00	11.00	65.52	3645.52	2411.00
029	贵*琼	非深户	万嘉部	2018/9/3	10000.00	10000.00	1300.00	800.00	565.00	200.00	1000.00	1000.00	2200.00	22.00	11.00	54.60	2941.60	2011.00
030	虎*平	深户	万嘉部	2007/9/3	150000.00	25044.00	3506.16	2003.52	1414.99	500.88	2504.40	2504.40	2200.00	22.00	11.00	136.74	7584.29	5019.80
031	金**	深户	建筑部	2007/5/20	200000.00	25044.00	3506.16	2003.52	1414.99	500.88	2504.40	2504.40	2200.00	22.00	11.00	136.74	7584.29	5019.80
032	钱**	非深户	建筑部	2016/7/4	50000.00	25044.00	3255.72	2003.52	1414.99	500.88	2504.40	2504.40	2200.00	22.00	11.00	136.74	7333.85	5019.80
033	邵*凯	深户	建筑部	2015/6/22	45000.00	25044.00	3506.16	2003.52	1414.99	500.88	2504.40	2504.40	2200.00	22.00	11.00	136.74	7584.29	5019.80
034	肖*邦	深户	建筑部	2012/7/2	110000.00	25044.00	3506.16	2003.52	1414.99	500.88	2504.40	2504.40	2200.00	22.00	11.00	136.74	7584.29	5019.80
035	龚*宏	深户	建筑部	2010/6/7	120000.00	25044.00	3506.16	2003.52	1414.99	500.88	2504.40	2504.40	2200.00	22.00	11.00	136.74	7584.29	5019.80
036	李*国	非深户	建筑部	2007/9/5	200000.00	25044.00	3255.72	2003.52	1414.99	500.88	2504.40	2504.40	2200.00	22.00	11.00	136.74	7333.85	5019.80
037	王**	深户	建筑部	2012/12/10	110000.00	25044.00	3506.16	2003.52	1414.99	500.88	2504.40	2504.40	2200.00	22.00	11.00	136.74	7584.29	5019.80
038	韩*叔	深户	建筑部	2013/6/10	100000.00	25044.00	3506.16	2003.52	1414.99	500.88	2504.40	2504.40	2200.00	22.00	11.00	136.74	7584.29	5019.80
039	曾**	非深户	建筑部	2017/8/3	40000.00	25044.00	3255.72	2003.52	1414.99	500.88	2504.40	2504.40	2200.00	22.00	11.00	136.74	7333.85	5019.80
合计					2821000.00	711950.40	96056.39	50956.03	40225.20	14239.01	71195.04	71195.04	85800.00	858.00	429.00	3887.25	212225.86	142819.06

图 10-9 《五险一金缴费表》

完成后的"五险一金"缴费表定义的公式如图 10-10 和图 10-11 所示。

员工编号	姓名	户籍	部门	就职时间	基本工资	缴费基数	养老保险	
							单位	个人
='基本信息'!A4	='基本信息'!B4	='基本信息'!C4	='基本信息'!D4	='基本信息'!E4	='基本信息'!F4	6000	=G5*0.14	=G5*0.08
='基本信息'!A5	='基本信息'!B5	='基本信息'!C5	='基本信息'!D5	='基本信息'!E5	='基本信息'!F5	5008.8	=G6*0.13	=G6*0.08
='基本信息'!A6	='基本信息'!B6	='基本信息'!C6	='基本信息'!D6	='基本信息'!E6	='基本信息'!F6	5008.8	=G7*0.13	=G7*0.08
='基本信息'!A7	='基本信息'!B7	='基本信息'!C7	='基本信息'!D7	='基本信息'!E7	='基本信息'!F7	11000	=G8*0.14	=G8*0.08
='基本信息'!A8	='基本信息'!B8	='基本信息'!C8	='基本信息'!D8	='基本信息'!E8	='基本信息'!F8	8000	=G9*0.13	=G9*0.08
='基本信息'!A9	='基本信息'!B9	='基本信息'!C9	='基本信息'!D9	='基本信息'!E9	='基本信息'!F9	10000	=G10*0.14	=G10*0.08
='基本信息'!A10	='基本信息'!B10	='基本信息'!C10	='基本信息'!D10	='基本信息'!E10	='基本信息'!F10	10000	=G11*0.14	=G11*0.08
='基本信息'!A11	='基本信息'!B11	='基本信息'!C11	='基本信息'!D11	='基本信息'!E11	='基本信息'!F11	6000	=G12*0.13	=G12*0.08
='基本信息'!A12	='基本信息'!B12	='基本信息'!C12	='基本信息'!D12	='基本信息'!E12	='基本信息'!F12	7000	=G13*0.13	=G13*0.08
='基本信息'!A13	='基本信息'!B13	='基本信息'!C13	='基本信息'!D13	='基本信息'!E13	='基本信息'!F13	5008.8	=G14*0.13	=G14*0.08
='基本信息'!A14	='基本信息'!B14	='基本信息'!C14	='基本信息'!D14	='基本信息'!E14	='基本信息'!F14	6000	=G15*0.14	=G15*0.08
='基本信息'!A15	='基本信息'!B15	='基本信息'!C15	='基本信息'!D15	='基本信息'!E15	='基本信息'!F15	20000	=G16*0.14	=G16*0.08
='基本信息'!A16	='基本信息'!B16	='基本信息'!C16	='基本信息'!D16	='基本信息'!E16	='基本信息'!F16	15000	=G17*0.13	=G17*0.08
='基本信息'!A17	='基本信息'!B17	='基本信息'!C17	='基本信息'!D17	='基本信息'!E17	='基本信息'!F17	25044	=G18*0.13	=G18*0.08
='基本信息'!A18	='基本信息'!B18	='基本信息'!C18	='基本信息'!D18	='基本信息'!E18	='基本信息'!F18	25044	=G19*0.13	=G19*0.08
='基本信息'!A19	='基本信息'!B19	='基本信息'!C19	='基本信息'!D19	='基本信息'!E19	='基本信息'!F19	25044	=G20*0.14	=G20*0.08
='基本信息'!A20	='基本信息'!B20	='基本信息'!C20	='基本信息'!D20	='基本信息'!E20	='基本信息'!F20	25044	=G21*0.13	=G21*0.08
='基本信息'!A21	='基本信息'!B21	='基本信息'!C21	='基本信息'!D21	='基本信息'!E21	='基本信息'!F21	25044	=G22*0.14	=G22*0.08
='基本信息'!A22	='基本信息'!B22	='基本信息'!C22	='基本信息'!D22	='基本信息'!E22	='基本信息'!F22	25044	=G23*0.14	=G23*0.08
='基本信息'!A23	='基本信息'!B23	='基本信息'!C23	='基本信息'!D23	='基本信息'!E23	='基本信息'!F23	25044	=G24*0.14	=G24*0.08
='基本信息'!A24	='基本信息'!B24	='基本信息'!C24	='基本信息'!D24	='基本信息'!E24	='基本信息'!F24	15000	=G25*0.14	=G25*0.08
='基本信息'!A25	='基本信息'!B25	='基本信息'!C25	='基本信息'!D25	='基本信息'!E25	='基本信息'!F25	25044	=G26*0.14	=G26*0.08
='基本信息'!A26	='基本信息'!B26	='基本信息'!C26	='基本信息'!D26	='基本信息'!E26	='基本信息'!F26	25000	=G27*0.13	=G27*0.08
='基本信息'!A27	='基本信息'!B27	='基本信息'!C27	='基本信息'!D27	='基本信息'!E27	='基本信息'!F27	25044	=G28*0.13	=G28*0.08
='基本信息'!A28	='基本信息'!B28	='基本信息'!C28	='基本信息'!D28	='基本信息'!E28	='基本信息'!F28	25044	=G29*0.13	=G29*0.08
='基本信息'!A29	='基本信息'!B29	='基本信息'!C29	='基本信息'!D29	='基本信息'!E29	='基本信息'!F29	25044	=G30*0.14	=G30*0.08
='基本信息'!A30	='基本信息'!B30	='基本信息'!C30	='基本信息'!D30	='基本信息'!E30	='基本信息'!F30	25044	=G31*0.14	=G31*0.08
='基本信息'!A31	='基本信息'!B31	='基本信息'!C31	='基本信息'!D31	='基本信息'!E31	='基本信息'!F31	12000	=G32*0.14	=G32*0.08
='基本信息'!A32	='基本信息'!B32	='基本信息'!C32	='基本信息'!D32	='基本信息'!E32	='基本信息'!F32	10000	=G33*0.13	=G33*0.08
='基本信息'!A33	='基本信息'!B33	='基本信息'!C33	='基本信息'!D33	='基本信息'!E33	='基本信息'!F33	25044	=G34*0.14	=G34*0.08
='基本信息'!A34	='基本信息'!B34	='基本信息'!C34	='基本信息'!D34	='基本信息'!E34	='基本信息'!F34	25044	=G35*0.14	=G35*0.08
='基本信息'!A35	='基本信息'!B35	='基本信息'!C35	='基本信息'!D35	='基本信息'!E35	='基本信息'!F35	25044	=G36*0.13	=G36*0.08
='基本信息'!A36	='基本信息'!B36	='基本信息'!C36	='基本信息'!D36	='基本信息'!E36	='基本信息'!F36	25044	=G37*0.14	=G37*0.08
='基本信息'!A37	='基本信息'!B37	='基本信息'!C37	='基本信息'!D37	='基本信息'!E37	='基本信息'!F37	25044	=G38*0.14	=G38*0.08
='基本信息'!A38	='基本信息'!B38	='基本信息'!C38	='基本信息'!D38	='基本信息'!E38	='基本信息'!F38	25044	=G39*0.13	=G39*0.08
='基本信息'!A39	='基本信息'!B39	='基本信息'!C39	='基本信息'!D39	='基本信息'!E39	='基本信息'!F39	25044	=G40*0.13	=G40*0.08
='基本信息'!A40	='基本信息'!B40	='基本信息'!C40	='基本信息'!D40	='基本信息'!E40	='基本信息'!F40	25044	=G41*0.14	=G41*0.08
='基本信息'!A41	='基本信息'!B41	='基本信息'!C41	='基本信息'!D41	='基本信息'!E41	='基本信息'!F41	25044	=G42*0.14	=G42*0.08
='基本信息'!A42	='基本信息'!B42	='基本信息'!C42	='基本信息'!D42	='基本信息'!E42	='基本信息'!F42	25044	=G43*0.14	=G43*0.08
		合计			=SUM(F5:F43)	=SUM(G5:G43)	=SUM(H5:H43)	=SUM(I5:I43)

图 10-10　"五险一金"缴费表公式定义图（左）

10.3.6　建立公司"个人所得税税率表"

（1）新建工作表。新建 Excel 工作簿，双击"Sheet7"重命名为"个人所得税税率表"。

（2）录入"个人所得税税率表"的表标题和各项明细项目。在 B1 单元格输入"个人所得税税率表"。在 B2 单元格输入"免征额：5000"，合并后居中 B2：F2，在 B3：F3 单元格分别输入"级数""应纳税所得额下限""应纳税所得额上限""税率""速算扣除数"。

（3）录入"个人所得税税率表"数据。根据 10.2.6 的表 10-10 信息填写内容。

一金缴费表

单位：元

| 医疗保险（含生育保险） | | 住房公积金 | | 失业保险 | | | 工伤保险 | 合计 | |
单位	个人	单位	个人	基数	单位	个人	单位	单位	个人
=G5*(5.65/100)	=G5*0.02	=G5*0.1	=G5*0.1	2200	=N5*0.01	=N5*0.005	=G5*0.78/100*0.7	=H5+J5+L5+O5+Q5	=I5+K5+M5+P5
=G6*(5.65/100)	=G6*0.02	=G6*0.1	=G6*0.1	2200	=N6*0.01	=N6*0.005	=G6*0.78/100*0.7	=H6+J6+L6+O6+Q6	=I6+K6+M6+P6
=G7*(5.65/100)	=G7*0.02	=G7*0.1	=G7*0.1	2200	=N7*0.01	=N7*0.005	=G7*0.78/100*0.7	=H7+J7+L7+O7+Q7	=I7+K7+M7+P7
=G8*(5.65/100)	=G8*0.02	=G8*0.1	=G8*0.1	2200	=N8*0.01	=N8*0.005	=G8*0.78/100*0.7	=H8+J8+L8+O8+Q8	=I8+K8+M8+P8
=G9*(5.65/100)	=G9*0.02	=G9*0.1	=G9*0.1	2200	=N9*0.01	=N9*0.005	=G9*0.78/100*0.7	=H9+J9+L9+O9+Q9	=I9+K9+M9+P9
=G10*(5.65/100)	=G10*0.02	=G10*0.1	=G10*0.1	2200	=N10*0.01	=N10*0.005	=G10*0.78/100*0.7	=H10+J10+L10+O10+Q10	=I10+K10+M10+P10
=G11*(5.65/100)	=G11*0.02	=G11*0.1	=G11*0.1	2200	=N11*0.01	=N11*0.005	=G11*0.78/100*0.7	=H11+J11+L11+O11+Q11	=I11+K11+M11+P11
=G12*(5.65/100)	=G12*0.02	=G12*0.1	=G12*0.1	2200	=N12*0.01	=N12*0.005	=G12*0.78/100*0.7	=H12+J12+L12+O12+Q12	=I12+K12+M12+P12
=G13*(5.65/100)	=G13*0.02	=G13*0.1	=G13*0.1	2200	=N13*0.01	=N13*0.005	=G13*0.78/100*0.7	=H13+J13+L13+O13+Q13	=I13+K13+M13+P13
=G14*(5.65/100)	=G14*0.02	=G14*0.1	=G14*0.1	2200	=N14*0.01	=N14*0.005	=G14*0.78/100*0.7	=H14+J14+L14+O14+Q14	=I14+K14+M14+P14
=G15*(5.65/100)	=G15*0.02	=G15*0.1	=G15*0.1	2200	=N15*0.01	=N15*0.005	=G15*0.78/100*0.7	=H15+J15+L15+O15+Q15	=I15+K15+M15+P15
=G16*(5.65/100)	=G16*0.02	=G16*0.1	=G16*0.1	2200	=N16*0.01	=N16*0.005	=G16*0.78/100*0.7	=H16+J16+L16+O16+Q16	=I16+K16+M16+P16
=G17*(5.65/100)	=G17*0.02	=G17*0.1	=G17*0.1	2200	=N17*0.01	=N17*0.005	=G17*0.78/100*0.7	=H17+J17+L17+O17+Q17	=I17+K17+M17+P17
=G18*(5.65/100)	=G18*0.02	=G18*0.1	=G18*0.1	2200	=N18*0.01	=N18*0.005	=G18*0.78/100*0.7	=H18+J18+L18+O18+Q18	=I18+K18+M18+P18
=G19*(5.65/100)	=G19*0.02	=G19*0.1	=G19*0.1	2200	=N19*0.01	=N19*0.005	=G19*0.78/100*0.7	=H19+J19+L19+O19+Q19	=I19+K19+M19+P19
=G20*(5.65/100)	=G20*0.02	=G20*0.1	=G20*0.1	2200	=N20*0.01	=N20*0.005	=G20*0.78/100*0.7	=H20+J20+L20+O20+Q20	=I20+K20+M20+P20
=G21*(5.65/100)	=G21*0.02	=G21*0.1	=G21*0.1	2200	=N21*0.01	=N21*0.005	=G21*0.78/100*0.7	=H21+J21+L21+O21+Q21	=I21+K21+M21+P21
=G22*(5.65/100)	=G22*0.02	=G22*0.1	=G22*0.1	2200	=N22*0.01	=N22*0.005	=G22*0.78/100*0.7	=H22+J22+L22+O22+Q22	=I22+K22+M22+P22
=G23*(5.65/100)	=G23*0.02	=G23*0.1	=G23*0.1	2200	=N23*0.01	=N23*0.005	=G23*0.78/100*0.7	=H23+J23+L23+O23+Q23	=I23+K23+M23+P23
=G24*(5.65/100)	=G24*0.02	=G24*0.1	=G24*0.1	2200	=N24*0.01	=N24*0.005	=G24*0.78/100*0.7	=H24+J24+L24+O24+Q24	=I24+K24+M24+P24
=G25*(5.65/100)	=G25*0.02	=G25*0.1	=G25*0.1	2200	=N25*0.01	=N25*0.005	=G25*0.78/100*0.7	=H25+J25+L25+O25+Q25	=I25+K25+M25+P25
=G26*(5.65/100)	=G26*0.02	=G26*0.1	=G26*0.1	2200	=N26*0.01	=N26*0.005	=G26*0.78/100*0.7	=H26+J26+L26+O26+Q26	=I26+K26+M26+P26
=G27*(5.65/100)	=G27*0.02	=G27*0.1	=G27*0.1	2200	=N27*0.01	=N27*0.005	=G27*0.78/100*0.7	=H27+J27+L27+O27+Q27	=I27+K27+M27+P27
=G28*(5.65/100)	=G28*0.02	=G28*0.1	=G28*0.1	2200	=N28*0.01	=N28*0.005	=G28*0.78/100*0.7	=H28+J28+L28+O28+Q28	=I28+K28+M28+P28
=G29*(5.65/100)	=G29*0.02	=G29*0.1	=G29*0.1	2200	=N29*0.01	=N29*0.005	=G29*0.78/100*0.7	=H29+J29+L29+O29+Q29	=I29+K29+M29+P29
=G30*(5.65/100)	=G30*0.02	=G30*0.1	=G30*0.1	2200	=N30*0.01	=N30*0.005	=G30*0.78/100*0.7	=H30+J30+L30+O30+Q30	=I30+K30+M30+P30
=G31*(5.65/100)	=G31*0.02	=G31*0.1	=G31*0.1	2200	=N31*0.01	=N31*0.005	=G31*0.78/100*0.7	=H31+J31+L31+O31+Q31	=I31+K31+M31+P31
=G32*(5.65/100)	=G32*0.02	=G32*0.1	=G32*0.1	2200	=N32*0.01	=N32*0.005	=G32*0.78/100*0.7	=H32+J32+L32+O32+Q32	=I32+K32+M32+P32
=G33*(5.65/100)	=G33*0.02	=G33*0.1	=G33*0.1	2200	=N33*0.01	=N33*0.005	=G33*0.78/100*0.7	=H33+J33+L33+O33+Q33	=I33+K33+M33+P33
=G34*(5.65/100)	=G34*0.02	=G34*0.1	=G34*0.1	2200	=N34*0.01	=N34*0.005	=G34*0.78/100*0.7	=H34+J34+L34+O34+Q34	=I34+K34+M34+P34
=G35*(5.65/100)	=G35*0.02	=G35*0.1	=G35*0.1	2200	=N35*0.01	=N35*0.005	=G35*0.78/100*0.7	=H35+J35+L35+O35+Q35	=I35+K35+M35+P35
=G36*(5.65/100)	=G36*0.02	=G36*0.1	=G36*0.1	2200	=N36*0.01	=N36*0.005	=G36*0.78/100*0.7	=H36+J36+L36+O36+Q36	=I36+K36+M36+P36
=G37*(5.65/100)	=G37*0.02	=G37*0.1	=G37*0.1	2200	=N37*0.01	=N37*0.005	=G37*0.78/100*0.7	=H37+J37+L37+O37+Q37	=I37+K37+M37+P37
=G38*(5.65/100)	=G38*0.02	=G38*0.1	=G38*0.1	2200	=N38*0.01	=N38*0.005	=G38*0.78/100*0.7	=H38+J38+L38+O38+Q38	=I38+K38+M38+P38
=G39*(5.65/100)	=G39*0.02	=G39*0.1	=G39*0.1	2200	=N39*0.01	=N39*0.005	=G39*0.78/100*0.7	=H39+J39+L39+O39+Q39	=I39+K39+M39+P39
=G40*(5.65/100)	=G40*0.02	=G40*0.1	=G40*0.1	2200	=N40*0.01	=N40*0.005	=G40*0.78/100*0.7	=H40+J40+L40+O40+Q40	=I40+K40+M40+P40
=G41*(5.65/100)	=G41*0.02	=G41*0.1	=G41*0.1	2200	=N41*0.01	=N41*0.005	=G41*0.78/100*0.7	=H41+J41+L41+O41+Q41	=I41+K41+M41+P41
=G42*(5.65/100)	=G42*0.02	=G42*0.1	=G42*0.1	2200	=N42*0.01	=N42*0.005	=G42*0.78/100*0.7	=H42+J42+L42+O42+Q42	=I42+K42+M42+P42
=G43*(5.65/100)	=G43*0.02	=G43*0.1	=G43*0.1	2200	=N43*0.01	=N43*0.005	=G43*0.78/100*0.7	=H43+J43+L43+O43+Q43	=I43+K43+M43+P43
=SUM(J5:J43)	=SUM(K5:K43)	=SUM(L5:L43)	=SUM(M5:M43)	=SUM(N5:N43)	=SUM(O5:O43)	=SUM(P5:P43)	=SUM(Q5:Q43)	=SUM(R5:R43)	=SUM(S5:S43)

图 10-11 "五险一金"缴费表公式定义图（右）

（4）参照 10.3.1 中的步骤（8）设置"个人所得税税率表"整体格式。编辑完成后的"个人所得税税率表"如图 10-12 所示。

个人所得税税率表

免征额：5000

级数	应纳税所得额下限	应纳税所得额上限	税率	速算扣除数
1	0.00	36000.00	3%	0.00
2	36000.00	144000.00	10%	2520.00
3	144000.00	300000.00	20%	16920.00
4	300000.00	420000.00	25%	31920.00
5	420000.00	660000.00	30%	52920.00
6	660000.00	960000.00	35%	85920.00
7	960000.00		45%	181920.00

图 10-12 个人所得税税率表

10.3.7　建立公司个人所得税抵扣表

个人所得税计算表是记录员工缴纳的个税，其计算是工资核算的重要组成部分，在制作个税计算模型时会涉及很多函数的引用。

（1）代扣个人所得税的计算公式。以计算武＊＊代扣的个人所得税的计算公式为例。

1）"全月应纳税所得额＝应发工资－'五险一金'－附加扣除数－5000"

武＊＊全月应纳税所得额"＝IF（（F9－五险一金缴费表！S10－附加扣除！J10－5000）<0，0，F9－五险一金缴费表！S10－附加扣除！J10－5000）"。

2）"应缴纳个人所得税＝全月应纳税所得额×税率－速算扣除数"

武＊＊应缴纳个人所得税"＝G9＊H9－I9"。

（2）创建 XYZ 公司工资管理系统的个人所得税抵扣表具体操作：

1）新建工作表。新建 Excel 工作簿，双击"Sheet8"重命名为"个人所得税抵扣表"。

2）输入个人所得税抵扣表的表标题和各项工资项目。在 B1 单元格输入"个人所得税抵扣表"。在 B2 单元格中输入"单位：元"。在 B3：J3 单元格分别输入"员工编号""姓名""部门""就职时间""应发工资""应纳税所得额""适用税率""速算扣除数""应交个人所得税"，在 A43 单元格输入"合计"。

3）设置员工编号、姓名、部门和就职时间的公式。员工编号、姓名、部门和就职时间公式操作参考 10.3.2 中的步骤（3）。

4）设置应发工资的公式。在 F4 单元格中输入公式"＝'基本信息'！F4+'基本信息'！G4+'工龄'！G4+'绩效考核'！R5"，单击左键单元格，把鼠标移到右下角，待鼠标呈"+"后，双击鼠标左键，实现应发工资的自动填充。

5）设置应纳所得税额的公式。在 G4 单元格中输入的公式参照个人所得税计算公式中的步骤（1），单击左键单元格，把鼠标移到右下角，待鼠标呈"+"后，双击鼠标左键，实现应发工资的自动填充。

6）设置适用税率的公式。在 H4 单元格中输入公式："＝IF（G4≤36000，3%，IF（G4≤144000，10%，IF（G4≤300000，20%，IF（G4≤420000，25%，IF（G4≤660000，30%，IF（G4≤960000，35%，45%）))))))"，左键单击单元格，把鼠标移到右下角，待鼠标呈"+"后，双击鼠标左键，实现适用税率的自动填充。

7）设置速算扣除数的公式。在 I4 单元格中要插入的公式为："＝IF（H4＝3%，0，IF（H4＝10%，2520，IF（H4＝20%，16920，IF（H4＝25%，31920，IF

（H4=30%，52920，IF（H4=35%，85920，181920）））））））"，单击左键单元格，把鼠标移到右下角，待鼠标呈"+"后，双击鼠标左键，实现速算扣除数的自动填充。

8）设置应交个人所得税和合计的公式。在J4单元格中要插入的公式参考计算个人所得税公式中的步骤（2）。

在F43单元格插入的公式为"=SUM（F4：F42）"，把鼠标移到单元格右下角，等鼠标变成"+"时往右拉到J43单元格，公式便会自动填充。

（3）参照10.3.1中的步骤（8）设置表格的整体格式。

编辑完成后的"个人所得税抵扣表"如图10-13所示。

图 10-13 个人所得税抵扣表

10.3.8 创建公司的工资汇总表

职工工资汇总表由职工的基本信息表、工龄工资表、绩效考核表、个人所得税抵扣表和"五险一金"缴费表的表中数据组合而成。

（1）工资汇总表各项工资项目的计算公式。以定义苏*梅各项工资项目的计算公式为例。

1）应发工资小计。

苏*梅应发工资小计"=F6+G6+H6+I6"。

2）扣款合计。

扣款合计="五险一金"缴纳合计+应缴纳个人所得税

苏*梅单位扣款合计"=L6+N6+P6+S6"

3）实发工资的计算。

实发工资=应发工资-扣款合计

苏＊梅实发工资"=J6-U6-'个人所得税抵扣表'！J4"

（2）创建 XYZ 公司工资管理系统的工资汇总表具体操作步骤如下：

1）新建工作表。新建 Excel 工作表，双击"Sheet9"重命名为"工资总表"。

2）输入工资汇总表的表标题和各项工资项目。在 A1 单元格中输入"XYZ 公司 2019 年 4 月工资汇总表"。

在 A2 单元格中输入"单位：元"。

在 A3 至 V3 单元格中分别输入"员工编号""姓名""户籍""部门""就职时间""应发工资""应扣款项""代扣款项""小计""实发工资"。

在 F4 至 T4 单元格中分别输入"基本工资""餐补""绩效""工龄工资""小计""养老保险""医疗保险（含生育保险）""失业保险""工伤保险""住房公积金"。

在 K5 至 S5 单元格还有 U5：V5 单元格中分别输入"单位""个人""单位""个人""单位""个人""单位""单位""个人""单位""个人"，在 A45 单元格输入"合计"。

3）设置员工编号、姓名、户籍和就职时间的公式。员工编号、姓名、户籍、部门和就职时间的公式编辑参考 10.3.2 中的步骤（3）。

4）设置应发工资各项公式。在 F6 单元格中输入公式"=VLOOKUP（'基本信息'！F4，'基本信息'！$F$4：$G$43，1，0）"

在 G6 单元格中输入公式"='基本信息'！G4"。在 H6 单元格中输入公式"='绩效考核'！R5"。

在 I6 单元格中输入公式"='工龄'！G4"。

在 J6 单元格中输入的公式参照 10.3.7 的步骤（2）。

5）设置应扣款项和代扣款项的各项公式。

在 K6 单元格中输入公式"=五险一金缴费表！H5"。

在 L6 单元格中输入公式"=五险一金缴费表！I5"。

在 M6 单元格中输入公式"=五险一金缴费表！J5"。

在 N6 单元格中输入公式"=五险一金缴费表！K5"。

在 O6 单元格中输入公式"=五险一金缴费表！O5"。

在 P6 单元格中输入公式"=五险一金缴费表！P5"。

在 Q6 单元格中输入公式"=五险一金缴费表！Q5"。

在 R6 单元格中输入公式"=五险一金缴费表！L5"。

在 S6 单元格中输入公式"＝五险一金缴费表！M5"。

6）设置小计、合计和实发工资的公式。

在 T6、U6 单元格中输入的公式参照 10.3.8 的步骤（1）。

在 V6 单元格中输入的公式参照 10.3.8 的步骤（1）。

在 F45 单元格中插入的公式为"＝SUM（F6：F44）"，把鼠标移到单元格右下角，等鼠标变成"＋"时往右拖到 V45 单元格，公式便会自动填充。

"工资总表"定义的公式分成左边、中间、右边三部分截图，如图 10-14 至图 10-16 所示。

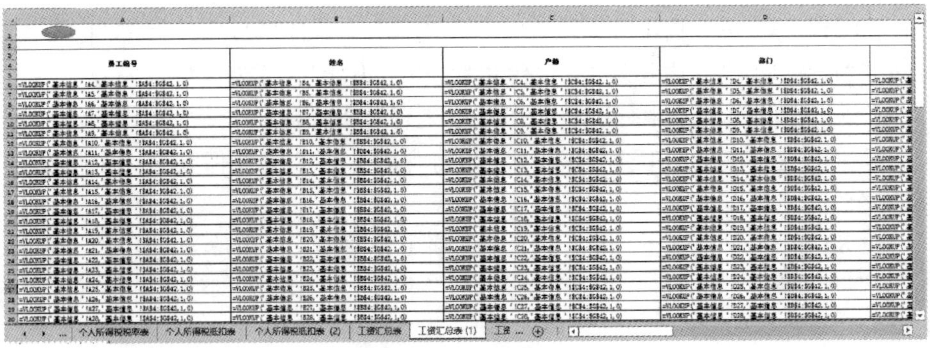

图 10-14 工资汇总表定义公式图（左）

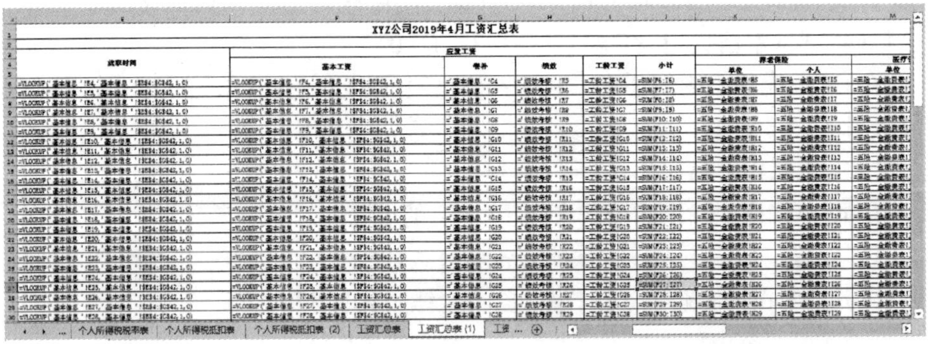

图 10-15 工资汇总表定义公式图（中）

7）设置"工资汇总表"的整体格式。

编辑完成后的"工资汇总表"如图 10-17 所示。

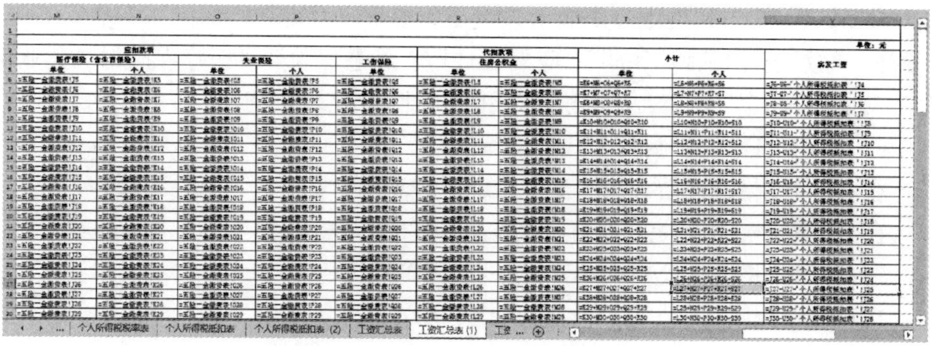

图 10-16　工资汇总表定义公式图（右）

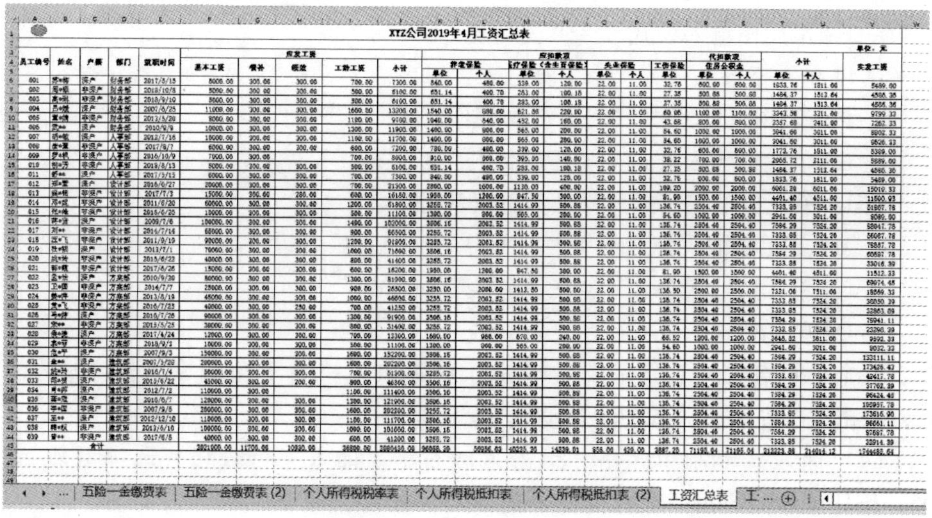

图 10-17　工资汇总表（部分）

10.3.9　创建和打印员工工资条

10.3.9.1　创建工资条

"'工资条'是发放给企业员工的工资清单，其中要求职工的每一项目工资数据都清晰记录，包括工资各个组成部分的数值。"以下阐述的工资条制作方法仅限于员工较少的小微企业，这种方法生成工资条的具体步骤如下：

（1）新建工作表。新建 Excel 工作表，双击"Sheet11"重命名为"工资条"。

（2）输入工资条的表标题和各工资项目。在 A2 单元格中输入"工资条"。

在 A3 至 O3 单元格中分别输入"员工编号""姓名""部门""基本工资""餐补""绩效""工龄工资""应发合计""养老保险""医疗保险""失业保险""住房公积金""个人所得税""扣款合计""实发工资"。

（3）设置各工资项目的公式。

在 A4 单元格输入公式"＝工资总表！\$A6"。

在 B4 单元格输入公式"＝工资总表！\$B6"。

在 C4 单元格输入公式"＝工资总表！\$D6"。

在 D4 单元格输入公式"＝工资总表！\$F6"。

在 E4 单元格输入公式"＝工资总表！\$G6"。

在 F4 单元格输入公式"＝工资总表！\$H6"。

在 G4 单元格输入公式"＝工资总表！\$I6"。

在 H4 单元格输入公式"＝工资总表！\$J6"。

在 I4 单元格输入公式"＝工资总表！\$L6"。

在 J4 单元格输入公式"＝工资总表！\$N6"。

在 K4 单元格输入公式"＝工资总表！\$P6"。

在 L4 单元格输入公式"＝工资总表！\$S6"。

在 M4 单元格输入公式"＝个人所得税抵扣表！\$J4"。

在 N4 单元格输入公式"＝工资总表！U6+M4"。

在 O4 单元格输入公式"＝工资总表（3）！\$V6"。

每个单元格输入工资完成后把鼠标移到单元格右下角，等鼠标变成"＋"时，双击鼠标左键，公式便会自动填充。

（4）插入式复制单元格。单击鼠标右键，插入一行表格，选择区域 A3：O5，按住"Ctrl+Shift"组合键往下拖 1 行后松开，即完成了一次复制，进行 38 次复制后删掉最后行。然后选择区域 A2：O118，在"字体"功能组中选择"边框—所有框线"。

（5）设置表格整体基本格式。编辑后部分工资条如图 10-18 所示。

10.3.9.2　打印工资条

工资条制作完成后，就可以将其打印出来，发放到每个员工的手中，在领工资时员工需要核实并签字。在打印工资条前，可以利用 Excel 的"打印"功能查看"打印预览"并使用右下角的调节按钮和打印设置选项调整工资条的打印比例，如图 10-19 所示。

10.3.10　创建公司的工资查询表

工资查询表的创建是为了方便地查到某位员工工资的各项明细，为解答对自已工资有疑问的员工提供便利。其主要操作步骤如下：

员工编号	姓名	部门	基本工资	餐补	绩效	工龄工资	应发合计	养老保险	医疗保险	失业保险	住房公积金	个人所得税	扣款合计	实发工资
						工资条								
001	苏*梅	财务部	6000.00	300.00	300.00	700.00	7300.00	480.00	120.00	11.00	600.00	0.00	1211.00	5489.00
员工编号	姓名	部门	基本工资	餐补	绩效	工龄工资	应发工资	养老保险	医疗保险	失业保险	住房公积金	个人所得税	扣款合计	实发工资
002	周*颖	财务部	5000.00	300.00	300.00	500.00	6100.00	400.70	100.18	11.00	500.88	0.00	1012.76	4586.36
员工编号	姓名	部门	基本工资	餐补	绩效	工龄工资	应发工资	养老保险	医疗保险	失业保险	住房公积金	个人所得税	扣款合计	实发工资
003	高*琳	财务部	5000.00	300.00	300.00	500.00	6100.00	400.70	100.18	11.00	500.88	0.00	1012.76	4586.36
员工编号	姓名	部门	基本工资	餐补	绩效	工龄工资	应发工资	养老保险	医疗保险	失业保险	住房公积金	个人所得税	扣款合计	实发工资
004	尚*媛	财务部	11000.00	300.00	300.00	1600.00	13200.00	880.00	220.00	11.00	1100.00	89.67	2300.67	9799.33
员工编号	姓名	部门	基本工资	餐补	绩效	工龄工资	应发工资	养老保险	医疗保险	失业保险	住房公积金	个人所得税	扣款合计	实发工资
005	董*婧	财务部	8000.00	300.00	300.00	1100.00	9700.00	640.00	160.00	11.00	800.00	26.67	1637.67	7262.33

图 10-18　部分工资条

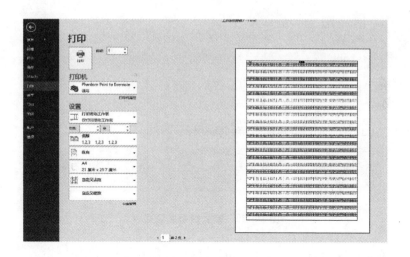

图 10-19　打印预览工资条

（1）新建工作表。新建 Excel 工作表，双击"Sheet10"重命名为"工资查询"。

（2）输入工资查询表的表标题和明细项目。在 B1 单元格中输入"工资查询"。

在 B2 至 B16 单元格中分别输入"员工编号""职工姓名""所属部门""基本工资""餐补""绩效""工龄工资""应发合计""养老保险""医疗保险"

"失业保险""住房公积金""代扣个税""代扣合计""实发工资"。

（3）给基本信息表命名。把基本信息表中的 A4：A43 区域命名为"zgbh"。

（4）为对应单元格设置数据有效性的控制。单击 C2 单元格，在"数据工具"功能组中选择"数据验证"→"数据验证"命令，打开"数据验证"对话框，转到"设置"选项卡，在"允许"列表中选择"序列"，在来源中输入"zgbh"，如图 10-20 所示。

图 10-20　输入数据验证条件

（5）为各工资项目设置公式。在 C4 单元格中插入的公式为：

"=VLOOKUP（$C $2，工资汇总表! $A $6：$V $44，4，FALSE）"

设置公式完成后左键单击单元格，把鼠标移到右下角，待鼠标呈"+"后，双击鼠标左键，实现数据的自动填充。

C5 至 C13 单元格插入的公式参考 C4 单元格的操作。

（6）为表格设置整体的基本格式。

编辑后如图 10-21 所示。

	A	B	C	D
1		工资查询		
2		员工编号	013	
3		职工姓名：	梁*铭	
4		所属部门：	非深户	
5		基本工资：	15000.00	
6		餐补	300.00	
7		绩效	280.00	
8		工龄工资	600.00	
9		应发合计：	16180.00	
10		养老保险：	1200.00	
11		医疗保险：	300.00	
12		失业保险：	11.00	
13		住房公积金：	1500.00	
14		代扣个税：	68.07	
15		代扣合计	3079.07	
16		实发金额：	11600.93	
17				
18				

图 10-21　工资查询图

10.4　XYZ 公司工资管理系统的测试与分析

10.4.1　工资管理系统的试用

10.4.1.1　查找工作表

主要步骤：

（1）打开工资管理系统工作簿。

（2）单击各工作表标签，查看各个工作表。例如，想查看"工资汇总表"，但是工作表标签界面无法把所有表格标签都展示出来，所以需要单击工作表左下方的按钮　，出现"工资汇总表"的标签后单击此标签即可。

10.4.1.2　录入修改基础数据，观察实发工资的变化

主要步骤：

（1）打开员工基本信息表，随意更换员工基本信息数据。同理，也可以改变其他基础工作表中的数据。例如把武＊＊的基本工资数据修改为"15000 元"，

把刘＊＊的就职时间改为"2002年4月23日"。

（2）单击工资汇总表标签，查看工资汇总表中关于武＊＊和刘＊＊的各项数据的变化。发现武＊＊的基本工资改变后，后续的整体数据都随之改变，而刘＊＊因为就职时间的变化导致工龄工资的变化。从而引起应发合计增加，各项应扣款项和代扣款项都增加了，实发工资也发生了变化（增加）。

10.4.2　工资管理系统运行时出现的不足

（1）工资管理系统表格切换不方便。工资管理系统在试运行阶段时发现，对于目前设计的工资管理系统来说，还存在着很多问题，工资管理系统内含很多表格，但是无法一次性查看具体的内容，这个问题与设计工资管理系统的初衷不一致，设计工资管理系统是为了让使用者操作简单和提高工作效率，因此，这个工资管理系统还缺少一个封面目录，为了更好地把各个表格和封面目录联系起来，还应该在目录上设置超链接进行衔接。

（2）工资管理系统安全性不足。在一个企业中，工资的多少意味着个人能力的高低，由于自尊心的作祟，任何人都不想被他人知道自己在公司所获得的工资报酬，现阶段的工资管理系统在安全防护上还存在着很多不足，在设计实施过程中没有为工资管理系统设置任何安全防护措施，这样的失误会导致员工工资在核算的某些阶段被居心不良之人更改，造成员工工资核算错误。由于工资管理系统在打开过程中没有密码的保护，外人就可以在财务人员不知情的情况下打开工资管理系统查看他人工资，造成工资信息泄露。

（3）工资管理系统有些表格过于零散。工资管理系统内含多个表格，有些表格的内容有很多共同点和前后关联的地方，为了简化表格，可以把有前后关联的两个表格纳入一个表格之中。例如在工资总表中，计算实发金额时需要减去应扣款项和代扣款项，然而待抵扣的个人所得税却单独列示在个人所得税计算表中时，在计算实发金额时还需要进行跨表取数，这样的操作相对于在同一个表格中取数来说，是很麻烦的一件事情，因此，可以把个人所得税这一项数据也纳入工资总表，为实发金额的计算提供了便利。

（4）工资系统有些表格格式不规范。为表格设置整体格式时，所有单元格的对齐方式都选择居中，但是单元格中的内容字数和数值不尽相同，并且有些表格是为了统计数据而设计的，有些员工因为不满足要求导致表格对应单元格出现很多零值，这样的格式设置让人看上去显得表格杂乱无章。

（5）没有进行部门基本工资结构分析。一个企业会设置很多不同的部门，不同的部门分配不同的任务，各个部门员工的基本工资标准因为任务的不同而不同，企业部门的基本工资所占总工资的比重可以反映出该部门在企业中的重要程度，负责为公司创造营业收入的部门各个员工工资会比其他部门各员工工资高，制作部门基本工资结构表分析会更直观地让人看出这一点。

10.4.3 完善 XYZ 公司工资管理系统的对策

10.4.3.1 制作工资系统封面（功能菜单）

在试运行阶段时发现工资管理系统因为缺少目录，在使用上增加了很多不必要的麻烦，为了解决这个问题，可以为工资系统设计一个目录。具体操作步骤如下：

（1）打开 Excel，在"文件"→"选项"→"高级"中取消网格线。

（2）转到"页面布局"→"纸张大小"中选择"A3"，在"插入"→"形状"→"矩形"中选择"矩形"。

（3）在 A3 虚线框中画出矩形并拖至覆盖全屏。

（4）在"绘图工具"中选择图形填充颜色为"细微效果金色--颜色强调4"，选择"轮廓"为"无轮廓"，鼠标在图形上单击右键，选择"置于底层"选项。

（5）点击"插入"→"形状"→"基本形状"中选择"立方体"，在上一个矩形里画出图形，并复制粘贴两次，得出三个立方体，堆积在矩形右下角。

（6）在"绘图工具"中选择第一个图形颜色为"半透明—蓝色--颜色强调1"，第二个图形颜色为"半透明—橙色--颜色强调2"，第三个图形颜色为"半透明—金色--颜色强调4"。

（7）在"插入"选项卡中选择"艺术字（填充-白色，轮廓-着色2，清晰阴影-着色2）"，输入"XYZ 公司工资管理系统"，把字体摆在矩形最上方正中位置，选择字体"华文楷体"，字号"48"。

（8）在"插入"→"形状"中选择"圆角矩形"，在"格式"中设置"形状填充"为"浅橙色"，设置"轮廓填充"为"蓝色"，复制出 10 个相同形状的图形，依次录入"基本信息""附加扣除""工龄工资""绩效考核""五险一金比例表""五险一金计算表""个人所得税税率表""个人所得税抵扣表""工资总表""工资查询表""工资条"，然后依次叠加。

（9）在封面标题右下方插入文本框，输入"作者：×××，时间：2019 年 5 月"，在"插入"→"形状"中选择"圆角矩形"，在"格式"中设置"形状填充"为"金色-个性色-淡色60%"，设置"轮廓填充"为"绿色"。

（10）设置步骤（8）和步骤（9）中的字体为"华文楷体"，字号为"12"。

（11）右键单击"基本信息表"选择"超链接"，在弹出的页面中选择"本文档中的位置-基本信息表"，在"基本信息表"这一工作表的 G1 单元格中插入"圆形"，单击右键该形状选择"超链接"，在弹出的页面中选择"本文档中的位置-封面"。

（12）同理可建立"附加扣除""工龄工资""绩效考核""五险一金比例表""五险一金缴费表""个人所得税税率表""个人所得税抵扣表""工资汇总表""工资查询""工资条"与相对应工作表的超链接。

编辑完成后的"封面"如图10-22所示。

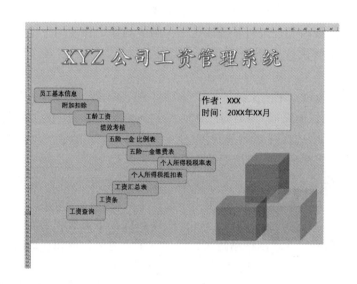

图10-22　工资管理系统封面图

说明：

工资管理系统封面可以根据个人的喜好自行设计制作，只要反映出系统名称、版本、各菜单项、作者信息、制作日期即可。

10.4.3.2　提高工资管理系统安全性

工资管理系统的安全性是财务人员首要关注的重点，现阶段设计的工资管理系统还缺乏安全性，为解决这个问题，我们可设置密码保护，其设置步骤如下所示：

（1）为工资管理系统设置密码。打开工资管理系统的 Excel 文件，单击"文件—信息—保护工作簿—用密码加密"，输入工作簿密码，点击"确定"。为保证密码的准确性，系统会再次要求输入密码，两次密码输入一致后为工作簿设置密码保护操作成功。

（2）为需要保护的工作表加密。操作方法：打开工资管理系统文件，选中需要保护的工作表，单击"审阅"→"保护工作表"，输入密码2次并确定，即可将选中工作表保护起来。

10.4.3.3　将零散的项目按类汇总到一栏中

在工资管理系统试运行阶段发现代抵扣的个人所得税是单独列示的，为实发金额的计算增添了很多麻烦，为了解决这个问题，把个人所得税抵扣表中的个人所得税这一栏数据汇总到工资汇总表的待抵扣项目中。具体操作步骤如下：

（1）插入一列单元格并输入明细项目。选择 T 列，右键单击然后选择“插入”，在 T3 单元格输入“个人所得税”。

（2）设置单元格格式。选择 T4：T5 区域，在“开始”/“对齐方式”/“合并后居中”，单击“数字”/“数值（2 位小数）”，选择 T6：T45 区域，设置对齐方式为“合并后居中”。

（3）设置单元格公式。在 T6 单元格输入公式“='个人所得税抵扣表'!J4”，左键单击单元格，把鼠标移到右下角，待鼠标呈“+”后，双击鼠标左键，实现数据的自动填充。

编辑完成后，包含代扣个人所得税的工资汇总表（部分），如图 10-23 所示。

XYZ公司20XX年4月工资汇总表

单位：元

员工编号	姓名	户籍	部门	就职时间	应发工资					应扣款项							代扣款项			小计		实发工资
					基本工资	餐补	绩效	工龄工资	小计	养老保险		医疗保险（含生育保险）		失业保险		工伤保险	住房公积金		个人所得税			
										单位	个人	单位	个人	单位	个人	单位	单位	个人		单位	个人	
001	苏*梅	深户	财务部	2017/5/15	6000.00	300.00	300.00	700.00	7300.00	840.00	480.00	339.00	120.00	22.00	11.00	32.76	600.00	600.00		1833.76	1211.00	6089.00
002	周*颖	非深户	财务部	2018/10/8	5000.00	300.00	300.00	500.00	6100.00	651.14	400.70	283.00	100.18	22.00	11.00	27.35	500.88	500.88		1484.37	1012.76	5087.24
003	高*琳	非深户	财务部	2018/9/10	5000.00	300.00	300.00	500.00	6100.00	651.14	400.70	283.00	100.18	22.00	11.00	27.35	500.88	500.88		1484.37	1012.76	
004	吕*颖	深户	财务部	2007/6/25	11000.00	300.00	300.00	1600.00	13200.00	1540.00	880.00	621.50	220.00	22.00	11.00	60.06	1100.00	1100.00	89.67	3343.56	2300.67	10899.33
005	雷*娟	非深户	财务部	2013/5/20	8000.00	300.00	300.00	1100.00	9700.00	1040.00	640.00	452.00	160.00	22.00	11.00	43.68	800.00	800.00	26.67	2357.68	1637.67	8062.33
006	武**	深户	财务部	2010/9/9	10000.00	300.00	300.00	1300.00	11900.00	1400.00	800.00	565.00	200.00	22.00	11.00	54.60	1000.00	1000.00	86.67	3041.60	2097.67	9802.33
007	胡*敏	深户	人事部	2012/7/16	10000.00	300.00	300.00	1100.00	11700.00	1400.00	800.00	565.00	200.00	22.00	11.00	54.60	1000.00	1000.00	62.67	3041.60	2073.67	9626.33
008	唐*雪	非深户	人事部	2017/8/7	6000.00	300.00	300.00	600.00	7200.00	780.00	480.00	339.00	120.00	22.00	11.00	32.76	600.00	600.00		1773.76	1211.00	5989.00
009	罗*帆	非深户	人事部	2016/10/9	7000.00	300.00		700.00	8000.00	910.00	560.00	395.50	140.00	22.00	11.00	38.22	700.00	700.00		2065.72	1411.00	6589.00
010	柳*芳	非深户	人事部	2018/8/13	5000.00	300.00	300.00	500.00	6100.00	651.14	400.70	283.00	100.18	22.00	11.00	27.35	500.88	500.88		1484.37	1012.76	5087.24
011	舒**	深户	人事部	2017/5/15	6000.00	300.00	300.00	700.00	7300.00	840.00	480.00	339.00	120.00	22.00	11.00	32.76	600.00	600.00		1833.76	1211.00	6089.00
012	郑*莹	深户	设计部	2016/6/27	20000.00	300.00	300.00	700.00	21300.00	2800.00	1600.00	1130.00	400.00	22.00	11.00	109.20	2000.00	2000.00	278.67	6061.20	4289.67	17010.33
013	梁*铭	非深户	设计部	2017/7/3	15000.00	300.00	280.00	600.00	16180.00	1950.00	1200.00	847.50	300.00	22.00	11.00	81.90	1500.00	1500.00	68.07	4401.40	3079.07	13100.93
014	邓*妮	非深户	设计部	2011/6/20	60000.00	300.00	300.00	1200.00	61800.00	3255.72	2003.52	1414.99	500.88	22.00	11.00	136.74	2504.40	2504.40	2408.02	7333.85	7427.82	54372.18

图 10-23　包含代扣个人所得税的工资汇总表（部分）

10.4.3.4　格式化工作表

在运行工资管理系统时发现，很多表格因为格式设置不合适而造成表格在视觉上显得杂乱无章，为解决这个问题，我们需要重新设置格式。

以“个人所得税专项附加扣除信息表”的格式化为例，具体操作如下：

（1）设置零值不显示。打开附加扣除表，单击“审阅”→“撤销工作表保护”，输入密码。

单击“文件”→“选项”→“高级”，找到“在具有零值的单元格显示零”，取消掉前面的“√”。

（2）设置表格格式。

如选择 A 列，在“开始”→“对齐方式”选择“居中对齐”，选择“水平居中对齐"。

选择 B、C 列，在"开始"→"对齐方式"选择"左对齐"。

选择 D 至 J 列，在"开始"→"对齐方式"选择"右对齐"，再单击"数字"→"数值（2 位小数）"。

选择 A1：J3，在"开始"→"对齐方式"选择"居中对齐"。

编辑完成后的"个人所得税专项附加扣除信息表"如图 10-5 所示。

（3）同理可完成任务"绩效考核表""个人所得税抵扣表""工资总表""基本信息表""工龄工资表""五险一金缴费表""个人所得税税率表""工资查询表"的格式化设置。

10.4.3.5　增加"部门基本工资结构分析"工作表和饼图

为了更直观地看出各部门基本工资所占的比重，下面将设计制作 XYZ 公司各部门"基本工资的结构分析表及饼图"。

主要操作步骤：

（1）新建工作表。新建工作表并命名为"部门基本工资结构分析"。

（2）建立"部门基本工资结构分析表"。

在 A1 中输入"部门基本工资结构分析表"。

在 A2：C2 中分别输入"项目""部门基本工资""占百分比"。

在 A3：A8 中分别输入"财务部基本工资""人事部基本工资""设计部基本工资""方案部基本工资""建筑部基本工资""总合计"。

在 B3：B7 中分别输入各部门基本工资总数额。

在 C3 单元格插入公式"＝B3/$B$8*100%"，单击左键单元格，把鼠标移到右下角，待鼠标呈"+"后，双击鼠标左键，实现公式的自动填充。编辑完成后如表 10-11 所示。

表 10-11　部门基本工资结构分析

项目	部门基本工资	占百分比（%）
财务部基本工资	45000.00	2.23
人事部基本工资	34000.00	1.68
设计部基本工资	485000.00	24.00
方案部基本工资	482000.00	23.85
建筑部基本工资	975000.00	48.24
总合计	2021000.00	100.00

（3）制作"部门基本工资结构分析"饼图。选择 A3：A7 及 C3：C7 区域，

在“插入”功能组中单击“图表”→“饼图”→“三维饼图”，然后单击“图表工具”→“设计”→“快速布局”→“布局6”。选择图表标题，加粗。单击图例，在设置图例格式中单击“边框”→“实线”。

编辑完成后的“部门基本工资结构饼图”如图 10-24 所示。

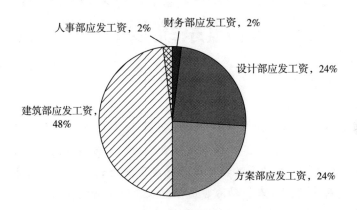

图 10-24　部门基本工资结构饼图

第 11 章　LM 公司成本核算管理系统设计

【摘要】 本章首先阐述了设计制作的成本核算系统的重要性及思路；其次以 LM 公司 20××年 9 月末产品的成本核算资料为例，较清晰地设计制作并建立基于 Excel 的成本核算系统的全过程；最后完成了该企业会计部门月末工作要素费用的分配（材料费用分配表、动力费用分配表、职工薪酬费用分配表和折旧费用分配表）、辅助生产费用的分配、制造费用的分配、生产费用在完工产品和在产品之间的分配等成本核算问题。

11.1　LM 公司成本核算管理系统设计概述

11.1.1　成本核算管理系统概述

成本核算系统设计的意义：

成本管理在企业管理中占据着重要的地位，一个发展壮大的企业必然拥有科学的成本管理体系做支撑。成本核算属于企业成本管理的重要组成部分，成本的高效核算代表着成本控制的效率。然而，目前仍有一些企业对成本核算意识重视不够、轻视成本分析、成本核算方法缺乏合理性等。因此，企业管理者、成本核算人员等相关人员不仅需要树立正确的成本核算理念、掌握成本核算的方法，还需要借助成本核算系统来提高成本核算工作的质量。考虑到目前市场上各种财务软件的成本管理模块价格往往需要企业进行较大的投资才能取得，这对一般企业来说仍然是难以逾越的鸿沟。为此，建立基于 Excel 的成本核算管理系统（模型）是缓解企业困难、缓解成本核算中存在问题的新途径！

本章以 LM 公司 20××年 9 月末产品的成本核算资料为例，设计制作基于 Excel 的《企业成本核算系统》（模型，以下简称"本系统"），即是利用现代计算机技术加强企业的成本管理方法的一项举措。本系统的设计制作主要是完成 LM 公司企业会计部门月末工作，相比于手工会计的成本核算工作，"本系统"具有处理迅速、准确、操作简便灵活的优势，在分配率的计算、费用分配的环节都能自动生成数据；可以满足制造企业成本核算的基本要求，从而有效地提高企业成本核算效率和成本管理水平。

11.1.2　成本核算系统的设计思路

本系统设计分为五个阶段：建立成本核算系统的前期准备、费用分配表的建立及基础数据录入、成本核算系统的设计与应用、成本核算系统的分析、成本核算系统的改进建议。本系统的设计思路如下：

（1）建立成本核算系统的前期准备。准备公司的基本资料及 20××年 9 月产品成本资料。

（2）建立费用分配表并录入其基础数据。包括建立成本核算系统工作簿，设计完成工作表"材料费用分配表""动力费用分配表""职工薪酬费用分配表""折旧费用分配表"的结构，并进行相关要素费用的分配等。

（3）设计制作辅助生产费用明细账、汇总通过分配得到的要素费用，再编制辅助生产费用分配表，对辅助生产费用进行分配。

（4）设计制作制造费用明细账、汇总通过分配得到的要素费用和辅助生产费用，再编制制造费用分配表，对制造费用进行分配。

（5）设计完工产品与在产品费用分配表，对转入的生产费用进行汇总分配。最终计算出完工产品的成本。

（6）验证本系统数据处理的正确性。如果结果正确，可投入使用；否则，需要返回步骤（2）编辑修改本系统后再验证数据的过程。

综上所述，基于 Excel 的成本核算系统设计流程如图 11-1 所示。

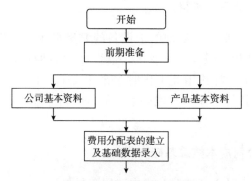

图 11-1　基于 Excel 的成本核算系统设计流程

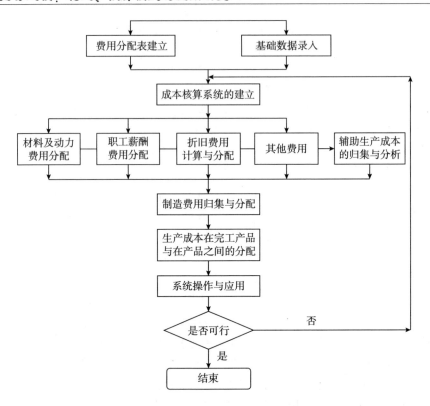

图 11-1　基于 Excel 的成本核算系统设计流程（续图）

11.2　LM 公司成本核算管理系统设计的前期准备

11.2.1　LM 公司基本资料

LM 公司是一家主要生产某种电子设备的制造型企业，生产资料相对固定，企业成本核算方法年度内没有太大变化。企业为一般纳税人，目前规模不大，产品也不多，公司在处理财务相关工作时多采用 Excel 工作表，该公司计划利用 Excel 辅助进行成本核算工作，实现成本核算的计算机辅助处理，以提高成本核算岗位的工作效率。

11.2.2　LM 公司成本核算基础资料

该企业 20××年 9 月生产情况及成本费用资料如下：

（1）资料一。LM 公司 20××年 9 月生产情况如表 11-1 所示。

表 11-1　LM 公司 20××年 9 月生产情况　　　单位：件

产品	月初在产品	本月投入	本月完工	月末在产品
甲产品	30	3000	3000	30
乙产品	40	2000	1800	240

（2）资料二。LM 公司 20××年 9 月初在产品成本如表 11-2 所示。

表 11-2　LM 公司 20××年 9 月初在产品成本　　　单位：元

产品	直接材料	直接人工	燃料及动力	制造费用	合计
甲产品	32400	23600	6500	4300	66800
乙产品	21140	10240	4352	2880	38612
合计	53540	33840	10852	7180	105412

（3）资料三。LM 公司 20××年 9 月的材料耗用如表 11-3 所示。

表 11-3　LM 公司 20××年 9 月的材料耗用　　　单位：元

材料用途	A 材料	B 材料	C 材料	机物料	D 材料	定额耗用量（吨）
甲产品	50000	3000	7000		30000	300
乙产品	30000	1000	5000			200
基本生产车间一般耗用				3000		
质检车间				400		
供水车间				600		
合计	80000	4000	12000	4000	30000	500

（4）资料四。LM 公司 20××年 9 月的职工薪酬费用如表 11-4 所示。

表 11-4　LM 公司 20××年 9 月的职工薪酬费用　　　单位：元

部门	职工薪酬
产品生产工人	65000.00
企业管理人员	50000.00
质检车间	9000.00

续表

部门	职工薪酬
供水车间	6000.00
生产车间管理人员	20000.00
销售人员	30000.00
合计	180000.00

注：企业按职工薪酬总额的10%提取三险（医疗保险、工伤保险及生育保险，不考虑养老保险和失业保险），6.5%提取住房公积金，2%提取工会经费，1.5%提取职工教育经费。

（5）资料五。LM公司20××年9月的电费如表11-5所示。

表 11-5 LM 公司 20××年 9 月的电费　　　　　　单位：元

部门	当月电费
生产车间动力	30000
生产车间照明	2000
质检车间	3000
供水车间	4000
企业管理部门	1000
合计	40000

（6）资料六。LM公司20××年9月固定资产的变化情况如表11-6所示。

表 11-6 LM 公司 20××年 9 月固定资产的变化情况　　　　　单位：元

部门	资产类别	上月资产原值	上月增加固定资产	上月减少固定资产
基本生产车间	房屋建筑物	2000000		
	机器设备	100000	20000	
质检车间	房屋建筑物	500000		
	机器设备	60000		10000
供水车间	房屋建筑物	140000		
	机器设备	20000	5000	
企业管理部门	房屋建筑物	3000000		
	办公设备	40000		2000

续表

部门	资产类别	上月资产原值	上月增加固定资产	上月减少固定资产
销售部门	机器设备	20000		
	办公设备	8000	2000	
合计		5888000	27000	12000

该企业全部采用直线法计算折旧，且不存在使用寿命完结后仍然使用的固定资产。

（7）资料七。LM 公司 20××年 9 月固定资产折旧的有关制度如表 11-7 所示。

表 11-7　LM 公司 20××年 9 月固定资产折旧的有关制度

固定资产类别	使用寿命（年）	预计净残值率（%）
房屋建筑物	50	10
机器设备	16	4
办公设备	5	1

（8）资料八。LM 公司 20××年 9 月的其他费用如表 11-8 所示。

表 11-8　LM 公司 20××年 9 月的其他费用　　　　　　　单位：元

	低值易耗品摊销	劳动保护费	保险费	电话费	办公费	合计
基本生产车间	3500	8000	2000	1000	500	15000
质检车间	500	400		300	100	1300
供水车间	600	500	1000	400	200	2700
企业管理部门	500	100		1000	3000	4600
销售部门	300	300		2000	600	3200
合计	5400	9300	3000	4700	4400	26800

注：以上费用中，低值易耗品采用一次摊销法，费用均以银行存款支付。

（9）资料九。LM 公司 20××年 9 月提供的产品和劳务量如表 11-9 所示。

表 11-9　LM 公司 20××年 9 月提供的产品及劳务量

受益部门	质检车间（小时）	供水车间（吨）
供水车间	500	

受益部门	质检车间（小时）	供水车间（吨）
质检车间		5000
基本生产车间	3000	24000
企业管理部门	100	4000
合计	3600	33000

（10）资料十。产品生产工时：甲产品 6000 小时，乙产品 4000 小时。

（11）资料十一。有关费用的分配方法：

1）甲产品和乙产品共同耗用的材料费用按照定额耗用量比例分配。

2）生产工人工资按两种产品生产工时的比例分配。

3）制造费用按两种产品生产工时的比例分配。

4）甲产品在产品成本按年初的固定数计算，乙产品在产品按约当产量计算，其产品的投料方式为生产开始时一次性投入，在产品的完工程度按 50% 计算。辅助生产费用采用直接分配法分配。

11.3　LM 公司成本核算管理系统基础数据表的设计与制作

11.3.1　建立"成本核算系统"工作簿

建立的"成本核算系统"工作簿中包含根据企业成本核算的资料顺序增加的有关基础数据工作表。比如，"材料耗用""材料费用分配表""用电情况""动力费用分配""工资费用""工资费用分配表"等表格。

（1）基本思路。先建立"成本核算系统"工作簿，再依据 11.2 中的资料分别增加并重命名各费用工作表（空表）。

（2）主要操作步骤。

1）进入 Excel，新建工作簿。

2）将 Excel 中默认的 3 个工作表 Sheet1、Sheet2、Sheet3 分别重命名为"材料耗用""电费情况""职工薪酬费用"。

3）新增工作表 Sheet4、Sheet5、Sheet6、Sheet7、Sheet8，并依次将这些工作表重命名为"固定资产情况""其他费用""辅助生产车间劳务情况""生产情况""期初在产品成本"。

4）保存工作簿，命名为"成本核算系统"。

11.3.2　建立 LM 公司基础数据工作表

依据 11.2 中的各资料，分别建立 LM 公司成本核算有关基础数据工作表。

限于篇幅，本书仅以建立 11.2 中资料三对应工作表"材料耗用"为例。其主要操作步骤如下：

（1）进入 Excel 后，新增 7 个基础数据工作表标签。选择工作表标签。选择工作标签"材料耗用"，依次在 A1 至 G1 单元格中分别输入"材料用途""A 材料""B 材料""C 材料""G 物料""D 材料""定额耗用量（吨）"。

（2）合并 F2：F3。同时选中 F2 和 F3 单元格，单击"开始"→对齐方式工具栏的"合并后居中"按钮，把两个单元格合并。

（3）输入当月材料耗用数据。在工作表"材料耗用"的单元格区域 A2：G7 中，按照资料三中 LM 公司 20××年 9 月的材料耗用情况分别输入当月各种材料的耗用信息。

（4）调整适合的列宽。选中单元格区域 A1：G7，单击"开始"→单元格工具栏中，选择格式按钮下拉列表中的"自动调整列宽"命令，把表格内容调整为合适列宽。

（5）给列变量加底纹。选中 A1：G1 单元格区域，单击"开始"→单击字体工具栏中的填充颜色按钮，选择"浅蓝色"为填充色。

（6）给表格加边框。选中 A1：G7 单元格区域，单击"开始"→单击字体工具栏中的边框按钮右边的下拉列表，选择"所有边框"命令。最终结果如图 11-2 所示。

	A	B	C	D	E	F	G
1	材料用途	A材料	B材料	C材料	机物料	D材料	定额耗用量（吨）
2	甲产品	50000	3000	7000		30000	300
3	乙产品	30000	1000	5000			200
4	基本生产车间一般耗用				3000		
5	质检车间				400		
6	供水车间				600		
7	合计	80000	4000	12000	4000	30000	500

图 11-2　材料耗用

（7）仿照"材料耗用"工作表的建立方法，按照 11.2 中 LM 公司 20××年 9 月生产情况及成本费用资料，即可完成以下七个工作表。

1）"电费情况"工作表如图 11-3 所示。

	A	B
1	部门	当月电费
2	生产车间动力电	30000
3	生产车间照明电	2000
4	质检车间	3000
5	供水车间	4000
6	企业管理部门	1000
7	合计	40000

图 11-3　电费情况

2）"职工薪酬费用"工作表如图 11-4 所示。

	A	B
1	部门	职工薪酬
2	产品生产工人	65000
3	企业管理人员	50000
4	质检车间	9000
5	供水车间	6000
6	生产车间管理人员	20000
7	销售人员	30000
8	合计	180000

图 11-4　职工薪酬费用

3）"固定资产情况"工作表如图 11-5 所示。

	A	B	C	D	E	F	G	H	I	J	K
1	部门	资产类别	上月资产原值	上月增加固定资产	上月减少固定资产		固定资产类别	房屋建筑物	机器设备	办公设备	
2	基本生产车间	房屋建筑物	2000000				使用寿命（年）	50	16	5	
3	基本生产车间	机器设备	100000	20000			预计净残率	10.00%	4.00%	1.00%	
4	质检车间	房屋建筑物	500000								
5	质检车间	机器设备	60000		10000						
6	供水车间	房屋建筑物	140000								
7	供水车间	机器设备	20000	5000							
8	企业管理部门	房屋建筑物	3000000								
9	企业管理部门	办公设备	40000		2000						
10	销售部门	机器设备	20000								
11	销售部门	办公设备	8000	2000							
12	合计		5888000	27000	12000						
13											
14											

图 11-5　固定资产情况

4）"其他费用"工作表如图 11-6 所示。

	A	B	C	D	E	F	G	H
							F12 ▾ fx	
1	部门	低值易耗品摊销	劳动保护费	保险费	电话费	办公费	合计	
2	基本生产车间	3500	8000	2000	1000	500	15000	
3	质检车间	500	400		300	100	1300	
4	供水车间	600	500	1000	400	200	2700	
5	企业管理部门	500	100		1000	3000	4600	
6	销售部门	300	300		2000	600	3200	
7	合计	5400	9300	3000	4700	4400	26800	
8								
9								
10								

图 11-6　其他费用

5）"辅助生产车间劳务情况"工作表如图 11-7 所示。

	A	B	C
1	受益部门	质检车间（小时）	供水部门（吨）
2	供水车间	500	
3	质检车间		5000
4	基本生产车间	3000	24000
5	企业管理部门	100	4000
6	合计	3600	33000

图 11-7　辅助生产车间劳务情况

6）"生产情况"工作表如图 11-8 所示。

	A	B	C	D	E
1	产品	月初在产品	本月投入	本月完成	月末在产品
2	甲产品	30	3000	3000	30
3	乙产品	40	2000	1800	240

图 11-8　生产情况

7）"期初在产品成本"工作表如图 11-9 所示。

	A	B	C	D	E	F
1	产品	直接材料	直接人工	燃料及动力	制造费用	合计
2	甲产品	32400	23600	6500	4300	66800
3	乙产品	21140	10240	4352	2880	38612
4	合计	53540	33840	10852	7180	105412

图 11-9　期初在产品成本

11.4 LM 公司成本核算管理系统的设计与制作

11.4.1 设计制作"材料费用分配表"及"动力费用分配表"

材料费用的分配与动力费用的分配类似，都是按照其耗用的部门或受益的对象进行费用分配的。直接材料的耗用，能分清楚受益产品的，采用直接追溯法，计入相应产品的直接材料费用项目；不能分清受益产品的材料耗用，采用分摊法，分配计入相应产品直接材料成本。

本案例中直接材料的耗用采用直接追溯法；间接材料的耗用计入车间制造费用，月末再转入产品成本；销售部门和行政部门耗用的材料，分别计入销售费用和管理费用。材料费用和燃料动力费用的分配一般使用"材料费用分配表"和"动力费用分配表"进行。

（1）设计制作"材料费用分配表"主要操作步骤如下：

1）选择工作表"材料费用分配表"，在 B1 单元格输入"材料费用分配表"，再选中 B1：H1 单元格区域单击菜单"开始"→单击"单元格合并居中"按钮。

2）选中 D2 单元格，输入"20××年 9 月"。将 D2：F2 单元格区域"合并居中"。

3）选中 H2 单元格，输入"单位：元"。

4）选中 B3 单元格，输入"应借科目"。将 B3：C3 单元格区域"合并居中"。

5）选中 D3 单元格，输入"直接计入"。将 D3：D4 单元格区域"合并居中"。

6）选中 E3 单元格，输入"分配计入"。将 E3：G3 单元格区域"合并居中"。

7）选中 H3 单元格，输入"合计"。将 H3：H4 单元格区域"合并居中"。

8）在 B4、C4、E4、F4、G4 单元格中，分别录入"总账""明细账""定额耗用量""分配率""分配额"。

9）选中 B3：H4 单元格区域，单击"开始"→"字体"工具栏中的"填充颜色"下拉列表，填充为浅蓝色。

10）选择 B3：H11 单元格区域，单击"开始"→"字体"工具栏中的"边框"下拉列表，选择"所有边框"命令，加上表格边框。

11）选中 B5：B7 单元格区域，右键单击选择"单元格设置"→选择"对齐"选项卡，勾选"合并单元格"和"自动换行"按钮，再选"水平对齐"中的"左对齐",将合并的单元格改为左对齐并自动换行形式,然后输入"基本生产成本"。

12）选中 B9：B10 单元格区域,仿 11）,把合并的单元格设置为左对齐自动换行形式,然后输入"辅助生产成本"。

13）选中 B8 单元格,输入"制造费用"。

14）在 C5 至 C10 单元格中,分别输入"甲产品""乙产品""小计""机物料""质检车间""供水车间"。

15）在 B11 单元格中,输入"合计"。

到此,设计建立的"材料费用分配表"表样如图 11-10 所示。

	应借科目		直接计入	分配计入			合计
	总账	明细账		定额耗用量	分配率	分配额	
基本生产成本		甲产品					
		乙产品					
		小计					
制造费用		机物料					
辅助生产成本		质检车间					
		供水车间					
合计							

材料费用分配表
2017年9月　　　　　　　　　单位：元

图 11-10　材料费用分配表空表

16）定义公式计算"直接计入"费用列的数据。

"甲产品/乙产品"直接计入的费用是对直接计入"甲产品/乙产品"的直接材料"A 材料""B 材料""机物料"费用之和。所以有以下公式:

甲产品直接计入的费用 D5 单元格定义的公式为=SUM（材料耗用！B2：E2）

乙产品直接计入的费用 D6 单元格定义的公式为=SUM（材料耗用！B3：E3）

基本生产成本直接计入费用的"小计"D7 单元格定义的公式为 = SUM（D5：D6）或=D5+D6。

制造费用-机物料的直接计入费用取自"材料耗用"。因此,在 D8 单元格输入公式=材料耗用！E4。

辅助生产成本的直接费用包括"质检车间"和"供水车间"直接计入的费用。直接计入"质检车间/供水车间"的直接费用就是其直接材料费用之和。所以"质检车间"直接计入的费用 D9 单元格定义的公式为 = SUM（材料耗用！B5：E5）,"供水车间"直接计入的费用 D10 单元格定义的公式为 = SUM（材料耗用！B6：E6）。

"材料费用分配表"中直接计入的"合计"的公式是=D5+D6+D8+D9+D10。

17）定义公式分配计入的材料费用。分配计入材料费用的总额和分配标准也要使用取数公式从"材料耗用"中取数。显然，甲产品 E5 单元格输入公式"＝材料耗用！G2"，乙产品"定额耗用量"E6 单元格输入公式"＝材料耗用！G3"，甲产品、乙产品"定额耗用量"小计 E7 单元格输入公式"＝材料耗用！G7"或者＝E5+E6。

分配率 F7 单元格公式＝G7/E7

甲产品分配率 F5 单元格公式＝F7

乙产品分配率 F6 单元格输入公式＝F7

因此，甲产品、乙产品最后分配额 G5 单元格公式为＝E5∗F5，G6 单元格公式为＝E6∗F6，从而顺利完成甲产品、乙产品分配额的计算。

18）定义公式计算"合计"单元格的数值。进行合计列（H 列）合计数的计算，就是计入甲产品材料费用的"直接计入"和"分配额"两部分之和。所以我们定义的公式是：

H5 单元格公式＝D5+G5 并向下填充。即：

H6 单元格公式＝D6+G6

H8 单元格公式＝D8+G8

H9 单元格公式＝D9+G9

H10 单元格公式＝D10+G10

在 H7 单元格输入公式＝SUM（H5：H6），在 D11 单元格输入公式＝SUM（D7：D10），在 G11 单元格输入公式＝SUM（G7：G10），在 H11 单元格输入公式＝SUM（H7：H10）。

"材料费用分配表"输入完成后的结果如图 11-11 所示。

	A	B	C	D	E	F	G	H
1					材料费用分配表			
2					2017年9月			单位：元
3		应借科目		直接计入	分配计入			合计
4		总账	明细账		定额耗用量	分配率	分配额	
5		基本生产成本	甲产品	60000.00	300	60	18000	78000.00
6			乙产品	36000.00	200	60	12000	48000.00
7			小计	96000.00	500	60	30000	126000.00
8		制造费用	机物料	3000.00				3000.00
9		辅助生产成本	质检车间	400.00				400.00
10			供水车间	600.00				600.00
11		合计		100000.00			30000	130000.00

图 11-11 "材料费用分配表"输入完成后的结果

（2）设计制作"动力费用分配表"。主要操作步骤如下：

1）选择工作表"动力费用分配表"，仿照《材料费用分配表》建立的步骤设计了《动力费用分配表》表样，如图 11-12 所示。

	A	B	C	D	E	F	G	H	I

动力费用分配表
2017年9月 单位：元

应借科目		直接计入	分配计入			合计
总账	明细账		生产工时	分配率	分配额	
基本生产成本	甲产品					
	乙产品					
	小计					
制造费用	电费					
辅助生产成本	质检车间					
	供水车间					
管理费用	电费					
合计						

图 11-12 《动力费用分配表》表样

2）定义公式从工作表"电费情况"中取出"制造费用——电费"直接计入费用和"管理费用——电费"的直接计入费用，即 D8 单元格定义公式＝电费情况！B3，D11 单元格定义公式＝电费情况！B6。

3）定义公式从工作表"电费情况"中取出"辅助生产成本——质检车间"电费和"辅助生产成本——供水车间"的直接计入费用电费，即 D9 单元格定义公式＝电费情况！B4，D10 单元格定义公式＝电费情况！B5。

4）定义公式计算"直接计入"的"合计"。选中 D12 单元格，输入＝SUM（D8：D11）。

5）仿照"材料费用分配表"中分配计入部分的填写列方法填写 E5：G11 数据；"合计"列根据"直接计入"与"分配额"之和定义公式。因此，有以下公式：

H5 单元格公式＝D5+G5 并向下填充。即

H6 单元格公式＝D6+G6

H7＝H5+H6

H8 单元格公式＝D8+G8 并向下填充。即

H9 单元格公式＝D9+G9

H10 单元格公式＝D10+G10

H11 单元格公式＝D11+G11

在 H12 单元格输入公式＝SUM（H7：H11）

6）选择 B3：H12，加上表格边框。

7）选择 B3：H4，填充蓝颜色。

8）完成的《动力费用分配表》输入后的结果如图 11-13 所示。

11.4.2 设计制作《职工薪酬费用分配表》

设计制作《职工薪酬费用分配表》时除需要设计"应借款科目""直接计

入”“分配计入”“工资合计”外，还需要考虑代扣10%的“社会保险费”、6.5%的“公积金”、2%的“工会经费”和1.5%的“职工教育费”。因此，设计制作《职工薪酬福利费用表》可分为以下几步：

动力费用分配表

2017年9月　　单位：元

应借科目		直接计入	分配计入			合计
总账	明细账		生产工时	分配率	分配额	
基本生产成本	甲产品		6000	3	18000	18000.00
	乙产品		4000	3	12000	12000.00
	小计		10000	3	30000	30000.00
制造费用	电费	2000.00				2000.00
辅助生产成本	质检车间	3000.00				3000.00
	供水车间	4000.00				4000.00
管理费用	电费	1000.00				1000.00
合计		10000.00			30000	40000.00

图 11-13 《动力费用分配表》完成后的结果

（1）设计《职工薪酬费用分配表》表样。

主要操作步骤：

1）新增一个工作表并重命名为《职工薪酬费用分配表》。

2）仿照《材料费用分配表》设计制作出如图 11-14 所示的《职工薪酬费用分配表》表样。

职工薪酬费用分配表

2017年9月　　单位：元

应借科目		直接计入	分配计入			工资合计	社会保险费	公积金	工会经费	职工教育	合计
总账	明细账		生产工时	分配率	分配额		0.1	0.065	0.02	0.015	
基本生产成本	甲产品										
	乙产品										
	小计										
制造费用	工资										
辅助生产成本	质检车间										
	供水车间										
管理费用	工资										
销售费用	工资										
合计											

图 11-14 《职工薪酬费用分配表》表样

（2）定义公式。

1）从“职工薪酬费”表中取数到“直接计入”列的下列单元格：

D8 中公式=职工薪酬费用！B6

D9 中公式=职工薪酬费用！B4

D10 中公式=职工薪酬费用！B5

D11 中公式=职工薪酬费用！B3

D12 中公式=职工薪酬费用！B7

合计 D13 中公式=SUM（D7：D12）

2）仿照“动力费用分配表”定义公式计算“生产工时”“分配率”“分配额”。

G7 公式=职工薪酬费用！B2

F7 公式=G7/E7

F5 公式=F7

F6 公式=F7

甲产品分配额 G5 公式=E5 * F5

乙产品分配额 G6 公式=E6 * F6

3）定义公式计算“工资合计”。根据“工资合计=直接计入+分配额”可定义如下公式：

H5 公式=D5+G5 并向下填充到 H12。

注意：

H7 公式为=H5+H6，H13 公式为=SUM（H7：H12）。

4）定义公式按比例计提代扣的四种费用。

甲产品代扣 10%的“社会保险费”I5 单元格公式=H5 * I $4

甲产品代扣 6.5%的“公积金”J5 单元格公式=$H5 * J $4

甲产品代扣 2%的“工会经费”K5 单元格公式=$H5 * K $4

甲产品代扣 1.5%的“职工教育费”L5 单元格公式=$H5 * L $4

选中 I5：L5 区域并向下填充到 I12：L12。

注意：

以上四个公式中比例费用所在的单元格要用混合引用或绝对引用并且向下填充后要修改 I7、J7、K7、L7 单元格的公式为：

I7 公式=SUM（I5：I6）

J7 公式=SUM（J5：J6）

K7 公式=SUM（K5：K6）

L7 公式=SUM（L5：L6）

5）定义“职工薪酬费用表”总计公式。

M13 公式为=SUM（H13：L13）或者=SUM（M7：M12）

最终完成的《职工薪酬费用分配表》如图 11-15 所示。

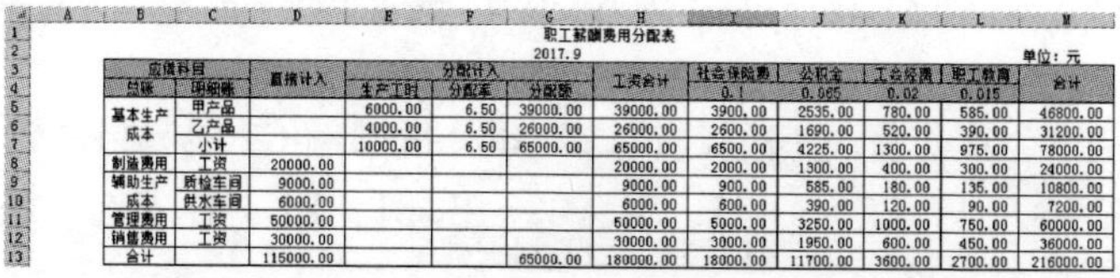

职工薪酬费用分配表

2017.9

单位：元

应借科目		直接计入	分配计入			工资合计	社会保险费	公积金	工会经费	职工教育	合计
总账	明细账		生产工时	分配率	分配额		0.1	0.065	0.02	0.015	
基本生产成本	甲产品		6000.00	6.50	39000.00	39000.00	3900.00	2535.00	780.00	585.00	46800.00
	乙产品		4000.00	6.50	26000.00	26000.00	2600.00	1690.00	520.00	390.00	31200.00
	小计		10000.00	6.50	65000.00	65000.00	6500.00	4225.00	1300.00	975.00	78000.00
制造费用	工资	20000.00				20000.00	2000.00	1300.00	400.00	300.00	24000.00
辅助生产成本	质检车间	9000.00				9000.00	900.00	585.00	180.00	135.00	10800.00
	供水车间	6000.00				6000.00	600.00	390.00	120.00	90.00	7200.00
管理费用	工资	50000.00				50000.00	5000.00	3250.00	1000.00	750.00	60000.00
销售费用	工资	30000.00				30000.00	3000.00	1950.00	600.00	450.00	36000.00
合计		115000.00			65000.00	180000.00	18000.00	11700.00	3600.00	2700.00	216000.00

图 11-15 《职工薪酬费用分配表》

11.4.3 设计制作《折旧费用的计算与分配》

折旧费用的分配过程与材料费用的分配类似，是按照固定资产的使用部门进行费用的分配。车间固定资产的折旧费一般先计入制造费用，月末随着制造费用转入生产成本，销售部门和行政部门固定资产的折旧费，分别直接计入销售费用和管理费用。折旧费用的分配要借助折旧费用分配表进行。

从11.2中资料六、资料七可知LM公司固定资产变动情况的资料，以及该企业固定资产折旧的基本方法，所以要先编制折旧费用计算表，计算出该企业当月各种固定资产的折旧额，然后再编制折旧费用分配表，对折旧费用进行分配。

11.4.3.1 折旧费用的计算

设计制作《折旧费用计算表》表样的主要操作如下：

（1）新增一个工作表并重命名为“折旧费用计算表”。

（2）将11.2中资料七的“固定资产情况表”复制到“折旧费用计算表”中。

（3）增加2列：F列“本月原产值”和G列“本月折旧额”，并选择F1：G12区域加框线。设计制作出的《折旧费用计算表》表样如图11-16所示。

	A	B	C	D	E	F	G
1	部门	资产类别	上月资产原值	上月增加固定资产	上月减少固定资产	本月资产原值	本月折旧额
2	基本生产车间	房屋建筑物	2000000				
3	基本生产车间	机器设备	100000	20000			
4	质检车间	房屋建筑物	500000				
5	质检车间	机器设备	60000		10000		
6	供水车间	房屋建筑物	140000				
7	供水车间	机器设备	20000	5000			
8	企业管理部门	房屋建筑物	3000000				
9	企业管理部门	办公设备	40000		2000		
10	销售部门	机器设备	20000				
11	销售部门	办公设备	8000	2000			
12	合计		5888000	27000	12000		
13							
14							

	I	J	K	L
1	固定资产类别	房屋建筑物	机器设备	办公设备
2	使用寿命（年）	50	16	5
3	预计净残值率	10.00%	4.00%	1.00%
4	年折旧率	1.80%	6.00%	19.80%
5	月折旧率	0.15%	0.50%	1.65%

图11-16 《折旧费用计算表》表样

（4）定义公式计算“本月原产值”和G列“本月折旧额”。

本月原产值=上月资产原值+上月增加固定产-上月减少固定产，所以基本生产车间“房屋建筑物”本月原产值F2单元格的公式=C2+D2-E2，向下填充到F11单元格。

“本月折旧额”的计算依据是区域I1：L5。需要注意的是，这里的折旧率要用月折旧率，月折旧率=年折旧率/12。所以“房屋建筑物”月折旧率J5单元格计算公式=J4/12，向右填充可得到K5单元格公式=K4/12，L5单元格公式=L4/12。

因此，基本生产车间“房屋建筑物”本月折旧额G2单元格的计算公式：

=IF（B2=$J $1，F2 * $J $5，IF（B2=$K $1，F2 * $K $5，F2 * $L $5）），向下填充到G11单元格

该公式的含义是：如果资产类别是“房屋建筑物”，本月折旧额是本月资产

原值乘以房屋建筑物"月折旧率"0.15%；否则判断如果资产类别是"机器设备"，本月折旧额是本月资产原值乘以机器设备"月折旧率"0.5%；否则资产类别是"办公设备"，本月折旧额是本月资产原值乘以办公设备"月折旧率"1.65%。

（5）定义公式计算 G12 值。G12 的公式＝SUM（G2：G11）。

完成的《折旧费用计算表》如图 11-17 所示。

图 11-17　《折旧费用计算表》

11.4.3.2　设计制作"折旧费用分配表"

"折旧费用分配表"可以利用数据透视表工具来形成。主要操作如下：

（1）选中区域 A1：G12，单击菜单"插入"→"数据透视表"，出现如图 11-18 所示的"创建数据透视表"对话框。

图 11-18　"创建数据透视表"对话框

（2）选择放置数据透视表的位置时选择"新工作表"并确定。

（3）将新工作表重命名为"折旧费用分配表"。

（4）将"数据透视表字段"中"部门"字段拖动到"在以下区域间拖动字段"中的"行"之中，即可将"部门"字段作为数据透视表的行标题；类似地，把"资产类别"字段拖动到"列"之中；把"本月折旧额"拖动到"值"之中。这样左边相应的数据透视表区域就会出现如图 11-19 所示的数据透视的结果。

▲	A	B	C	D	E	F	G
1							
2							
3	求和项:本月折旧额	列标签 ▼					
4	行标签 ▼	办公设备	房屋建筑物	机器设备	(空白)	总计	
5	供水车间		210	125		335	
6	合计				97399.5	97399.5	
7	基本生产车间		3000	600		3600	
8	企业管理部门	627	4500			5127	
9	销售部门	165		100		265	
10	质检车间		750	250		1000	
11	总计	792	8460	1075	97399.5	107726.5	
12							
13							
14							

图 11-19　数据透视的结果

（5）对数据透视表显示结果进行调整，单击"行标签"右侧下拉箭头，取消选中"合计"复选框。

（6）进行标签顺序改变。选中"质检车间"所在单元格 A10，右键单击 A10 单元格，在弹出的快捷菜单中，选择"移动"→将"质检车间"移至开头命令。再次右击 A7 单元格，在弹出的快捷菜单中，选择"移动"→将"基本生产车间"移至开头命令。同理，将根据"折旧费用计算表"中"部门"的顺序调整费用项目的排列顺序。

也可以将"合计"右键单击→选择"移动"→将"合计"移至末尾命令。

（7）对"折旧费用分配表"进行格式编辑操作。先设置表头和行标题，再设置显示效果。

首先，在"部门"列前插入 2 列：选中 A 列右键单击→选择"插入"，再右键单击→选择"插入"。

其次，设置表头和行标题的操作：选中 B1：G1 区域，进行单元格的合并居中操作，输入"折旧费用分配表"；选中 C2：E2 单元格区域，进行单元格的合并居中操作，输入"20××年 9 月"；选中 G2 单元格，输入"单位：元"；选中 B6：B7 单元格区域，进行单元格的合并居中操作，然后将合并居中的单元格改为左对齐并自动换行形式，输入"辅助生产成本"；在B4、B5、B8、B9单元格内分别输入"总账""制造费用""管理费用""销售费用"；C4单元格的"行标签"改为"明细账"。

最后，进行显示效果设置的主要操作。单击右键第三行，在弹出的右键菜单中选择"隐蔽"命令，适当调整列宽，把B4：G4单元格区域填充颜色为蓝色；选中B4：G10单元格区域，设置边框为"所有边框"；把C10：G10单元格区域的填充颜色改为白色。

完成的《折旧费用分配表》如图11-20所示。

	折旧费用分配表					
		2017年9月				单位：元
总账	明细账		办公设备	房屋建筑物	机器设备	总计
制造费用	基本生产车间			3000.00	600.00	3600.00
辅助生产	质检车间			750.00	250.00	1000.00
成本	供水车间			210.00	125.00	335.00
管理费用	企业管理部门		627.00	4500.00		5127.00
销售费用	销售部门		165.00		100.00	265.00
	总计		792.00	8460.00	1075.00	10327.00

图11-20　折旧费用分配表

11.4.4　辅助生产成本的归集与分配

辅助生产费用的核算，首先将各辅助生产车间在提供服务过程中所发生的服务费用进行归集，其次将所归集的费用按受益部门（或产品）的受益量进行合理的分配。因此，LM公司辅助生产成本的归集可分为两个阶段：

第一阶段，应按辅助生产车间编制辅助生产明细账，对辅助生产费用进行归集；第二阶段，根据辅助生产明细账归集的结果，按照辅助生产车间对外服务的情况，编制《辅助生产费用分配表》，将辅助生产费用进行分配。

11.4.4.1　设计制作"辅助生产成本明细账"

操作步骤如下：

（1）增加一个工作表并重名为"辅助生产成本明细账"工作表。

（2）选中B1：K1单元格区域，单击菜单"开始"→单击"合并居中"后，输入"辅助生产成本明细账"。

（3）同理，选中B2：D2单元格区域，进行单元格的合并居中，输入"车间：质检车间"；选中B3：C3单元格区域，进行单元格的合并居中，输入"20××年"；选中F2：G2单元格区域，进行单元格的合并居中，输入"20××年9月"。

（4）在D3：K3单元格区域的单元格中依次输入"凭证号""摘要""材料费""职工薪酬""动力费用""折旧费""其他费用""合计"；在E4：E10单

元格区域的单元格中依次输入"材料费用分配表""职工薪酬费用分配表""动力费用分配表""折旧费用分配表""其他费用""本月发生额""本月转出额"；在 K2 单元格内输入"单位：元"。

（5）选中 B2：K10 单元格区域，单击菜单"开始"→单击选择"格式"按钮下拉列表中的"自动调整列宽"命令，把表格内容调整为合适的列宽。

（6）把 B3：K3 单元格区域填充颜色为蓝色。

（7）选中 B3：K10 单元格区域，设置边框为"所有线框"。

（8）选中 B1：K10 单元格区域，进行复制，然后粘贴到 B12 单元格，把质检车间的《辅助生产成本明细账》复制到 B12 单元格。最后把 B13 单元格中的内容改为"车间：供水车间"。

已完成的质检车间和供水车间"辅助生产成本明细账"表样结果如图 11-21 所示。

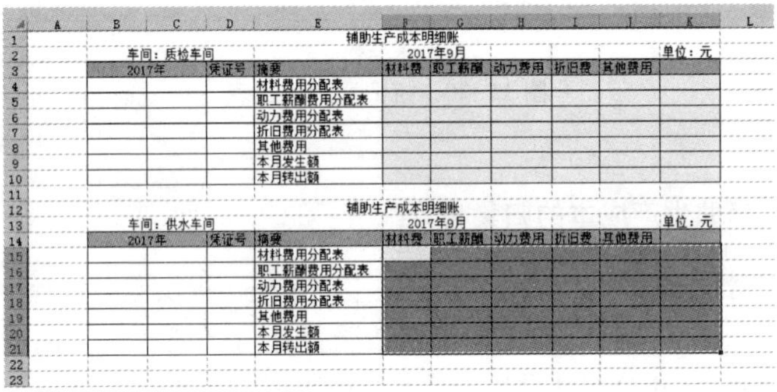

图 11-21 质检车间和供水车间"辅助生产成本明细账"表样

（9）利用"跨表操作"及单元格的引用，完成"辅助生产成本明细账"中明细数据的填制。

F4 单元格公式＝材料费用分配表！H9

G5 单元格公式＝职工薪酬费用分配表！M9

H6 单元格公式＝动力费用分配表！H9

I7 单元格公式＝折旧费用分配表！G6

J8 单元格公式＝其他费用！G3

F15 单元格公式＝材料费用分配表！H10

G16 单元格公式＝职工薪酬费用分配表！M10

H17 单元格公式＝动力费用分配表！H10

I18 单元格公式＝折旧费用分配表！G7

J19 单元格公式=其他费用！G4

（10）完成《辅助生产成本明细账》中剩余数据的自动计算。

质检车间：

K4 单元格公式=SUM（F4：J4），向下填充 K5：K10 单元格区域所有的单元格；

F9 单元格公式=SUM（F4：F8），向右填充 G9：J9 单元格区域所有单元格；

F10 单元格公式=−F9，向右填充 G10：J10 单元格区域所有单元格。

同理可以完成供水车间合计数及转出数的自动计算填充。

已完成的质检车间和供水车间"辅助生产成本明细账"参考答案如图 11−22 所示。

图 11−22　"辅助生产成本明细账"参考答案

"辅助生产成本明细账"定义公式参考答案如图 11−23 所示。

图 11−23　"辅助生产成本明细账"定义公式参考答案

11.4.4.2　设计制作"辅助生产成本分配表"

主要操作步骤：

（1）新增加一个工作表并重命名为"辅助生产成本分配表"。

（2）选中 B1：E1 单元格区域，进行单元格合并居中操作，输入"辅助生产成本分配表"。选中 B2：E2 单元格区域，进行单元格合并居中操作，输入"20××年9月"。

（3）在 C3：E3 单元格区域依次输入"质检车间""供水车间""合计"，在 B4：B10 单元格区域内依次输入"待分配费用""对外提供劳务总量""费用分配率""基本生产车间劳务总量""制造费用""管理部门劳动总量""管理费用"。

（4）手工调整各列的列宽，使表格标题和时间居中对齐。

（5）把 B3：E3 单元格区域填充为蓝色。

（6）选中 B3：E10 单元格区域，设置边框为"所有框线"。

（7）定义公式计算辅助生产费用基础数据。

待分配费用从"辅助生产成本明细表"工作表中获得，劳务量从"辅助生产车间的劳务情况"工作表中取数。

C4 单元格公式＝辅助生产成本明细表！K9

C5 单元格公式＝辅助生产车间的劳务情况！

B6-辅助生产车间的劳务情况！B2

C7 单元格公式＝辅助生产车间的劳务情况！B4

C9 单元格公式＝辅助生产车间的劳务情况！B5

D4 单元格公式＝辅助生产成本明细表！K20

D5 单元格公式＝辅助生产车间的劳务情况！

C6-辅助生产车间的劳务情况！C3

D7 单元格公式＝辅助生产车间的劳务情况！C4

D9 单元格公式＝辅助生产车间的劳务情况！C5

（8）计算费用分配率，据以计算相关费用金额。

质检车间费用分配率 C6 单元格公式＝C4/C5

供水车间费用分配率 D6 单元格公式＝D4/D5

说明：

计算辅助生产费用对外分配的分配率时，直接分配法不需要考虑辅助生产车间之间相互提供劳务的情况。

质检车间"制造费用"C8 单元格公式＝C7＊C$6

质检车间"管理费用"C10 单元格公式＝C9＊C$6

供水车间"制造费用"D8 单元格公式＝D7＊D$6

供水车间"管理费用"D10 单元格公式＝D9＊D$6

在 E4、E8、E10 单元格内分别输入公式＝SUM（C4：D4）、＝SUM（C8：D8）、＝SUM（C10：D10）。

完成相关费用的汇总，对 E8、E10 单元格设置格式为"数值""小数位数"

设置为零（本例没有要求保留小数的位数，所以我们默认取整）。

"辅助生产成本分配表"参考答案如图 11-24 所示。

	质检车间	供水车间	合计
辅助生产成本分配表			
2017年9月			
待分配费用	16500	14835	31335.00
对外提供劳务总量	3100	28000	
费用分配率	5.322581	0.529821	
基本生产车间劳务总量	3000	24000	
制造费用	15967.74	12715.71	28683
管理部门劳务总量	100	4000	
管理费用	532.2581	2119.286	2652

图 11-24 "辅助生产成本分配表"参考答案

"辅助生产成本分配表"公式参考答案（定义的公式）如图 11-25 所示。

图 11-25 "辅助生产成本分配表"公式参考答案

11.4.5 制造费用的归集与分配

制造费用日常是按车间归集的间接费用，期末要转入各种产品的生产成本中，如果生产车间只生产一种产品，制造费用直接转入该产品生产成本即可。但如果生产车间同时生产多种产品，则制造费用应采用合理的分配方法，分配计入各种产品的生产成本。

LM 公司仅有甲产品和乙产品两种产品。首先，应按基本生产车间编制制造费用明细账，对制造费用进行归集；其次，再根据制造费用明细账归集的结果，按照各种产品生产工时的标准，编制制造费用分配表，将制造费用在各种产品间进行分配。这里先进行"制造费用明细账"的编制，再编制"制造费用分配表"。

11.4.5.1 设计制作"制造费用明细账"

操作步骤如下：

（1）新增加一个工作表并重命名为"制造费用明细账"。

（2）依照《折旧费用明细账》样表的制作方法完成《制造费用明细账》样

表，如图11-26所示。

图11-26 《制造费用明细账》样表

（3）利用单元格的引用，完成《制造费用明细账》中明细数据的填制。

F4单元格公式=材料费用分配表！H8

G5单元格公式=职工薪酬费用分配表！M8

H6单元格公式=动力费用分配表！H8

I7单元格公式=折旧费用分配表！G5 或=折旧费用计算表！G2+折旧费用计算表！G3

J8单元格公式=其他费用！G2

K9单元格公式=辅助生产成本分配表！C8

L9单元格公式=辅助生产成本分配表！D8

（4）完成制造费用明细账中其余数据的自动计算。

M4单元格公式=SUM（F4：L4），向下填充M5至M11的所有单元格，完成合计列的输入。

F10单元格公式=SUM（F4：F9），向右填充G10至L10的所有单元格，完成"本月发生额"行的输入。

F11单元格公式=-F10，向右填充G11至L11的所有单元格，完成"本月转出额"行的输入。

完成的《制造费用明细账》最终结果如图11-27所示。

图11-27 《制造费用明细账》

11.4.5.2　设计制作"制造费用分配表"

操作步骤：

（1）新增加一个工作表并重命名为"制造费用分配表"。

（2）依照"辅助生产成本分配表"样表的制作方法完成"制造费用分配"样表，如图 11-28 所示。

	A	B	C	D	E	F
1		制造费用分配表				
2			2017年9月		单位：元	
3		产品名称	工时	分配率	金额	
4		甲产品				
5		乙产品				
6		合计				
7						
8						

图 11-28　"制造费用分配表"样表

（3）利用单元格的引用，完成"制造费用分配表"中数据的填制，如图 11-29 所示。

	A	B	C	D	E
1			制造费用分配表		
2			42979		单位：元
3		产品名称	工时	分配率	金额
4		甲产品	6000	=$D$6	=C4*D4
5		乙产品	4000	=$D$6	=C5*D5
6		合计	=SUM(C4:C5)	=E6/C6	=制造费用明细账!M10
7					

图 11-29　"制造费用分配表"中数据的填制

11.4.6　生产成本在完工产品与在产品间的分配

各项生产费用在各种产品间进行分配和归集以后，应计入各种产品的生产费用都归集到了相关产品明细账（也称产品成本计算单）中。对于生产企业来说，如果生产的产品当期已经全部完工而没有期末在产品的，那么计入该产品明细账的全部生产费用，包括期初在产品成本以及本期归集的生产费用，就是该种完工产品成本。如果当期没有完工产品，期末全部为在产品的，那么计入该产品明细账的全部生产费用，就是该种产品在产品成本。大多数的生产企业既有完工产品又有期末在产品。因此，全部生产费用应在同一种产品的完工产品和在产品间进行划分。

生产费用在完工产品和在产品之间的划分，主要有两类。一类是倒轧的方法，另一类是分配的方法。LM公司的甲产品采用倒轧的方法，乙产品采用分配的方法。

11.4.6.1 完工产品与在产品费用分配表的建立

（1）新增加一个工作表并重命名为"完工产品与在产品费用分配表"。

（2）建立"完工产品与在产品费用分配表"样表。

仿照《辅助生产明细账》样表建立的过程，不难设计制作出如图11-30所示的《完工产品与在产品费用分配表》样表。

图 11-30 《完工产品与在产品费用分配表》样表

11.4.6.2 完工产品与在产品费用的分配

要完成完工产品与在产品费用分配表，首先从前面的分配表取得基础数据后汇总，然后进行生产费用的分配。操作步骤如下：

（1）利用单元格的引用，把甲产品的生产成本的数据引入当前工作表。

F4单元格公式=期初在产品成本！B2，向右填充G4、H4、I4单元格

F5单元格公式=材料费用分配表！H5

G6单元格公式=职工薪酬费用分配表！M5

H7单元格公式=动力费用分配表！H5

I8单元格公式=制造费用分配表！E4

J4单元格公式=SUM（F4：I4），向下填充J5：J11单元格区域

F9单元格公式=SUM（F4：F8），向右填充G9：I9单元格区域

进行甲产品生产费用的最终分配。甲产品在产品成本按年初的固定数计算，所以在产品等于年初的在产品成本，而完工产品倒挤即可。

F11单元格公式=F4，向右填充G11、H11、I11单元格，完成月末在产品成

本的计算。

F10 单元格公式＝F9−F11，向右填充 G10、H10、I10 单元格，完成完工产品成本的计算。

（2）同理，利用单元格的引用，把乙产品的生产成本的数据引入当前工作表。

F15 单元格内输入公式"＝期初在产品成本！B3"，向右填充 G15、H15、I15 单元格。

F16＝材料费用分配表！H6

G17＝职工薪酬费用分配表！M6

H18＝动力费用分配表！H6

I19＝制造费用分配表！E5

J15 单元格公式＝SUM（F15：I15），向下填充 J16：J20 单元格区域

F20 单元格公式＝SUM（F15：F19），向右填充 G20：I20 单元格区域

进行乙产品费用的最终分配。由于乙产品的在产品按约当产量计算，所以要先计算乙产品在产品的约当产量及乙产品的约当总产量，然后进行费用的分配。

首先，完成完工产品产量及产品产量数据的输入。

F21 单元格公式＝生产情况！$D$3，然后利用填充柄向右填充 G21、H21、I21 单元格。

F22 单元格公式＝生产情况！$E$3，然后利用填充柄工具，向右填充 G22、H22、I22 单元格。

其次，计算约当产量数据。对于计算材料，在生产开始时一次性投入，所以在产品数量即为其约当产量，所以在 F23 单元格内输入＝F22。对于直接人工和制造费用，在产品完工程度按 50% 计算，则在产品约当产量为其数量的 50%，所以 G23 单元格公式＝G22＊0.50，H23 单元格公式＝H22＊0.50，I23 单元格公式＝I22＊0.50。

完工产品数量加上在产品约当产量即为约当总产量。所以，F24 单元格公式＝F21+F23，向右填充 G24、H24、I24 单元格。

最后，计算单位成本、完工产品和在产品成本。

F25 单元格公式＝F20/F24，然后向右填充 G25、H25、I25 单元格，即计算单位成本；F26 单元格公式＝F25＊F21，然后向右填充 G26、H26、I26 单元格，即计算完工产品成本；在 F27 单元格公式＝F25＊F23，然后向右填充 G27、H27、I27 单元格，即计算在产品成本。

J25 单元格输入公式＝SUM（F25：I25），J26 单元格输入公式＝SUM（F26：I26），J27 单元格输入公式＝SUM（F27：I27），完成单位成本、完工产品

成本、在产品成本总金额的计算。

"生产成本明细账"参考答案如图 11-31 所示。

图 11-31 "生产成本明细账"参考答案

"生产成本明细账"公式参考答案如图 11-32 所示。

图 11-32 "生产成本明细账"公式参考答案

11.4.7 成本核算系统首页制作

为方便使用者轻松切换本系统中各工作表，需要为本系统设计制作一个能反映本系统功能且容易实现不同工作表之间的相互切换，我们需要设计"成本核算系统首页"（或称"系统封面"）工作表。

通过在"系统封面"工作表中增加一些选项或功能按钮，使整个系统使用简单高效，财务人员在使用过程中也更方便。比如增加切换页面按钮，可以任意切换不同表页，这可以大大减少财务人员在核算过程中查找数据的麻烦。

主要操作：

（1）新增加一个工作表并重命名"系统封面"。

（2）选择这个工作表并在适当位置插入一个文本框。

（3）选择适合的图片填充到上述文本框中。

（4）在文本框上根据需要插入若干个文本框、编辑为各工作表文字并进行必要的修饰。

（5）建立封面文本框与各工作表之间的超级链接。具体操作：

1）选择插入的文本框，右键单击文本框，选"超级链接"，再选对应的工作表中某一个单元格，确定。即可实现单击封面上某文本框切换到指定工作表的效果。此时，若在工作表中这个形状则可顺利切换到指定的封面。

2）同理，选择一个工作表，选择插入一个形状，如：➡，右键单击这个形状，选"超级链接"，再选"系统封面"工作表中某一个单元格，确定。

3）重复1）、2）即可实现封面与各工作表的相互切换。

图 11-33 即为设计的一种封面，可以以目录的形式方便地与各工作表进行切换。详见本系统电子版"成本核算系统．XLS"。

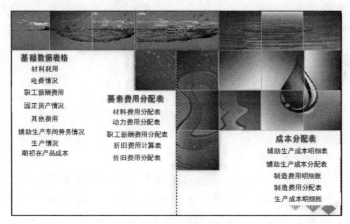

图 11-33　成本核算系统"封面"工作

11.5　LM 公司成本核算系统分析

11.5.1　LM 公司成本核算系统的优势

（1）基于 Excel 设计的成本核算系统成本低，花费少，并且能有效推进财务管理信息化的进程。同时它对软硬件的平台要求不高，在会计信息化的实现中，只要投入很少的软硬件就可以了，能够减少企业在购买专业成本核算系统的经济负担。

（2）借助 Excel 完成日常经济业务的处理，与手工处理相比，快捷高效；与财务软件相比，对计算机配置及人员要求不高且成本低廉。这对于规模不大、利润空间不大的企业来说，无疑是减轻财务人员负担、提高工作效率的有效途径。

（3）Excel 成本核算处理迅速、准确，分配率的计算、费用分配的环节都可自动生成数据；使用简便灵活，可以满足制造企业成本核算的要求，提高企业成本核算效率和成本管理水平。

（4）本系统在利用 Excel 进行成本核算时，大量使用单元格引用（跨表操作），所以本系统实际上是一个较完整的成本核算模型。企业在每月进行成本核算时，只需要将本月的基础数据重新录入，如果每月的成本资料和成本计算的相关方法不变，就可以实现不同月的成本核算，能够提高工作的效率。

（5）本系统通过制作的封面与各工作表的超级链接可以实现封面与各工作表之间的相互切换。系统使用非常简单，没有复杂的程序代码，系统中涉及成本的计算公式都是根据企业成本资料结合企业成本核算准则设定，其他应用方面都是 Excel 的电子表格。所以本系统具有一定的可行性和实用性。

11.5.2 LM 公司成本核算系统的局限性

（1）系统缺乏灵活性。本核算系统的建立前提是每月的生产成本种类不变及生产资料变化不大的前提下，但如果企业不同月份的生产成本种类及成本核算方法总在发生变化，系统就不能智能应对，无法再通过每月单纯的生产资料及基础数据录入达到核算效果。

（2）操作不够简单。系统使用要求操作人员具有一定的 Excel 功底，系统中涉及公式的设置及跨表取数等操作，在建立系统时还需要讲求"成本核算系统"的外观和使用效果，初次建立时要保证所定义公式的正确性。如果公式定义错误，则会导致成本核算结果出现较大错误，给企业成本管理带来很大的影响。

（3）成本核算系统的功能不够完备，Excel 受到自身功能条件局限，所以本系统只进行了一些简单的数据计算与分析处理，对于一些规模较大的企业，处理比较复杂的成本核算及管理就无能为力了。

11.5.3 LM 公司成本核算系统的改进建议

为保证成本核算系统能够顺应企业的发展，达到物尽其用的效果，特此提出以下改进建议：

（1）在设计系统时考虑到成本计算的不同方法，相应地设置不同公式，以便应对企业成本计算方法的变化，还可以用数据有效性对企业部门、产品种类及生产要素等进行设置，以保证数据录入方便、有效。

（2）顺应企业规模的变化，设计建立适合企业的成本核算系统。本系统所用案例中企业规模不大，只涉及甲产品、乙产品，成本核算时用到的材料种类也较少。当企业规模进一步扩大时，需要根据企业增加的成本种类、产品种类和成本计算方法进一步更新企业成本核算系统。

第 12 章 ZGTB 财务报表分析系统 设计与制作

【摘要】本章选取 ZGTB 2020 年财务报表数据为样本，运用 Excel 进行环比分析模型、结构分析模型、比率分析模型、综合分析模型等方法进行财务报表分析系统的设计与制作，是典型的 Excel 财务管理系统设计"模式Ⅲ"的案例。

说明：限于篇幅本案例暂未进行趋势分析。

12.1 ZGTB 财务报表分析系统设计

财务报表分析模型使经营者在大数据环境下能够实时收集与财务报表分析相关的数据并自动编制出可靠的财务报表，通过环比分析模型、结构分析模型、比率分析模型、综合分析模型等方法研讨和评析企业的财务流程，并剖析企业在生产运营进程中的利弊权衡、财务状况及发展态势，为分析和改善财务管理工作提供了协助。通过 Excel 将财务报表的相关报表数据集成和重述，以实现在多重考虑下不同的财务信息需求。

ZGTB 于 1991 年 5 月 13 日成立，是由中国央行核准的一家全国性的股份制商业保险公司。它是中国仅次于中国财险的第二大财产保险公司，同时是三大人寿保险公司之一。其自身业务涵盖寿险、财产保险等多种保险业务。本书将选取 ZGTB 2020 年财务报表数据为样本，运用 Excel 进行财务报表分析系统的设计与制作。

12.1.1 需求分析

财务报表分析模型能够为使用者提供更加有效的信息，帮助其更好地了解公司。同时，有利于提高决策者对市场情况和行业前景预测准确度；有助于改善经营管理者管理水平、优化资本结构以及促进经济资源合理配置；可以通过各种方法使经营者做出正确投资决定及控制措施等。为报表使用者提供有效信息，帮助其进行风险评估与投资决策。为企业管理者提供管理信息，从而使其做出正确的经营决策，提高投资效益。通过财务报表模型的设计，可以使报表中各单位间了解彼此情况与联系，并能准确反映出公司发展趋势及其存在的问题。

12.1.2　可行性分析

财务报表分析系统是利用 Excel 实现，这是目前各个企业都装配的软件程序，由此可见，财务报表分析系统在设计软件上可行；由于该系统是由 Excel 自主创建完成，这不仅减少了资源的消耗，而且提高了财务人员的效率，减少了公司的管理费用，因此该系统在经济层面上是可行的。

12.2　ZGTB 财务报表分析系统的设计与制作

12.2.1　前期准备

12.2.1.1　设计思路

ZGTB 财务报表分析系统设计的流程如图 12-1 所示。

由于设计的财务报表分析模型要适用于大多数企业，而 ZGTB 只是作为样本对模型进行试算，所以要重新构建新的财务报表模型。同时，因为 ZGTB 隶属于金融行业，在报表项目的表示上有一定的差异性，故需要对已获取的年报数据根据新建的报表模型进行汇总录入，多余的部分进行补充。

（1）创建基础数据区，将官方年报数据作为基础数据源。将基础数据区的数据源手动录入资产负债表、利润表、现金流量表三个一级模块。

（2）该模型将自动生成资产负债表的环比分析和结构分析、利润表的环比分析和结构分析、现金流量表的环比分析和结构分析六个二级模块。

（3）模型会根据六个二级模块中的数据自动计算出主要的财务比率。

（4）模型将从主要财务比率中引用杜邦分析体系和沃尔比重评分表所需数据。

（5）再根据计算出的结果对该方法进行验证，并结合实际情况提出对设计模型的改进建议。但如果通过设计模型所得到的财务数据不正确，则需要重新返回基础数据区，重新收集相关数据。

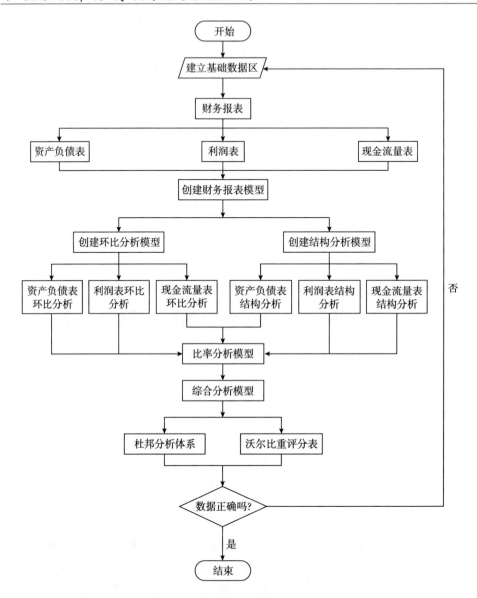

图 12-1　财务报表分析模型的设计流程

12.2.1.2　数据收集

因篇幅所限，根据 ZGTB 官网发布的 2020 年报数据，结合巨潮资讯、九方智投及网易财经等途径收集数据源，并查阅相关文献，为 ZGTB 设计构建财务报表分析模型做准备。具体数据详见附表 1、附表 2、附表 3。

图 12-2~图 12-6 分别是对所选取财务指标的列示。

项　　目	计算公式	上年数	本年数
一、偿债能力			
1、流动比率	流动资产÷流动负债	9.39%	8.87%
2、速动比率	速动资产÷流动负债	1.51%	2.23%
3、现金流量比率	经营活动现金流量净额÷流动负债	8.26%	7.47%
4、现金比率	现金及现金等价物净增加额÷流动负债	-0.59%	29.55%
5、资产负债率	负债总额÷资产总额	88.01%	87.53%
6、产权比率	负债总额÷股东权益总额	733.70%	701.96%
7、股东权益比率	股东权益总额÷资产总额	11.99%	12.47%
8、利息保障倍数	（税前利润+利息费用）÷利息费用	-696.53%	-758.68%
9、偿债保障比率	负债总额÷经营活动现金流量净额	1244.66%	1386.62%

图 12-2　偿债能力指标

主 要 财 务 比 率

编制单位：ZGTB		2020年度	
项　　目	计算公式	上年数	本年数
一、偿债能力			
1、流动比率	流动资产÷流动负债	9.39%	8.87%
2、速动比率	速动资产÷流动负债	1.51%	2.23%
3、现金流量比率	经营活动现金流量净额÷流动负债	8.26%	7.47%
4、现金比率	现金及现金等价物净增加额÷流动负债	-0.59%	29.55%
5、资产负债率	负债总额÷资产总额	88.01%	87.53%
6、产权比率	负债总额÷股东权益总额	733.70%	701.96%
7、股东权益比率	股东权益总额÷资产总额	11.99%	12.47%
8、利息保障倍数	（税前利润+利息费用）÷利息费用	-696.53%	-758.69%
9、偿债保障比率	负债总额÷经营活动现金流量净额	1244.66%	1386.62%
二、营运能力比率			
1、应收账款周转率	赊销收入净额÷平均应收账款		0.00%
2、存货周转率	主营业务成本÷平均存货		0.00%
3、流动资产周转率	主营业务收入÷平均流动资产		330.29%
4、固定资产周转率	主营业务收入÷平均固定资产		2300.53%
5、总资产周转率	主营业务收入÷平均总资产		25.59%

图 12-3　营运能力指标

项　　目	计算公式	上年数	本年数
三、盈利能力比率			
1、总资产报酬率	息税前利润÷平均总资产		1.57%
2、总资产净利率	净利润÷平均总资产		1.54%
3、净资产收益率	净利润÷平均股东权益		12.55%
4、主营业务毛利率	主营业务利润÷主营业务收入净额	192.72%	193.04%
5、主营业务净利率	净利润÷主营业务收入净额	7.36%	6.00%
6、成本费用利润率	净利润÷（主营业务成本+期间费用）	-68.27%	-52.88%

图 12-4　盈利能力指标

项　　目	计算公式	上年数	本年数
四、发展能力比率			
1、主营业务收入增长率	本年主营业务收入增长额÷上年主营业务收入		9.52%
2、净利润增长率	本年净利润增长额÷上年净利润		-10.59%
3、留存盈利比率	（净利润－全部股利）÷净利润	100.00%	100.00%
4、可持续增长率	净资产收益率÷留存盈利比率		12.55%
5、资本累积率	本期所有者权益增长额÷上期所有者权益总额		20.46%

图 12-5　发展能力指标

项　　目	计算公式	上年数	本年数
五、现金流量分析			
现金股利			
优先股股利			
普通股股数			
经营活动净现金比率	经营活动净现金流量÷负债总额	8.03%	7.21%
到期债务本息偿付比率	经营活动净现金流量÷（本期到期债务本金+现金利息支出）	-3077.84%	-3283.26%
支付现金股利比率	经营活动净现金流量÷现金股利	#DIV/0!	#DIV/0!
现金充分性比率	现金流量净增加额÷（现金股利利息+资本性支出额+债务偿还额）		1.16%
每股经营现金流量	(经营活动净现金流量－优先股股利)÷普通股股数	#DIV/0!	#DIV/0!
现金获利指数	净利润÷经营活动净现金流量	26.24%	22.68%
净利润现金保证比率	经营活动净现金流量÷净利润	0.00%	0.00%
现金与流动资产比率	现金流量净增加额÷流动资产	-6.33%	3.33%
销售收入现金回收比率	经营活动净现金流量÷全年销售收入	28.03%	26.48%

图 12-6　现金流量分析指标

12.2.2　财务报表模板的创建

12.2.2.1　创建资产负债表模板

（1）进入 Excel。

（2）增加一个 Excel 工作表，双击工作表标签重命名为"资产负债表"。

（3）创建如图 12-7 所示的资产负债表模板。

限于篇幅，此处仅列示图 12-7 的资产负债表模板中定义的部分公式：

基本信息的公式。

在 B3 单元格中输入公式"=CONCATENATE（'编制单位：'，首页！D11）"

在 F3 单元格中输入公式"=YEAR（首页！G14）&'年度'"

在 I3 单元格中输入公式"='单位：'&首页！H15"

在 B67 单元格中输入公式"=CONCATENATE（'财务负责人：'，首页！E12）"

在 E67 单元格中输入公式"=CONCATENATE（'制表人：'，首页！F13）"

在 H67 单元格中输入公式"='报出日期：'&YEAR（首页！I16）&'年'&MONTH（首页！I16）&'月'&DAY（首页！I16）&'日'"

部分项目年初数的公式。

在 D30 单元格中输入公式"=SUM（D6：D29）"

在 D38 单元格中输入公式"=SUM（D34：D37）"

在 D43 单元格中输入公式"=D41−D42"

在 D45 单元格中输入公式"=D43−D44"

在 D49 单元格中输入公式"=SUM（D45：D48）"

在 D59 单元格中输入公式"=SUM（D51：D58）"

在 D65 单元格中输入公式"=D31+D32+D38+D39+D49+D59+D61+D62"

在 D66 单元格中输入公式"=D30+D65"

在 H39 单元格中输入公式"=SUM（H6：H38）"

在 H48 单元格中输入公式"=SUM（H41：H47）"

在 H52 单元格中输入公式"=H48+H50+H51"

在 H53 单元格中输入公式"=H39+H52"

在 H57 单元格中输入公式"=H55−H56"

在 H63 单元格中输入公式"=H57+H58+H59+H60+H61+H62"

在 H65 单元格中输入公式"=H63+H64"

在 H66 单元格中输入公式"=H53+H65"

部分项目期末数的公式：

将鼠标移至 D30 单元格的右下方，鼠标变成了“+”，向右拖动到 E45 单元格，公式就会自动输入。参照（2）部分项目年初数的公式，将每个单元格按照上述方法拖动，使得部分项目期末数的公式能够被自动填充。

核对报表平衡的公式。

在 B68 单元格中输入公式“=IF（D66<>H66，‘报表不平衡，请检查核对!’，IF（E66<>I66，‘报表不平衡，请检查核对!’，‘’））”

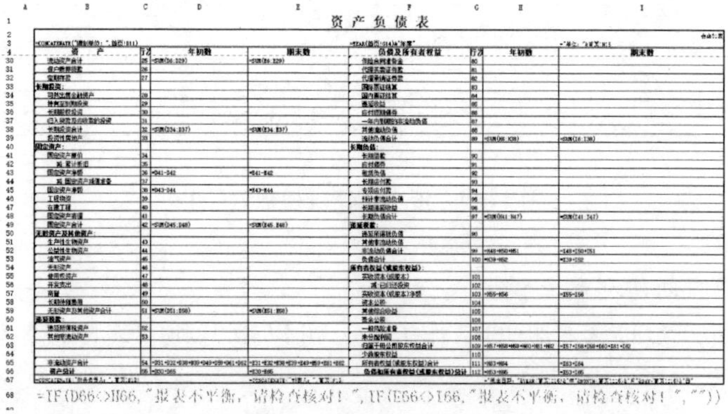

图 12-7　资产负债表模板（已定义部分公式）

（4）冻结窗格。选中 1 至 4 行，点击“视图”→“冻结窗格”→“冻结至第 4 行”。

（5）插入图标，并设置超链接到“目录页”工作表。

（6）设置“资产负债表”的整体格式。

编辑完成后的“资产负债表”模板如图 12-8、图 12-9 所示。

资 产 负 债 表

会企01表

编制单位：ZGTB　　2020年度　　单位：百万元

资　产	行次	年初数	期末数	负债及所有者权益	行次	年初数	期末数
流动资产：				流动负债：			
货币资金	1			短期借款	56		
结算备付金	2			向中央银行借款	57		
拆出资金	3			吸收存款及同业存放	58		
交易性金融资产	4			拆入资金	59		
衍生金融资产	5			交易性金融负债	60		
应收票据	6			衍生金融负债	61		
应收股利	7			应付票据	62		
应收保费	8			应付账款	63		
应收分保账款	9			预收账款	64		
应收分保合同准备金	10			卖出回购金融资产款	65		
应收利息	11			应付手续费及佣金	66		
应收账款	12			应付职工薪酬	67		
其他应收款	13			应交税费	68		
预付账款	14			应付利息	69		
应收出口退税	15			应付赔付款	70		
应收补贴款	16			应付保单红利	71		
应收保证金	17			应付股利	72		
内部应收款	18			其他应交款	73		
买入返售金融资产	19			应付保证金	74		
存货	20			内部应付款	75		
待摊费用	21			其他应付款	76		
待处理流动资产损益	22			预提费用	77		
一年内到期的长期债权投资	23			预计流动负债	78		
其他流动资产	24			应付分保账款	79		
流动资产合计	25	-	-	保险合同准备金	80		
保户质押贷款	26			代理买卖证券款	81		
定期存款	27			代理承销证券款	82		

图 12-8　资产负债表模板（上）

资 产 负 债 表

会企01表

编制单位：ZGTB　　2020年度　　单位：百万元

行	资　产	行次	年初数	期末数	负债及所有者权益	行次	年初数	期末数
33	长期投资：				国际票证结算	83		
34	可供出售金融资产	28			国内票证结算	84		
35	持有至到期投资	29			递延收益	85		
36	长期股权投资	30			应付短期债券	86		
37	归入贷款及应收款的投资	31			一年内到期的非流动负债	87		
38	长期投资合计	32	-	-	其他流动负债	88		
39	投资性房地产	33			流动负债合计	89	-	-
40	固定资产：				长期负债：			
41	固定资产原价	34			长期借款	90		
42	减：累计折旧	35			应付债券	91		
43	固定资产净额	36	-	-	租赁负债	92		
44	减：固定资产减值准备	37			长期应付款	93		
45	固定资产净额	38	-	-	专项应付款	94		
46	工程物资	39			预计非流动负债	95		
47	在建工程	40			长期递延收益	96		
48	固定资产清理	41			长期负债合计	97	-	-
49	固定资产合计	42	-	-	递延税款：			
50	无形资产及其他资产：				递延所得税负债	98		
51	生产性生物资产	43			其他非流动负债			
52	公益性生物资产	44			非流动负债合计	99	-	-
53	油气资产	45			负债合计	100	-	-
54	无形资产	46			所有者权益（或股东权益）：			
55	使用权资产	47			实收资本（或股本）	101		
56	开发支出	48			减：已归还投资	102		
57	商誉	49			实收资本（或股本）净额	103	-	-
58	长期待摊费用	50			资本公积	104		
59	无形资产及其他资产合计	51	-	-	其他综合收益	105		
60	递延税款：				盈余公积	106		
61	递延所得税资产	52			一般风险准备	107		
62	其他非流动资产	53			未分配利润	108		
63					归属于母公司股东权益合计	109	-	-
64					少数股东权益	110		
65	非流动资产合计	54	-	-	所有者权益（或股东权益）合计	111	-	-
66	资产总计	55	-	-	负债和所有者权益（或股东权益）总计	112	-	-

财务负责人：无　　制表人：赵茂轩　　报出日期：2022年4月23日

图 12-9　资产负债表模板（下）

12.2.2.2　创建利润表模板

（1）仿资产负债表模板的制作方法，可以做出利润表模板，如图 12-10、图 12-11 所示。

利 润 表

会企02表

编制单位：ZGTB　　单位：百万元

行	项　目	行次	本年累计数	去年累计数
6	一、营业收入	1		
7	已赚保费	2		
8	保险业务收入	3		
9	其中：分保费收入	4		
10	减：分出保费	5		
11	提取未到期责任准备金	6		
12	其他收益	7		
13	投资收益	8		
14	其中：对联营企业和合营企业的投资收益	9		
15	公允价值变动收益	10		
16	汇兑（损失）/收益	11		
17	其他业务收入	12		
18	资产处置收益	13		
19	二、营业支出	14		
20	退保金	15		
21	赔付支出	16		
22	减：摊回赔付支出	17		
23	赔付支出净额	18		
24	提取保险责任准备金	19		
25	减：摊回保险责任准备金	20		
26	提取保险合同准备金净额	21		
27	提取保费准备金	22		
28	保单红利支出	23		
29	分保费用	24		
30	税金及附加	25		

图 12-10　利润表模板（上）

（2）定义利润表公式，如图 12-12 所示。

在 B3 单元格中输入公式“=CONCATENATE（‘编制单位：’，首页！D11）”

在 E3 单元格中输入公式“=‘单位：’& 首页！H15”

在 B59 单元格中输入公式“=CONCATENATE（‘制表人：’，首页！F13）”

利 润 表

A	B	C	D	E
				会企02表
编制单位：ZGTB				单位：百万元
项　　目	行次	本年累计数		去年累计数
手续费及佣金支出	26			
业务及管理费	27			
减：摊回分保费用	28			
销售费用	29			
财务费用	30			
其他业务成本	31			
计提资产减值准备	32			
三、营业利润	33			
加：营业外收入	34			
减：营业外支出	35			
四、利润总额（亏损用"-"号）	36			
减：所得税	37			
五、净利润（亏损用"-"号）	38			

补 充 资 料

项　　目	行次	本年累计数	去年累计数
1. 期末全部职工人数（人）	39		
2. 平均职工人数（人）	40		
3. 工资总额（元）	41		
4. 银行利息支出数（元）	42		
5. 增值税销项税额（元）	43		
6. 增值税进项税额（元）	44		
7. 增值税应纳税（元）	45		
8. 营业税（元）	46		
9. 消费税（元）	47		
10. 资源税（元）	48		
11. 在管理费用中列支的税金（元）	49		
12. 减征所得税额	50		
13. 赊销收入净额	51		

制表人：赵祓妍　　　　　　　　　　　　　报出日期：2022年4月28日

图 12-11　利润表模板（下）

图 12-12　利润表公式

在 E59 单元格中输入公式"="报出日期："&YEAR（首页！I16）&
'年'&MONTH（首页！I16）&'月'&DAY（首页！I16）&'日'"

部分项目本年累计数的公式。

在 D6 单元格中输入公式"= D7+D12+D13+D15+D16+D17+D18"

在 D7 单元格中输入公式"= D8+D10+D11"

在 D19 单元格中输入公式"= D20+D23+D26+D27+D28+D29+D30+D31+
D34+D35+D36+D37"

在 D23 单元格中输入公式“=D21+D22”

在 D26 单元格中输入公式“=D24+D25”

在 D34 单元格中输入公式“=D32+D33”

在 D38 单元格中输入公式“=D6+D19”

在 D41 单元格中输入公式“=D38+D39+D40”

在 D43 单元格中输入公式“=D41+D42”

部分项目去年累计数的公式。

重复鼠标变成“+”时的操作，公式便会自动填充。参照 D 列部分项目本年累计数的公式，将每个单元格按照上述方法拖动，使得部分项目去年累计数的公式能够被自动填充。

12.2.2.3 创建现金流量表模板

（1）仿资产负债表模板的制作方法，可以作出现金流量表模板，如图 12-13、图 12-14 所示。

	A	B	C	D	E
1		现 金 流 量 表			
2					会企03表
3		编制单位：ZGTB	2020年度		单位：百万元
4		项目	行次	上期数	本期数
5		一、经营活动产生的现金流量：	1		
6		收到原保险合同保费取得的现金	2		
7		保户储金及投资款净增加额	3		
8		收到的税费返还	4		
9		收到的其他与经营活动有关的现金	5		
10		现金流入小计	6		
11		支付原保险合同赔付款项的现金	7		
12		支付再保业务现金净额	8		
13		支付手续费及佣金的现金	9		
14		支付保单红利的现金	10		
15		支付给职工以及为职工支付的现金	11		
16		支付的各项税费	12		
17		支付的其他与经营活动有关的现金	13		
18		现金流出小计	14		
19		经营活动产生的现金流量净额	15		
20		二、投资活动产生的现金流量：	16		
21		收回投资所收到的现金	17		
22		取得投资收益所收到的现金	18		
23		处置子公司及其他营业单位收到的现金净额	19		
24		处置固定资产、无形资产或其他长期资产收回的现金净额	20		
25		现金流入小计	21		
26		投资支付的现金	22		
27		保户质押贷款净增加额	23		
28		取得子公司及其他营业单位支付的现金净额	24		
29		购建固定资产、无形资产和其他长期资产支付的现金	25		
30		支付的其他与投资活动有关的现金	26		
31		现金流出小计	27		
32		投资活动产生的现金流量净额	28		
33		三、筹资活动产生的现金流量：	29		
34		吸收投资所收到的现金	30		
35		卖出回购金融资产款现金净增加额	31		
36		收到的其他与筹资活动有关的现金	32		
37		现金流入小计	33		
38		偿还债务所支付的现金	34		
39		分配股利、利润或偿付利息所支付的现金	35		
40		支付的其他与筹资活动有关的现金	36		
41		现金流出小计	37		
42		筹资活动产生的现金流量净额	38		

图 12-13 现金流量表模板（上）

（2）定义现金流量表的公式如图 12-15 所示。

基本信息的公式。

在 B3 单元格中输入公式“=CONCATENATE（‘编制单位:’，首页！D11）”

现 金 流 量 表

项目	行次	上期数	本期数
编制单位：ZGTB	2020年度		单位：百万元 会企03表
四、汇率变动对现金及现金等价物的影响	39		
五、现金流量净额	40		
六、现金及现金等价物净增加额	41		
加：期初现金及现金等价物余额	42		
七、期末现金及现金等价物余额	43		
补充资料			
1、将净利润调节为经营活动的现金流量			
净利润	44		
少数股东损益	45		
未确认的投资损失	46		
资产减值准备	47		
固定资产折旧、油气资产折耗、生产性物资折旧	48		
无形资产摊销	49		
长期待摊费用摊销	50		
待摊费用的减少	51		
预提费用的增加	52		
处置固定资产、无形资产和其他长期资产的损失	53		
固定资产报废损失	54		
公允价值变动损失	55		
递延收益增加（减：减少）	56		
预计负债	57		
财务费用	58		
投资损失	59		
递延所得税资产减少	60		
递延所得税负债增加	61		
存货的减少	62		
经营性应收项目的减少	63		
经营性应付项目的增加	64		
已完工未结算款的减少（减：增加）	65		
已结算尚未完工款的增加（减：减少）	66		
其他	67		
经营活动产生现金流量净额	68		
2、不涉及现金收支的重大投资和筹资活动			
债务转为资本	69		
一年内到期的可转换公司债券	70		
融资租入固定资产	71		
3、现金及现金等价物净变动			
现金的期末余额	72		
现金的期初余额	73		
现金等价物的期末余额	74		
现金等价物的期初余额	75		
现金及现金等价物的净增加额	76		
财务负责人：无		制表人：赵筱妍	报出日期：2022年4月28日

图 12-14　现金流量表模板（下）

现 金 流 量 表

图 12-15　现金流量表的公式

在 C3 单元格中输入公式 "=YEAR（首页！G14）& '年度'"

在 E3 单元格中输入公式 "='单位：'& 首页！H15"

在 B85 单元格中输入公式“=CONCATENATE（‘财务负责人:’，首页！E12）”

在 C85 单元格中输入公式“=CONCATENATE（‘制表人:’，首页！F13）”

在 E85 单元格中输入公式“=‘报出日期:’&YEAR（首页！I16）&‘年’&MONTH（首页！I16）&‘月’&DAY（首页！I16）&‘日’”

部分项目上期数的公式。

在 D10 单元格中输入公式“=SUM（D6：D9）”

在 D18 单元格中输入公式“=SUM（D11：D17）”

在 D19 单元格中输入公式“=D10+D18”

在 D25 单元格中输入公式“=SUM（D21：D24）”

在 D31 单元格中输入公式“=SUM（D26：D30）”

在 D32 单元格中输入公式“=D25+D31”

在 D37 单元格中输入公式“=SUM（D34：D36）”

在 D41 单元格中输入公式“=SUM（D38：D40）”

在 D42 单元格中输入公式“=D37+D41”

在 D44 单元格中输入公式“=D19+D32+D42”

在 D47 单元格中输入公式“=D45+D46”

在 D84 单元格中输入公式“=D80-D81+D82-D83”

部分项目本期数的公式。

重复鼠标变成“+”时的操作，公式便会自动填充。参照 D 列部分项目上期数的公式，将每个单元格按照上述方法拖动，使得部分项目本期数的公式能够被自动填充。

12.2.3 基础数据的录入

将附表 1、附表 2、附表 3 中的具体数据录入资产负债表模板、利润表模板和现金流量表模板，如图 12-16~图 12-21 所示。

资 产 负 债 表

编制单位：ZGTB　　2020年度　　会企01表　单位：百万元

资　产	行次	年初数	期末数	负债及所有者权益	行次	年初数	期末数
流动资产:				流动负债:			
货币资金	1	14,872	20,678	短期借款	56		
结算备付金	2			向中央银行借款	57		
拆出资金	3			吸收存款及同业存放	58		
交易性金融资产	4	4,931	12,473	拆入资金	59		
衍生金融资产	5		140	交易性金融负债	60		
应收票据	6			衍生金融负债	61		
应收股利	7			应付票据	62		
应收保费	8	17,916	21,692	应付账款	63		
应收分保账款	9	5,340	8,180	预收账款	64	21,000	27,983
应收分保合同准备金	10	25,560	27,719	卖出回购金融资产款	65	78,386	90,826
应收利息	11	19,493	20,563	应付手续费及佣金	66	4,364	4,003
应收账款	12			应付职工薪酬	67	5,573	6,711
其他应收款	13			应交税费	68	2,166	3,211
预付账款	14			应付利息	69	516	594
应收出口退税	15			应付赔付款	70	21,712	21,825
应收补贴款	16			应付保单红利	71	25,447	24,351
应收保证金	17	6,658	6,058	应付股利	72		
内部应收款	18			其他应交款	73		
买入返售金融资产	19	20,045	14,327	应付保证金	74		
存货	20			内部应付款	75		
待摊费用	21			其他应付款	76		
待处理流动资产损益	22			预提费用	77		
一年内到期的长期债权投资	23			预计流动负债	78		
其他流动资产	24			应付分保账款	79	4,543	5,501
流动资产合计	25	122,815	132,830	保险合同准备金	80	1,143,946	1,312,509
保户质押贷款	26	57,194	62,364	代理买卖证券款	81		
定期存款	27	147,756	192,966	代理承销证券款	82		

图 12-16　ZGTB 资产负债表（上）

图 12-17　ZGTB 资产负债表（下）

利 润 表

会企02表
编制单位：ZGTB
单位：百万元

项目	行次	本年累计数	去年累计数
一、营业收入	1	422,182	385,489
已赚保费	2	331,639	313,246
保险业务收入	3	362,064	347,517
其中：分保费收入	4	4,890	998
减：分出保费	5	(24,741)	(22,358)
提取未到期责任准备金	6	(5,684)	(11,913)
其他收益	7	170	125
投资收益	8	87,413	67,762
其中：对联营企业和合营企业的投资收益	9	512	494
公允价值变动收益	10	81	801
汇兑（损失）/收益	11	(1,428)	56
其他业务收入	12	4,303	3,484
资产处置收益	13	4	15
二、营业支出	14	(392,805)	(357,422)
退保金	15	(14,421)	(11,104)
赔付支出	16	(142,851)	(128,541)
减：摊回赔付支出	17	12,532	10,858
赔付支出净额	18	(130,319)	(117,683)
提取保险责任准备金	19	(138,184)	(122,776)
减：摊回保险责任准备金	20	1,021	1,490
提取保险保障基金净额	21	(137,163)	(121,286)
提取保费准备金	22	144	58
保单红利支出	23	(11,512)	(10,777)
分保费用	24	(1,336)	(455)
税金及附加	25	(1,044)	(882)

图 12-18　ZGTB 利润表（上）

利 润 表

会企02表
编制单位：ZGTB
单位：百万元

项目	行次	本年累计数	去年累计数
手续费及佣金支出	26	(39,495)	(46,853)
业务及管理费	27	(52,985)	(45,439)
减：摊回分保费用	28	8,445	7,418
销售费用	29	(44,540)	(38,021)
财务费用	30	(3,405)	(3,511)
其他业务成本	31	(5,320)	(4,464)
计提资产减值准备	32	(4,394)	(2,454)
三、营业利润	33	29,377	28,067
加：营业外收入	34	108	82
减：营业外支出	35	(247)	(183)
四、利润总额（亏损用"-"号）	36	29,238	27,966
减：所得税	37	(3,886)	388
五、净利润（亏损用"-"号）	38	25,352	28,354

补充资料			
项目	行次	本年累计数	去年累计数
1. 期末全部职工人数（人）	39		
2. 平均职工人数（人）	40		
3. 工资总额（元）	41		
4. 银行利息支出数（元）	42		
5. 增值税销项税额（元）	43		
6. 增值税进项税额（元）	44		
7. 增值税应纳税额（元）	45		
8. 营业税（元）	46		
9. 消费税（元）	47		
10. 资源税（元）	48		
11. 在管理费用中列支的税金（元）	49		
12. 减征所得税（元）	50		
13. 弥调收入净额	51		

制表人：赵晓妍　　　报出日期：2022年4月28日

图 12-19　ZGTB 利润表（下）

现 金 流 量 表

编制单位：ZGTB 　2020年度 　会企03表 单位：百万元

项目	行次	上期数	本期数
一、经营活动产生的现金流量：	1		
收到原保险合同保费取得的现金	2	368440	353406
保户储金及投资款净增加额	3	6891	9006
收到的税费返还	4	14	4
收到的其他与经营活动有关的现金	5	5556	4732
现金流入小计	6	380901	367148
支付原保险合同赔付款项的现金	7	(137595)	(124698)
支付再保业务现金净额	8	(4575)	(4190)
支付保险或投资合同现金的现金	9	(40705)	(47924)
支付单利利的现金	10	(9439)	(8602)
支付给职工以及为职工支付的现金	11	(23310)	(23532)
支付的各项税费	12	(11811)	(12227)
支付的其他与经营活动有关的现金	13	(45403)	(34180)
现金流出小计	14	(272838)	(265353)
经营活动产生的现金流量净额	15	108063	111795
二、投资活动产生的现金流量：	16		
收回投资所收到的现金	17	347837	274369
取得投资收益所收到的现金	18	67578	61689
处置子公司及其他营业单位收到的现金净额	19	318	3
处置固定资产、无形资产或其他长期资产收回的现金净额	20	21	61
现金流入小计	21	415754	336122
投资所支付的现金	22	(538924)	(417465)
保户押押贷款净增加额	23	(5230)	(8140)
取得子公司及其他营业单位支付的现金净额	24	(4031)	(2943)
购建固定资产、无形资产和其他长期资产支付的现金	25	(3628)	(3475)
支付的其他与投资活动有关的现金	26	21	(954)
现金流出小计	27	(551822)	(432977)
投资活动产生的现金流量净额	28	(136068)	(96855)
三、筹资活动产生的现金流量：	29		
吸收投资所收到的现金	30	13915	229
卖出回购金融资产款净增加额	31	12433	3215
收到的其他与筹资活动有关的现金	32	13232	6615
现金流入小计	33	39580	9959
偿还债务所支付的现金	34	(2290)	(6750)
分配股利、利润或偿付利息所支付的现金	35	(13824)	(12211)
支付的其他与筹资活动有关的现金	36	(2018)	(1542)
现金流出小计	37	(18132)	(20503)
筹资活动产生的现金流量净额	38	21448	(10544)

图 12-20　ZGTB 现金流量表（上）

现 金 流 量 表

编制单位：ZGTB 　2020年度 　会企03表 单位：百万元

项目	行次	上期数	本期数
四、汇率变动对现金及现金等价物的影响	39	(1222)	29
五、现金流量净额	40	(6557)	4396
六、现金及现金等价物净增加额	41	(7779)	442500
加：期初现金及现金等价物余额	42	42546	3812100
七、期末现金及现金等价物余额	43	34767	4254600
补充资料			
1、将净利润调节为经营活动的现金流量			
净利润	44	25,352	28,354
少数股东损益	45		
未确认的投资损失	46		
资产减值准备	47	4,394	2,454
固定资产折旧、油气资产折耗、生产性物资折旧	48	1,755	2,983
无形资产摊销	49	750	611
长期待摊费用摊销	50		
待摊费用的减少	51		
预提费用的增加	52		
处置固定资产、无形资产和其他长期资产的损失	53	(4)	(15)
固定资产报废损失	54		
公允价值变动损失	55	(81)	(801)
递延收益增加（减：减少）	56		
预计负债	57		
财务费用	58		
投资损失	59	(87,413)	(67,762)
递延所得税资产减少	60		
递延所得税负债增加	61		
存货的减少	62		
经营性应收项目的减少	63	(8,757)	(3,839)
经营性应付项目的增加	64	24,378	13,563
已完工尚未结算款的减少（减：增加）	65		
已结算尚未完工款的增加（减：减少）	66		
其他	67		
经营活动产生现金流量净额	68	108,063	111,795
2、不涉及现金收支的重大投资和筹资活动			
债务转为资本	69		
一年内到期的可转换公司债务	70		
融资租入固定资产	71		
3、现金及现金等价物净变动			
现金的期末余额	72	20,440	14,501
现金的期初余额	73	14,501	15,026
现金等价物的期末余额	74	14,327	28,045
现金等价物的期初余额	75	28,045	23,095
现金及现金等价物的净增加额	76	(7,779)	4,425

财务负责人：无 　制表人：赵越妍 　报出日期：2022年4月28日

图 12-21　ZGTB 现金流量表（下）

12.2.4　财务报表环比分析模型

12.2.4.1　新建资产负债表环比分析模型

（1）复制工作表并重命名。复制"资产负债表"工作表，双击工作表标签重命名为"资产负债表环比分析"。

（2）更改资产负债表的表标题和部分项目名称。

1）更改 B1 单元格，输入"资产负债表环比分析"。

2）更改 D4 和 H4 单元格为"增减额"、E4 和 I4 单元格为"增减百分比"。

（3）定义资产负债表环比分析模型公式，如图 12-22、图 12-23 所示。

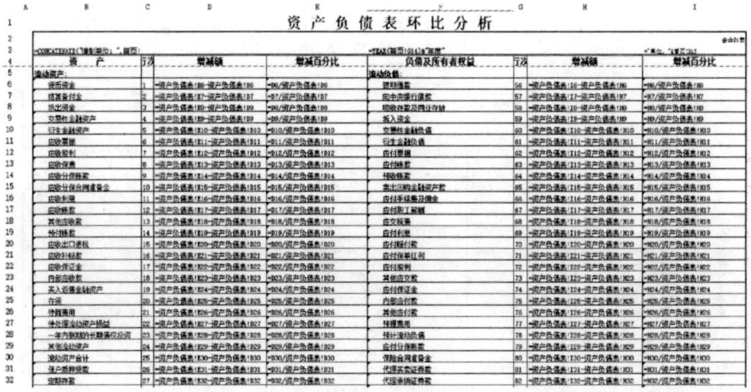

图 12-22　资产负债表环比分析公式（上）

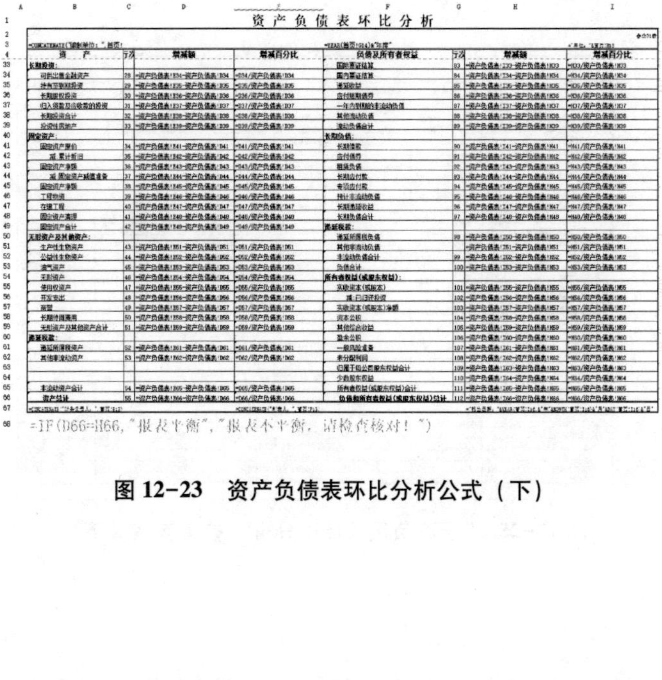

图 12-23　资产负债表环比分析公式（下）

1）增减额的公式。在 D6 单元格中输入公式"=资产负债表！E6-资产负债表！D6"，把鼠标移到 D6 单元格的右下角，等鼠标变成"+"时往下拖到 D66 单元格，公式便会自动填充。

同理，可完成 H6：H66 区域的公式定义。

2）增减百分比的公式。在 E6 单元格中输入公式"=资产负债表！E6-资产负债表！D6"，把鼠标移到 E6 单元格的右下角，等鼠标变成"+"时往下拖到 E66 单元格，公式便会自动填充。

同理，I6：I66 区域的公式同上所述。

（4）设置"资产负债表环比分析"的格式。编辑完成后的"资产负债表环比分析"参考答案如图 12-24、图 12-25 所示。

图 12-24 "资产负债表环比分析"参考答案（上）

图 12-25 "资产负债表环比分析"参考答案（下）

12.2.4.2　新建利润表环比分析模型

（1）复制工作表并重命名。复制"利润表"工作表，双击工作表标签重命名为"利润表环比分析"。

（2）更改利润表的表标题和部分项目名称。

更改 B1 单元格，输入"利润表环比分析"。

更改 B4 至 E4 单元格，分别输入"项目""行次""增减额""增减百分比%"。

（3）定义利润表环比分析模型公式，如图 12-26 所示。

图 12-26　利润表环比分析公式

1）增减额的公式。在 D6 单元格中输入公式"＝利润表！D6-利润表！E6"，把鼠标移到 D6 单元格的右下角，等鼠标变成"+"时往下拖到 D43 单元格，公式便会自动填充。

2）增减百分比的公式。在 E6 单元格中输入公式"＝D6/利润表！E6"，把鼠标移到 E6 单元格的右下角，等鼠标变成"+"时往下拖到 E43 单元格，公式便会自动填充。

12.2.4.3 设置"利润表环比分析"的整体格式

编辑完成后的"利润表环比分析"参考答案如图 12-27 所示。

利润表环比分析

会企02表
单位: 百万元

编制单位: ZGTB

项　　目	行次	增减额	增减百分比%
一、营业收入	1	36,693	9.52%
已赚保费	2	18,393	5.87%
保险业务收入	3	14,547	4.19%
其中: 分保费收入	4	3,892	389.98%
减: 分出保费	5	(2,383)	10.66%
提取未到期责任准备金	6	6,229	-52.29%
其他收益	7	45	36.00%
投资收益	8	19,651	29.00%
其中: 对联营企业和合营企业的投资收益	9	18	3.64%
公允价值变动收益	10	(720)	-89.89%
汇兑(损失)/收益	11	(1,484)	-2650.00%
其他业务收入	12	819	23.51%
资产处置收益	13	(11)	-73.33%
二、营业支出	14	(35,383)	9.90%
退保金	15	(3,317)	29.87%
赔付支出	16	(14,310)	11.13%
减: 摊回赔付支出	17	1,674	15.42%
赔付支出净额	18	(12,636)	10.74%
提取保险责任准备金	19	(15,408)	12.55%
减: 摊回保险责任准备金	20	(469)	-31.48%
提取保险合同准备金净额	21	(15,877)	13.09%
提取保费准备金	22	86	148.28%
保单红利支出	23	(735)	6.82%
分保费用	24	(881)	193.63%
税金及附加	25	(162)	18.37%
手续费及佣金支出	26	7,358	-15.70%
业务及管理费	27	(7,546)	16.61%
减: 摊回分保费用	28	1,027	13.84%
其他费用	29	(6,519)	17.15%
财务费用	30	106	-3.02%
其他业务成本	31	(866)	19.44%
计提资产减值准备	32	(1,940)	79.05%
三、营业利润	33	1,310	4.67%
加: 营业外收入	34	26	31.71%
减: 营业外支出	35	(64)	34.97%
四、利润总额(亏损用"-"号)	36	1,272	4.55%
减: 所得税	37	(4,274)	-1101.55%
五、净利润(亏损用"-"号)	38	(3,002)	-10.59%

图 12-27　利润表环比分析参考答案

12.2.4.4 新建现金流量表环比分析模型

（1）复制工作表并重命名。复制"现金流量表"工作表，双击工作表标签重命名为"现金流量表环比分析"。

（2）更改现金流量表的表标题和部分项目名称。

更改 B1 单元格，输入"现金流量表环比分析"。

更改 B4 至 E4 单元格，分别输入"项目""行次""比上年增减额""增减百分比%"。

（3）定义现金流量表环比分析模型公式，如图 12-28 所示。

1）比上年增减额的公式。在 D6 单元格中输入公式"＝现金流量表! E6-现金流量表! D6"，把鼠标移到 D6 单元格的右下角，等鼠标变成"+"时往下拖到 D44 单元格，公式便会自动填充。

2）增减百分比的公式。在 E6 单元格中输入公式"＝D6/现金流量表! D6"，把鼠标移到 E6 单元格的右下角，等鼠标变成"+"时往下拖到 E44 单元格，公式便会自动填充。

现金流量表环比分析

合企03表

项目	行次	比上年增减额	增减百分比%
=CONCATENATE("编制单位：",首页!D11)	=YEAR(首页!G14)&"年度"	="单位："&首页!H15	
一、经营活动产生的现金流量：	1		
收到原保险合同保费取得的现金	2	=现金流量表!E6-现金流量表!D6	=D6/现金流量表!D6
保户储金及投资款净增加额	3	=现金流量表!E7-现金流量表!D7	=D7/现金流量表!D7
收到的税费返还	4	=现金流量表!E8-现金流量表!D8	=D8/现金流量表!D8
收到的其他与经营活动有关的现金	5	=现金流量表!E9-现金流量表!D9	=D9/现金流量表!D9
现金流入小计	6	=现金流量表!E10-现金流量表!D10	=D10/现金流量表!D10
支付原保险合同赔付款项的现金	7	=现金流量表!E11-现金流量表!D11	=D11/现金流量表!D11
支付再保业务现金净额	8	=现金流量表!E12-现金流量表!D12	=D12/现金流量表!D12
支付手续费及佣金的现金	9	=现金流量表!E13-现金流量表!D13	=D13/现金流量表!D13
支付给职工以及为职工支付的现金	10	=现金流量表!E14-现金流量表!D14	=D14/现金流量表!D14
支付的各项税费	11	=现金流量表!E15-现金流量表!D15	=D15/现金流量表!D15
支付的其他与经营活动有关的现金	12	=现金流量表!E16-现金流量表!D16	=D16/现金流量表!D16
现金流出小计	13	=现金流量表!E17-现金流量表!D17	=D17/现金流量表!D17
经营活动产生的现金流量净额	14	=现金流量表!E18-现金流量表!D18	=D18/现金流量表!D18
二、投资活动产生的现金流量：	15	=现金流量表!E19-现金流量表!D19	=D19/现金流量表!D19
收回投资所收到的现金	16	=现金流量表!E21-现金流量表!D21	=D21/现金流量表!D21
取得投资收益所收到的现金	17	=现金流量表!E22-现金流量表!D22	=D22/现金流量表!D22
处置子公司及其他营业单位收到的现金净额	18	=现金流量表!E23-现金流量表!D23	=D23/现金流量表!D23
处置固定资产、无形资产或其他长期资产收回的现金净额	19	=现金流量表!E24-现金流量表!D24	=D24/现金流量表!D24
现金流入小计	20	=现金流量表!E25-现金流量表!D25	=D25/现金流量表!D25
投资支付的现金	21	=现金流量表!E26-现金流量表!D26	=D26/现金流量表!D26
保户质押贷款净增加额	22	=现金流量表!E27-现金流量表!D27	=D27/现金流量表!D27
取得子公司及其他营业单位支付的现金净额	23	=现金流量表!E28-现金流量表!D28	=D28/现金流量表!D28
购建固定资产、无形资产和其他长期资产支付的现金	24	=现金流量表!E29-现金流量表!D29	=D29/现金流量表!D29
支付的其他与投资活动有关的现金	25	=现金流量表!E30-现金流量表!D30	=D30/现金流量表!D30
现金流出小计	26	=现金流量表!E31-现金流量表!D31	=D31/现金流量表!D31
投资活动产生的现金流量净额	27	=现金流量表!E32-现金流量表!D32	=D32/现金流量表!D32
三、筹资活动产生的现金流量：	28		
吸收投资所收到的现金	29	=现金流量表!E34-现金流量表!D34	=D34/现金流量表!D34
卖出回购金融资产款净增加额	30	=现金流量表!E35-现金流量表!D35	=D35/现金流量表!D35
收到的其他与筹资活动有关的现金	31	=现金流量表!E36-现金流量表!D36	=D36/现金流量表!D36
现金流入小计	32	=现金流量表!E37-现金流量表!D37	=D37/现金流量表!D37
偿还债券所支付的现金	33	=现金流量表!E38-现金流量表!D38	=D38/现金流量表!D38
分配股利、利润或偿付利息所支付的现金	34	=现金流量表!E39-现金流量表!D39	=D39/现金流量表!D39
支付的其他与筹资活动有关的现金	35	=现金流量表!E40-现金流量表!D40	=D40/现金流量表!D40
现金流出小计	36	=现金流量表!E41-现金流量表!D41	=D41/现金流量表!D41
筹资活动产生的现金流量净额	38	=现金流量表!E42-现金流量表!D42	=D42/现金流量表!D42
四、汇率变动对现金及现金等价物的影响	39	=现金流量表!E43-现金流量表!D43	=D43/现金流量表!D43
五、现金流量净额	40	=现金流量表!E44-现金流量表!D44	=现金流量表!F44-现金流量表!E44

图 12-28　现金流量表环比分析模型公式

12.2.4.5　设置"现金流量表环比分析"的整体格式

编辑完成后的"现金流量表环比分析"参考答案如图 12-29 所示。

现金流量表环比分析

合企03表

编制单位：ZGTB　　2020年度　　单位：百万元

项目	行次	比上年增减额	增减百分比%
一、经营活动产生的现金流量：	1		
收到原保险合同保费取得的现金	2	(15034)	-4.06%
保户储金及投资款净增加额	3	2115	30.69%
收到的税费返还	4	(10)	-71.43%
收到的其他与经营活动有关的现金	5	(824)	-14.83%
现金流入小计	6	(13753)	-3.61%
支付原保险合同赔付款项的现金	7	12897	-9.37%
支付再保业务现金净额	8	385	-8.42%
支付手续费及佣金的现金	9	(7219)	17.73%
支付给职工以及为职工支付的现金	10	837	-8.87%
支付的各项税费	11	(222)	0.95%
支付的其他与经营活动有关的现金	12	(416)	3.52%
现金流出小计	13	11223	-24.72%
经营活动产生的现金流量净额	14	17495	-6.41%
二、投资活动产生的现金流量：	15	3732	3.45%
收回投资所收到的现金	16	(73469)	-21.12%
取得投资收益所收到的现金	17	(5889)	-8.71%
处置子公司及其他营业单位收到的现金净额	18	(315)	-99.06%
处置固定资产、无形资产或其他长期资产收回的现金净额	19	40	190.48%
现金流入小计	20	(79632)	-19.15%
投资支付的现金	21	121459	-22.54%
保户质押贷款净增加额	22	(2910)	55.64%
取得子公司及其他营业单位支付的现金净额	23	1088	-26.99%
购建固定资产、无形资产和其他长期资产支付的现金	24	153	-4.22%
支付的其他与投资活动有关的现金	25	(945)	10500.00%
现金流出小计	26	119845	-21.54%
投资活动产生的现金流量净额	27	39213	-26.82%
三、筹资活动产生的现金流量：	28		
吸收投资所收到的现金	29	(13686)	-98.35%
卖出回购金融资产款净增加额	30	(9218)	-74.14%
收到的其他与筹资活动有关的现金	31	(6717)	-50.76%
现金流入小计	32	(29621)	-74.84%
偿还债券所支付的现金	33	(4460)	194.76%
分配股利、利润或偿付利息所支付的现金	34	1613	-11.67%
支付的其他与筹资活动有关的现金	35	476	-23.59%
现金流出小计	36	(2371)	13.08%
筹资活动产生的现金流量净额	38	(31992)	-149.16%
四、汇率变动对现金及现金等价物的影响	39	1251	-102.37%
五、现金流量净额	40	10953	(4396)

图 12-29　"现金流量表环比分析"参考答案

12.2.5 创建结构分析模型

12.2.5.1 新建资产负债表结构分析模型

(1) 复制工作表并重命名。复制"资产负债表"工作表，双击工作表标签重命名为"资产负债表结构分析"。

(2) 更改资产负债表的项目名称。

更改 B1 单元格，输入"资产负债表结构分析"。

更改 D4 和 H4 单元格为"年初数%"、E4 和 I4 单元格为"期末数%"。

(3) 定义资产负债表结构分析模型公式，如图 12-30、图 12-31 所示。

图 12-30 资产负债表结构分析模型公式（上）

图 12-31 资产负债表结构分析模型公式（下）

1）年初数的公式。在 D6 单元格中输入公式“=资产负债表！D6/资产负债表！$D $66”，把鼠标移到 D6 单元格的右下角，等鼠标变成“+”时往下拖到 D66 单元格，公式便会自动填充。

同理，H6：H66 区域的公式同上所述。

2）期末数的公式。在 E6 单元格中输入公式“=资产负债表！E6/资产负债表！$E $66”，把鼠标移到 E6 单元格的右下角，等鼠标变成“+”时往下拖到 E66 单元格，公式便会自动填充。

同理，I6：I66 区域的公式同上所述。

（4）设置“资产负债表结构分析”的整体格式。

编辑完成后的“资产负债表结构分析”参考答案如图 12-32、图 12-33 所示。

资 产 负 债 表 结 构 分 析

编制单位：ZGTB　　2020年度　　会企01表　单位：百万元

资　产	行次	年初数%	期末数%	负债及所有者权益	行次	年初数%	期末数%
流动资产：				流动负债：			
货币资金	1	0.97%	1.18%	短期借款	56		
结算备付金	2			向中央银行借款	57		
拆出资金	3			吸收存款及同业存放	58		
交易性金融资产	4	0.32%	0.70%	拆入资金	59		
衍生金融资产	5		0.01%	交易性金融负债	60		
应收票据	6			衍生金融负债	61		
应收股利	7			应付票据	62		
应收保费	8	1.17%	1.22%	应付账款	63		
应收分保账款	9	0.35%	0.46%	预收账款	64	1.37%	1.50%
应收分保合同准备金	10	1.67%	1.57%	卖出回购金融资产款	65	5.13%	5.13%
应收利息	11	1.28%	1.16%	应付手续费及佣金	66	0.29%	0.23%
应收账款	12			应付职工薪酬	67	0.36%	0.38%
其他应收款	13			应交税费	68	0.14%	0.18%
预付账款	14			应付利息	69	0.03%	0.03%
应收出口退税	15			应付赔付款	70	1.42%	1.23%
应收补贴款	16			应付保单红利	71	1.67%	1.37%
应收保证金	17	0.44%	0.39%	应付股利	72		
内部应收款	18			其他应交款	73		
买入返售金融资产	19	1.84%	0.81%	应付保证金	74		
存货	20			内部应付款	75		
待摊费用	21			其他应付款	76		
待处理流动资产损益	22			预提费用	77		
一年内到期的长期债权投资	23			预计流动负债	78		
其他流动资产	24			应付分保账款	79	0.30%	0.31%
流动资产合计	25	8.04%	7.50%	保险合同准备金	80	74.85%	74.11%
保户质押贷款	26	3.74%	3.52%	代理买卖证券款	81		
定期存款	27	9.67%	10.90%	代理承销证券款	82		

图 12-32　资产负债表结构分析参考答案（上）

资 产 负 债 表 结 构 分 析

编制单位：ZGTB　　2020年度　　会企01表　单位：百万元

资　产	行次	年初数%	期末数%	负债及所有者权益	行次	年初数%	期末数%
长期投资：				国际票证结算	83		
可供出售金融资产	28	33.49%	33.66%	国内票证结算	84		
持有至到期投资	29	19.32%	18.60%	递延收益	85		
长期股权投资	30	1.34%	1.38%	应付短期债券	86		
归入贷款及应收款的投资	31	21.20%	21.47%	一年内到期的非流动负债	87		
长期投资合计	32	75.35%	75.11%	其他流动负债	88		
投资性房地产	33	0.54%	0.44%	流动负债合计	89	85.56%	84.56%
固定资产：				长期负债：			
固定资产原价	34	1.63%	1.46%	长期借款	90		
减：累计折旧	35	0.56%	0.53%	应付债券	91	0.65%	0.56%
固定资产净额	36	1.07%	0.93%	租赁负债	92	0.24%	0.19%
减：固定资产减值准备	37			长期应付款	93		
固定资产净额	38	1.07%	0.93%	专项应付款	94		
工程物资	39			预计非流动负债	95		
在建工程	40	0.13%	0.10%	长期递延收益	96		
固定资产清理	41			长期负债合计	97	0.89%	0.76%
固定资产合计	42	1.20%	1.04%	递延税款：			
无形资产及其他资产：				递延所得税负债	98	0.19%	0.29%
生产性生物资产	43			其他非流动负债		1.36%	1.93%
公益性生物资产	44			非流动负债合计	99	2.45%	2.97%
油气资产	45			负债合计	100	88.01%	87.53%
无形资产	46	0.24%	0.26%	所有者权益（或股东权益）：			
使用权资产	47	0.27%	0.21%	实收资本（或股本）	101	0.59%	0.54%
开发支出	48			减：已归还投资	102		
商誉	49	0.09%	0.08%	实收资本（或股本）净额	103	0.59%	0.54%
长期待摊费用	50			资本公积	104	4.36%	4.51%
无形资产及其他资产合计	51	0.60%	0.56%	其他综合收益	105	0.85%	1.26%
递延税款：				盈余公积	106	0.32%	0.29%
递延所得税资产	52	0.06%	0.05%	一般风险准备	107	0.94%	0.95%
其他非流动资产	53	0.81%	0.89%	未分配利润	108	4.62%	4.60%
				归属于母公司股东权益合计	109	11.67%	12.15%
				少数股东权益	110	0.32%	0.32%
非流动资产合计	54	91.96%	92.50%	所有者权益（或股东权益）合计	111	11.99%	12.47%
资产总计	55	100.00%	100.00%	负债和所有者权益（或股东权益）总计	112	100.00%	100.00%

财务负责人：无　　制表人：[illegible]　　报出日期：2022年4月28日

图 12-33　资产负债表结构分析参考答案（下）

12.2.5.2　新建分析模型

（1）复制工作表并重命名。复制“利润表”工作表，双击工作表标签重命名为“利润表结构分析”。

（2）更改利润表的项目名称。

更改 B1 单元格为“利润表结构分析”。

更改 B4 至 F4 单元格，分别输入“项目”“行次”“上年数%”“本年数%”“本年比上年增减%”。

（3）定义利润表结构分析模型公式，如图 12-34 所示。

	A	B	C	D	E	F
1		利 润 表 结 构 分 析				
2						会企02表
3		=CONCATENATE("编制单位：",首页!D11)				="单位："&首页!H15
4		项　　目	行次	上年数%	本年数%	本年比上年增减%
6		一、营业收入	1	=利润表!E6/利润表!$E$6	=利润表!D6/利润表!$D$6	=E6-D6
7		已赚保费	2	=利润表!E7/利润表!$E$6	=利润表!D7/利润表!$D$6	=E7-D7
8		保险业务收入	3	=利润表!E8/利润表!$E$6	=利润表!D8/利润表!$D$6	=E8-D8
9		其中：分保费收入	4	=利润表!E9/利润表!$E$6	=利润表!D9/利润表!$D$6	=E9-D9
10		减：分出保费	5	=利润表!E10/利润表!$E$6	=利润表!D10/利润表!$D$6	=E10-D10
11		提取未到期责任准备金	6	=利润表!E11/利润表!$E$6	=利润表!D11/利润表!$D$6	=E11-D11
12		其他收益	7	=利润表!E12/利润表!$E$6	=利润表!D12/利润表!$D$6	=E12-D12
13		投资收益	8	=利润表!E13/利润表!$E$6	=利润表!D13/利润表!$D$6	=E13-D13
14		其中：对联营企业和合营企业的投资收益	9	=利润表!E14/利润表!$E$6	=利润表!D14/利润表!$D$6	=E14-D14
15		公允价值变动收益	10	=利润表!E15/利润表!$E$6	=利润表!D15/利润表!$D$6	=E15-D15
16		汇兑(损失)/收益	11	=利润表!E16/利润表!$E$6	=利润表!D16/利润表!$D$6	=E16-D16
17		其他业务收入	12	=利润表!E17/利润表!$E$6	=利润表!D17/利润表!$D$6	=E17-D17
18		资产处置收益	13	=利润表!E18/利润表!$E$6	=利润表!D18/利润表!$D$6	=E18-D18
19		二、营业支出	14	=利润表!E19/利润表!$E$6	=利润表!D19/利润表!$D$6	=E19-D19
20		退保金	15	=利润表!E20/利润表!$E$6	=利润表!D20/利润表!$D$6	=E20-D20
21		赔付支出	16	=利润表!E21/利润表!$E$6	=利润表!D21/利润表!$D$6	=E21-D21
22		减：摊回赔付支出	17	=利润表!E22/利润表!$E$6	=利润表!D22/利润表!$D$6	=E22-D22
23		赔付支出净额	18	=利润表!E23/利润表!$E$6	=利润表!D23/利润表!$D$6	=E23-D23
24		提取保险责任准备金	19	=利润表!E24/利润表!$E$6	=利润表!D24/利润表!$D$6	=E24-D24
25		减：摊回保险责任准备金	20	=利润表!E25/利润表!$E$6	=利润表!D25/利润表!$D$6	=E25-D25
26		提取保险合同准备金净额	21	=利润表!E26/利润表!$E$6	=利润表!D26/利润表!$D$6	=E26-D26
27		提取保费准备金	22	=利润表!E27/利润表!$E$6	=利润表!D27/利润表!$D$6	=E27-D27
28		保单红利支出	23	=利润表!E28/利润表!$E$6	=利润表!D28/利润表!$D$6	=E28-D28
29		分保费用	24	=利润表!E29/利润表!$E$6	=利润表!D29/利润表!$D$6	=E29-D29
30		税金及附加	25	=利润表!E30/利润表!$E$6	=利润表!D30/利润表!$D$6	=E30-D30
31		手续费及佣金支出	26	=利润表!E31/利润表!$E$6	=利润表!D31/利润表!$D$6	=E31-D31
32		业务及管理费	27	=利润表!E32/利润表!$E$6	=利润表!D32/利润表!$D$6	=E32-D32
33		减：摊回分保费用	28	=利润表!E33/利润表!$E$6	=利润表!D33/利润表!$D$6	=E33-D33
34		销售费用	29	=利润表!E34/利润表!$E$6	=利润表!D34/利润表!$D$6	=E34-D34
35		财务费用	30	=利润表!E35/利润表!$E$6	=利润表!D35/利润表!$D$6	=E35-D35
36		其他业务成本	31	=利润表!E36/利润表!$E$6	=利润表!D36/利润表!$D$6	=E36-D36
37		计提资产减值准备	32	=利润表!E37/利润表!$E$6	=利润表!D37/利润表!$D$6	=E37-D37
38		三、营业利润	33	=利润表!E38/利润表!$E$6	=利润表!D38/利润表!$D$6	=E38-D38
39		加：营业外收入	34	=利润表!E39/利润表!$E$6	=利润表!D39/利润表!$D$6	=E39-D39
40		减：营业外支出	35	=利润表!E40/利润表!$E$6	=利润表!D40/利润表!$D$6	=E40-D40
41		四、利润总额(亏损用"-"号)	36	=利润表!E41/利润表!$E$6	=利润表!D41/利润表!$D$6	=E41-D41
42		减：所得税	37	=利润表!E42/利润表!$E$6	=利润表!D42/利润表!$D$6	=E42-D42
43		五、净利润(亏损用"-"号)	38	=利润表!E43/利润表!$E$6	=利润表!D43/利润表!$D$6	=E43-D43

图 12-34　利润表结构分析模型公式

1）上年数的公式。在 D6 单元格中输入公式“=利润表！E6/利润表！$E $6”，把鼠标移到 D6 单元格的右下角，等鼠标变成“+”时往下拖到 D43 单元格，公式便会自动填充。

2）本年数的公式。在 E6 单元格中输入公式“=利润表！D6/利润表！$D $6”，把鼠标移到 E6 单元格的右下角，等鼠标变成“+”时往下拖到 E43 单元格，公式便会自动填充。

本年比上年增减的公式。

在 F6 单元格中输入公式“=E6-D6”，把鼠标移到 F6 单元格的右下角，等鼠标变成“+”时往下拖到 F43 单元格，公式便会自动填充。

12.2.5.3　设置"利润表结构分析"的整体格式

编辑完成后的"利润表结构分析"参考答案如图 12-35 所示。

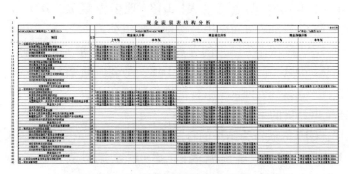

图 12-35　利润表结构分析模型参考答案

12.2.5.4　新建现金流量表结构分析模型

（1）复制工作表并重命名。复制"现金流量表"工作表，双击工作表标签重命名为"现金流量表结构分析"。

（2）更改现金流量表的表标题和部分项目名称。

更改 B1 单元格，输入"现金流量表结构分析"。

更改 B4 至 H4 单元格，分别输入"项目""现金流入分析""现金流出分析""现金净额分析"。其中 D4 单元格下分 D5、E5 单元格，分别输入"上年%""本年%"，F4、H4 单元格同上所述。

（3）定义现金流量表结构分析模型公式，如图 12-36 所示。

图 12-36　现金流量表结构分析模型公式

1）现金流入分析的上年公式。

选择 D7：D11 区域作为结果的存放区域，在 D7 单元格内输入公式"=现金流量表！D6：D10/（现金流量表！D10+现金流量表！D25+现金流量表！D37）"，然后按 Ctrl+Shift+Enter 组合键锁定数组公式。

选择 D22：D26 区域作为结果的存放区域，在 D22 单元格内输入公式"=现金流量表！D21：D25/（现金流量表！D10+现金流量表！D25+现金流量表！D37）"，然后按 Ctrl+Shift+Enter 组合键锁定数组公式。

选择 D35：D38 区域作为结果的存放区域，在 D35 单元格内输入公式"=现金流量表！D34：D37/（现金流量表！D10+现金流量表！D25+现金流量表！D37）"，然后按 Ctrl+Shift+Enter 组合键锁定数组公式。

2）现金流入分析的本年公式。

选择 E7：E11 区域作为结果的存放区域，在 E7 单元格内输入公式"=现金流量表！E6：E10/（现金流量表！E10+现金流量表！E25+现金流量表！E37）"，然后按 Ctrl+Shift+Enter 组合键锁定数组公式。

选择 E22：E26 区域作为结果的存放区域，在 E22 单元格内输入公式"=现金流量表！E21：E25/（现金流量表！E10+现金流量表！E25+现金流量表！E37）"，然后按 Ctrl+Shift+Enter 组合键锁定数组公式。

选择 E35：E38 区域作为结果的存放区域，在 E35 单元格内输入公式"=现金流量表！E34：E37/（现金流量表！D10+现金流量表！E25+现金流量表！E37）"，然后按 Ctrl+Shift+Enter 组合键锁定数组公式。

3）现金流出分析的上年公式。

选择 F12：F19 区域作为结果的存放区域，在 F12 单元格内输入公式"=现金流量表！D11：D18/（现金流量表！D18+现金流量表！D31+现金流量表！D41）"，然后按 Ctrl+Shift+Enter 组合键锁定数组公式。

选择 F27：F32 区域作为结果的存放区域，在 F27 单元格内输入公式"=现金流量表！D26：D31/（现金流量表！D18+现金流量表！D31+现金流量表！D41）"，然后按 Ctrl+Shift+Enter 组合键锁定数组公式。

选择 F39：F42 区域作为结果的存放区域，在 F39 单元格内输入公式"=现金流量表！D38：D41/（现金流量表！D18+现金流量表！D31+现金流量表！D41）"，然后按 Ctrl+Shift+Enter 组合键锁定数组公式。

4）现金流出分析的本年公式。

选择 G12：G19 区域作为结果的存放区域，在 G12 单元格内输入公式"=现金流量表！E11：E18/（现金流量表！E18+现金流量表！E31+现金流量表！E41）"，然后按 Ctrl+Shift+Enter 组合键锁定数组公式。

选择 G27：G32 区域作为结果的存放区域，在 G27 单元格内输入公式“=现金流量表！E26：E31/（现金流量表！E18+现金流量表！E31+现金流量表！E41）”，然后按 Ctrl+Shift+Enter 组合键锁定数组公式。

选择 G39：G42 区域作为结果的存放区域，在 G39 单元格内输入公式“=现金流量表！E38：E41/（现金流量表！E18+现金流量表！E31+现金流量表！E41）”，然后按 Ctrl+Shift+Enter 组合键锁定数组公式。

5）现金净额分析的公式。

上年的公式。

在 H20 单元格中输入公式“=现金流量表！D19/现金流量表！D $44”。

在 H33 单元格中输入公式“=现金流量表！D32/现金流量表！D $44”。

在 H43 单元格中输入公式“=现金流量表！D42/现金流量表！D $44”，把鼠标移到 H43 单元格的右下角，等鼠标变成“+”时往下拖到 H45 单元格，公式便会自动填充。

本年的公式。

在 I20 单元格中输入公式“=现金流量表！E19/现金流量表！E $44”。

在 I33 单元格中输入公式“=现金流量表！E32/现金流量表！E $44”。

在 I43 单元格中输入公式“=现金流量表！E42/现金流量表！E $44”，把鼠标移到 I43 单元格的右下角，等鼠标变成“+”时往下拖到 I45 单元格，公式便会自动填充。

（4）编辑完成后的“现金流量表结构分析”参考答案如图 12-37 所示。

现金流量表结构分析

							合企01表
编制单位：ZGTB			2020年度				单位：百万元
项目	行次	现金流入分析		现金流出分析		现金净额分析	
		上年%	本年%	上年%	本年%	上年%	本年%
一、经营活动产生的现金流量：	1						
收到原保险合同保费取得的现金	2	44.06%	49.55%				
保户储金及投资款净增加额	3	0.82%	1.26%				
收到的税费返还	4						
收到的其他与经营活动有关的现金	5	0.66%	0.66%				
现金流入小计	6	45.55%	51.48%				
支付原保险合同赔付款项的现金	7			16.33%	17.59%		
支付再保业务现金净额	8			0.54%	0.59%		
支付手续费及佣金的现金	9			4.83%	6.76%		
支付保单红利的现金	10			1.12%	1.21%		
支付给职工以及为职工支付的现金	11			2.77%	3.32%		
支付的各项税费	12			1.40%	1.72%		
支付的其他与经营活动有关的现金	13			5.39%	4.82%		
现金流出小计	14			32.37%	36.02%		
经营活动产生的现金流量净额	15					-1648.06%	2543.11%
二、投资活动产生的现金流量：	16						
收回投资所收到的现金	17	41.60%	38.47%				
取得投资收益所收到的现金	18	8.08%	8.65%				
处置子公司及其他营业单位收到的现金净额	19	0.04%					
处置固定资产、无形资产和其他长期资产收回的现金净额	20		0.01%				
现金流入小计	21	49.72%	47.13%				
投资支付的现金	22			63.95%	58.89%		
保户质押贷款净增加额	23			0.62%	1.15%		
取得子公司及其他营业单位支付的现金净额	24			0.48%	0.42%		
购建固定资产、无形资产和其他长期资产支付的现金	25			0.43%	0.49%		
支付的其他与投资活动有关的现金	26				0.13%		
现金流出小计	27			65.48%	61.08%		
投资活动产生的现金流量净额	28					2075.16%	-2203.25%
三、筹资活动产生的现金流量：	29						
吸收投资所收到的现金	30	1.66%	0.03%				
卖出回购金融资产款现金净增加额	31	1.49%	0.45%				
收到的其他与筹资活动有关的现金	32	1.58%	0.91%				
现金流入小计	33	4.73%	1.40%				
偿还债务所支付的现金	34			0.27%	0.95%		
分配股利、利润或偿付利息所支付的现金	35			1.64%	1.72%		
支付的其他与筹资活动有关的现金	36			0.24%	0.22%		
现金流出小计	37			2.15%	2.89%		
筹资活动产生的现金流量净额	38					-327.10%	-239.85%
四、汇率变动对现金及现金等价物的影响	39					10.64%	0.66%
五、现金流量净额	40					100.00%	100.00%

图 12-37 “现金流量表结构分析”参考答案

12.2.6 创建比率分析模型

新建分析模型：

（1）新建工作表。新建 Excel 工作表并重命名为“主要财务比率”。

（2）输入主要财务比率的项目。

在 B1 单元格中输入“主要财务比率”。

在 B3 单元格中输入“项目”、C3 单元格中输入“计算公式”、D3 单元格中输入“上年数”、E3 单元格中输入“本年数”。

（3）参照图 12-38、图 12-39、图 12-40 定义主要财务比率模型公式。

在 B2 单元格中输入公式“=CONCATENATE（‘编制单位:’，首页！D11）”

在 D2 单元格中输入公式“=YEAR（首页！G14）&‘年度’”

已完成的财务比率分析模型参考答案如图 12-38、图 12-39 所示。

主 要 财 务 比 率

编制单位：ZGTB		2020年度	
项　　目	计算公式	上年数	本年数
一、偿债能力			
1、流动比率	流动资产÷流动负债	9.39%	8.87%
2、速动比率	速动资产÷流动负债	1.51%	2.23%
3、现金流量比率	经营活动现金流量净额÷流动负债	8.26%	7.47%
4、现金比率	现金及现金等价物净增加额÷流动负债	-0.59%	29.55%
5、资产负债率	负债总额÷资产总额	88.01%	87.53%
6、产权比率	负债总额÷股东权益总额	733.70%	701.96%
7、股东权益比率	股东权益总额÷资产总额	11.99%	12.47%
8、利息保障倍数	（税前利润+利息费用）÷利息费用	-696.53%	-758.68%
9、偿债保障比率	负债总额÷经营活动现金流量净额	1244.66%	1386.62%
二、营运能力比率			
1、应收帐款周转率	赊销收入净额÷平均应收帐款		#DIV/0!
2、存货周转率	主营业务成本÷平均存货		#DIV/0!
3、流动资产周转率	主营业务收入÷平均流动资产		330.29%
4、固定资产周转率	主营业务收入÷平均固定资产		2300.53%
5、总资产周转率	主营业务收入÷平均总资产		25.59%
三、盈利能力比率			
1、总资产报酬率	息税前利润÷平均总资产		1.57%
2、总资产净利率	净利润÷平均总资产		1.54%
3、净资产收益率	净利润÷平均股东权益		12.55%

…　现金流量表　资产负债表环比分析　利润表环比分析　现金流量表环比分析　资产负

图 12-38　已完成的财务比率模型参考答案（1/3）

主 要 财 务 比 率

编制单位：ZGTB		2020年度	
项　　目	计算公式	上年数	本年数
三、盈利能力比率			
1、总资产报酬率	息税前利润÷平均总资产		1.57%
2、总资产净利率	净利润÷平均总资产		1.54%
3、净资产收益率	净利润÷平均股东权益		12.55%
4、主营业务毛利率	主营业务利润÷主营业务收入净额	192.72%	193.04%
5、主营业务净利率	净利润÷主营业务收入净额	7.36%	6.00%
6、成本费用利润率	净利润÷（主营业务成本+期间费用）	-68.27%	-52.88%
四、发展能力比率			
1、主营业务收入增长率	本年主营业务收入增长额÷上年主营业务收入		9.52%
2、净利润增长率	本年净利润增长额÷上年净利润		-10.59%
3、留存盈利比率	（净利润－全部股利）÷净利润	100.00%	100.00%
4、可持续增长率	净资产收益率÷留存盈利比率		12.55%
5、资本累积率	本期所有者权益增长额÷上期所有者权益总额		20.46%
五、现金流量分析			
现金股利			
优先股股利			
普通股股数			
经营活动净现金比率	经营活动净现金流量÷负债总额	8.03%	7.21%
到期债务本息偿付比率	经营活动净现金流量÷（本期到期债务本金+现金利息支出）	-3077.84%	-3283.26%
支付现金股利比率	经营活动净现金流量÷现金股利	#DIV/0!	#DIV/0!

…　现金流量表　资产负债表环比分析　利润表环比分析　现金流量表环比分析　资产负

图 12-39　已完成的财务比率模型参考答案（2/3）

33	五、现金流量分析			
34	现金股利			
35	优先股股利			
36	普通股股数			
37	经营活动净现金比率	经营活动净现金流量÷负债总额	8.03%	7.21%
38	到期债务本息偿付比率	经营活动净现金流量÷（本期间债务本金+现金利息支出）	-3077.84%	-3283.26%
39	支付现金股利比率	经营活动净现金流量÷现金股利	#DIV/0!	#DIV/0!
40	现金充分性比率	现金流量净增加额÷（现金股利利息+资本性支出额+债务偿还额）		1.16%
41	每股经营现金流量	（经营活动净现金流量-优先股股利）÷普通股股数	#DIV/0!	#DIV/0!
42	现金获利指数	净利润÷经营活动净现金流量	26.24%	22.68%
43	净利润现金保证比率	经营活动净现金流量÷净利润	0.00%	0.00%
44	现金与流动资产比率	现金流量净增加额÷流动资产	-6.33%	3.33%
45	销售收入现金回收比率	经营活动净现金流量÷全年销售收入	28.03%	26.48%

图 12-40　已完成的财务比率模型（1/3）

上年数的公式如表 12-1、表 12-2 所示。

表 12-1　上年数的公式　　　　　　　　单位:%

单元格	计算公式
D5	=资产负债表！D30/资产负债表！H39
D6	=（资产负债表！D6+资产负债表！D9+资产负债表！D11+资产负债表！D17+资产负债表！D18）/资产负债表！H39
D7	=现金流量表！D19/资产负债表！H39
D8	=现金流量表！D45/资产负债表！H39

表 12-2　上年数的公式　　　　　　　　单位:%

单元格	计算公式
D9	=资产负债表！H53/资产负债表！D66
D10	=资产负债表！H53/资产负债表！H65
D11	=资产负债表！H65/资产负债表！D66
D12	=（利润表！E41+利润表！E35）/利润表！E35
D13	=资产负债表！H53/现金流量表！D19
D24	=（利润表！E6-利润表！E19）/利润表！E6
D25	=利润表！E43/利润表！E6
D26	=利润表！E43/（利润表！E34+利润表！E35）
D30	=（利润表！E43-利润分配表分析！C12-利润分配表分析！C13）/利润表！E43
D37	=现金流量表！D19/资产负债表！H53
D38	=现金流量表！D19/（资产负债表！H37+利润表！E35）
D39	=现金流量表！D19/D34
D41	=（现金流量表！D19-主要财务比率！D35）/主要财务比率！D36
D42	=利润表！E43/现金流量表！D19

单元格	计算公式
D43	=1/利润表！E43/现金流量表！D19
D44	=现金流量表！D84/资产负债表！D30
D45	=现金流量表！D19/利润表！E6

本年数的公式如表 12-3、表 12-4 所示。

表 12-3　本年数的公式　　　　　　　　　　　　单位：%

单元格	计算公式
E5	=资产负债表！E30/资产负债表！I39
E6	=（资产负债表！E6+资产负债表！E9+资产负债表！E11+资产负债表！E17+资产负债表！E18）/资产负债表！I39
E7	=现金流量表！E19/资产负债表！I39
E8	=现金流量表！E45/资产负债表！I39
E9	=资产负债表！I53/资产负债表！E66
E10	=资产负债表！I53/资产负债表！I65
E11	=资产负债表！I65/资产负债表！E66
E12	=（利润表！D41+利润表！D35）/利润表！D35
E13	=资产负债表！I53/现金流量表！E19
E15	=利润表！D58/（（资产负债表！D17+资产负债表！E17）/2）

表 12-4　本年数的公式　　　　　　　　　　　　单位：%

单元格	计算公式
E16	=利润表！D19/（（资产负债表！D25+资产负债表！E25）/2）
E17	=利润表！D6/（（资产负债表！D30+资产负债表！E30）/2）
E18	=利润表！D6/（（资产负债表！D49+资产负债表！E49）/2）
E19	=利润表！D6/（（资产负债表！D66+资产负债表！E66）/2）
E21	=（（利润表！D41+利润表！D35））/（（资产负债表！D66+资产负债表！E66）/2）
E22	=利润表！D43/（（资产负债表！D66+资产负债表！E66）/2）
E23	=利润表！D43/（（资产负债表！H65+资产负债表！I65）/2）
E24	=（利润表！D6-利润表！D19）/利润表！D6
E25	=利润表！D43/利润表！D6

续表

单元格	计算公式
E26	=利润表！D43/（利润表！D34+利润表！D35）
E28	=利润表环比分析！E6
E29	=利润表环比分析！E43
E30	=（利润表！D43-利润分配表分析！D12-利润分配表分析！D13）/利润表！D43
E31	=E23＊E30
E36	=现金流量表！E19/资产负债表！I53
E37	=现金流量表！E19/（资产负债表！I37+利润表！D35）
E38	=现金流量表！E19/E33
E39	=现金流量表！E84/（资产负债表环比分析！H53+利润表！D35+主要财务比率！D33+资产负债表环比分析！D49+资产负债表环比分析！D38+资产负债表环比分析！D59）
E40	=（现金流量表！E19-主要财务比率！E34）/主要财务比率！E35
E41	=利润表！D43/现金流量表！E19
E42	=1/利润表！D43/现金流量表！E19
E43	=现金流量表！E84/资产负债表！E30
E44	=现金流量表！E19/利润表！D6

（4）冻结窗格。选中 1 至 3 行，点击"视图"→"冻结窗格"→"冻结至第 3 行"。

（5）插入图标，并设置超链接到"目录页"工作表。

12.2.7　创建综合分析模型

（1）建立杜邦分析体系模型，如图 12-41~图 12-43 所示。

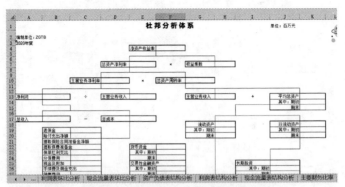

图 12-41　杜邦分析体系模型（上）

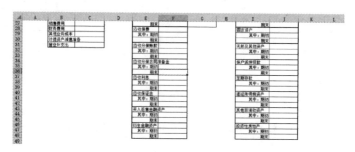

图 12-42 杜邦分析体系模型（中）

图 12-43 杜邦分析体系模型（下）

（2）定义杜邦分析体系模型公式，如图 12-44~图 12-46 所示。

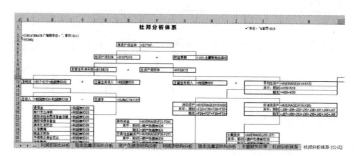

图 12-44 杜邦分析体系模型定义的公式（上）

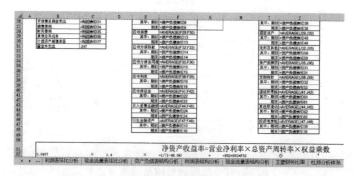

图 12-45 杜邦分析体系模型定义的公式（中）

图 12-46　杜邦分析体系模型定义的公式（下）

在 A2 单元格中输入公式"=CONCATENATE（'编制单位：'，首页！D11）"。

在 A3 单元格中输入公式"=YEAR（首页！G14）&'年度'"。

在 J1 单元格中输入公式"='单位：'& 首页！H15"。

在 I56 单元格内输入公式"=IF（ROUND（G56，2）<0，'营业净利率下降的影响'，'营业净利率上升的影响'）"。

在 I57 单元格内输入公式"=IF（ROUND（G57，2）<0，'总资产周转率下降的影响'，'总资产周转率上升的影响'）"。

在 I58 单元格内输入公式"=IF（ROUND（G58，2）<0，'权益乘数下降的影响'，'权益乘数上升的影响'）"。

编辑完成后的"杜邦分析体系"如图 12-47、图 12-48 所示。

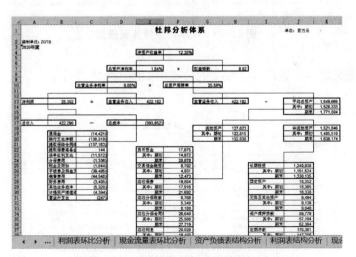

图 12-47　完成后的杜邦分析体系（上）

图 12-48　完成后的杜邦分析体系（下）

12.2.8 新建沃尔比重评分表模型

（1）建立沃尔比重评分表模型，如图 12-49 所示。

	选择的指标	分配的权重①	指标的标准值②	指标的实际值③	实际得分④=①×③÷②
	沃尔比重评分表				
	编制单位: ZGTB				
	2020年度				
	一、偿债能力指标	20			
	1. 资产负债率	12	60%		
	2. 利息保障倍数	8	3		
	二、获利能力指标	38			
	1. 净资产收益率	25	25%		
	2. 总资产报酬率	13	16%		
	三、运营能力指标	18			
	1. 总资产周转率	9	2		
	2. 流动资产周转率	9	5		
	四、发展能力指标	24			
	1. 主营业务收入增长率	12	10%		
	2. 资本累积率	12	15%		
	五、综合得分	100			
	公式：各项评价指标的得分=各项指标的权重×指标的实际值÷标准值				
	综合得分=Σ各项评价指标的得分				
	从以上评分表表明，本企业的综合得分大于100，说明企业的财务状况良好。				

图 12-49 沃尔比重评分表模型

（2）定义沃尔比重评分表模型的公式，如图 12-50 所示。

	选择的指标	分配的权重①	指标的标准值②	指标的实际值③	实际得分④=①×③÷②
	沃尔比重评分表				
	=CONCATENATE("编制单位: ",首页!D11)				
	=YEAR(首页!G14)&"年				
	一、偿债能力指标	=C7+C8			=F7+F8
	1. 资产负债率	12	0.6	=主要财务比率!E9	=C7*E7/D7
	2. 利息保障倍数	8	3	=主要财务比率!E12	=C8*E8/D8
	二、获利能力指标	=C10+C11			=F10+F11
	1. 净资产收益率	25	0.25	=主要财务比率!E23	=C10*E10/D10
	2. 总资产报酬率	13	0.16	=主要财务比率!E21	=C11*E11/D11
	三、运营能力指标	=C13+C14			=F13+F14
	1. 总资产周转率	9	2	=主要财务比率!E19	=C13*E13/D13
	2. 流动资产周转率	9	5	=主要财务比率!E17	=C14*E14/D14
	四、发展能力指标	=C16+C17			=F16+F17
	1. 主营业务收入增长率	12	0.1	=主要财务比率!E28	=C16*E16/D16
	2. 资本累积率	12	0.15	=主要财务比率!E32	=C17*E17/D17
	五、综合得分	=C15+C12+C9+C6			=F6+F9+F12+F15
	公式：各项评价指标的和				
	综合得分=Σ各项				
	从以上评分表表明，本企业的综合得分大于100，说明企业的财务状况良好。				

图 12-50 沃尔比重评分表模型定义的公式

在 A2 单元格中输入公式"=CONCATENATE（'编制单位:'，首页！D11）"

在 A3 单元格中输入公式"=YEAR（首页！G14）&'年度'"

分配权重的公式。

在 C6 单元格中输入公式 " = C7+C8"

在 C9 单元格中输入公式 " = C10+C11"

在 C12 单元格中输入公式 " = C13+C14"

在 C15 单元格中输入公式 " = C16+C17"

在 C18 单元格中输入公式 " = C15+C12+C9+C6"

指标实际值的公式。

在 E7 单元格中输入公式 " = 主要财务比率! E9"

在 E8 单元格中输入公式 " = 主要财务比率! E12"

在 E10 单元格中输入公式 " = 主要财务比率! E23"

在 E11 单元格中输入公式 " = 主要财务比率! E21"

在 E13 单元格中输入公式 " = 主要财务比率! E19"

在 E14 单元格中输入公式 " = 主要财务比率! E17"

在 E16 单元格中输入公式 " = 主要财务比率! E28"

在 E17 单元格中输入公式 " = 主要财务比率! E32"

实际得分的公式如表 12-5 所示。

表 12-5   实际得分的公式

单元格	计算公式
F6	= F7+F8
F7	= C7 * E7/D7
F8	= C8 * E8/D8
F9	= F10+F11
F10	= C10 * E10/D10
F11	= C11 * E11/D11
F12	= F13+F14
F13	= C13 * E13/D13
F14	= C14 * E14/D14
F15	= F16+F17
F16	= C16 * E16/D16
F17	= C17 * E17/D17
F18	= F6+F9+F12+F15

（3）冻结窗格。选中 1 至 3 行，点击"视图"→"冻结窗格"→"冻结至

第 3 行"。

（4）插入图标，并设置超链接到"目录页"工作表。

（5）设置"沃尔比重评分表"的整体格式。

编辑完成后的"沃尔比重评分表"参考答案如图 12-51 所示。

沃尔比重评分表

选择的指标	分配的权重①	指标的标准值②	指标的实际值③	实际得分④=①×③÷②
一、偿债能力指标	20			-2.73
1. 资产负债率	12	60%	87.53%	17.51
2. 利息保障倍数	8	3	-7.59	-20.24
二、获利能力指标	38			13.83
1. 净资产收益率	25	25%	12.55%	12.55
2. 总资产报酬率	13	16%	1.57%	1.28
三、运营能力指标	18			7.11
1. 总资产周转率	9	2	0.26	1.17
2. 流动资产周转率	9	5	3.30	5.94
四、发展能力指标	24			27.79
1. 主营业务收入增长率	12	10%	9.52%	11.42
2. 资本累积率	12	15%	20.46%	16.37
五、综合得分	100			46.00
公式：各项评价指标的得分=各项指标的权重×指标的实际值÷标准值				
综合得分=∑ 各项评价指标的得分				
从以上评分表表明，本企业的综合得分大于100，说明企业的财务状况良好。				

编制单位：ZGTB
2020年度

图 12-51　沃尔比重评分表参考答案

12.3　ZGTB 财务报表分析系统测试及存在的问题

12.3.1　测试财务报表分析系统

录入修改 ZGTB 财务报表分析系统的基础数据，观察财务报表分析系统的变化。

主要步骤：

打开资产负债表，随意更换资产负债表的项目数据。同理，也可以改变其他基础工作表中的数据。例如，把 ZGTB 的货币资金修改为"15323 百万元"，把 ZGTB 的财务费用改为"-2959 百万元"。

点击资产负债表和利润表选项卡，检查 ZGTB 的资产负债表和利润表中每一项数据的变动。观察到整体数据随着 ZGTB 的货币资金和财务费用的变动而相继发生变化。这导致了总资产的增加、营业支出的减少和总收入的增加。

12.3.2　测试中发现的问题

（1）系统操作不方便。财务报表分析模型在初期运营阶段时就发现仍存在着缺陷。财务报表分析模型包含了很多工作表，因此无法一次性查询特定的内容，这个缺陷与设计财务报表分析模型的初衷相互矛盾。设计财务报表分析模型是为了更好地让使用者操作方便和提高办公效率，因此该模型还需要增设系统帮助。为了更好地把各个工作表联系起来，还应该在首页、使用说明书、目录页和结束页上设置超链接。

（2）系统安全性差。有主观证据表明，公司财务数据存在被篡改的可能性。目前在财务报表分析模型的过程中仍存在安全保护方面的缺陷。在财务报表分析模型运行过程中缺乏密码保护意味着未经授权的个人可以在财务人员不知情的情况下运行财务报表分析模型，并窃取公司的财务数据，导致财务数据丢失。由于我国市场监管机制不健全、缺乏科学有效的评定标准等因素，造成了很多上市公司操纵各种伎俩粉饰报表中的数据，以达到偷税漏税动机，以至于通过模型得出的数据存在讨论和争议。

（3）系统部分表格格式有待调整。为表格调整格式时，有些表格是为了凸显企业隶属行业的编制差异而设计的，有些财务数据则是因为不符合条件导致表格所对应的单元格出现了很多零值，甚至出现"#DIV/0！（计算错误：除法运算的分母为0!）"的情况，这种情况的发生主要是因为引用单元格没有数据且引用单元格所处新单元格公式的分母位置。这样的格式设置让人看上去显得杂乱无章。

（4）财务人员 Excel 基础薄弱。新形势下的大数据时代，带来了很多便捷之处，例如财务分析的简便化，利用 Excel 软件建立财务报表分析模型，只需代入财务报表的相关数据，依据模型锁定公式，即可得出相关财务指标数据信息。但针对早期上任财务会计的财务人员来说，计算机能力的缺乏成了不可回避的难题。相对于新职员，老职员缺乏基础的计算机能力，在模型操作上难以入手。

12.4　完善 ZGTB 财务报表分析系统的对策

12.4.1　创建系统使用说明

（1）新建工作簿、工作表。启动 WPS Office，在财务报表模型文档中新建工作表"Sheet1"并双击重命名为"首页"，保存文档工作后，将文件名更改为"财务报表分析系统"。

（2）输入首页的表标题和各项目。插入艺术字"财务报表分析系统"。合并D8 至 D10 单元格形成新的 D8 单元格，以此类推，在合并后的 D8 单元格中输入"编制单位"、E8 单元格中输入"财务负责人"、F8 单元格中输入"制表人"、G8 单元格中输入"年度日期"、H8 单元格中输入"金额单位"、I8 单元格中输入"填报日期"。

（3）录入基本信息。根据使用者所掌握的信息进行录入，本章以中国太保为例，故所填信息均为中国太保的基本信息。

（4）输入首页的说明事项。

（5）设置格式。选择 D8：I8 区域，设置为"宋体（正文），22 号"，字体颜色为"印度红，着色2，深色25%"，对齐方式为"水平居中，垂直居中"，设置框线为"外边框"。

为 D11、E12、F13、G14、H15、I16 单元格和 D18：I23 区域分别进行颜色填充，如图 12-52 所示。

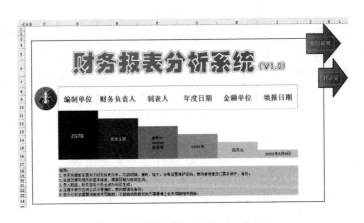

图 12-52　财务报表分析系统目录页

选择 C4：J24 区域，设置框线为"外边框"→"粗匣框线"。

（6）插入形状和文本框，设置超链接。点击"插入"→"形状"→"箭头总汇"中选择"右箭头"，并在图形上插入"文本框"，分别输入"使用说明"和"目录页"，并分别超链接到"使用说明"工作表和"目录页"工作表。

（7）插入图标进行美化。

（8）设置"首页"的整体格式。

编辑完成后的"首页"如图 12-52 所示。

12.4.2 新建使用说明书

(1) 新建工作表。新建 Excel 工作表"Sheet2"并重命名为"使用说明书"。

(2) 插入文本框,输入说明文字,设置边框为"外边框"→"粗匣框线"。

(3) 插入形状和文本框,设置超链接。

点击"插入"→"形状"→"箭头总汇"中选择"左箭头"和"右箭头",并在图形上插入"文本框",分别输入"首页"和"目录页",并分别超链接到"首页"工作表和"目录页"工作表。

(4) 插入图标进行美化。

(5) 设置"使用说明书"的整体格式。

编辑完成后的"使用说明书"如图 12-53 所示。

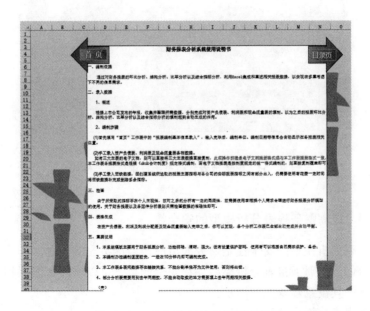

图 12-53 财务分析系统使用说明书

12.4.3 新建目录页

(1) 新建工作表。新建 Excel 工作表"Sheet3"并重命名为"目录页"。

(2) 插入形状和文本框,设置超链接。

点击"插入"→"形状"→"箭头总汇"中选择"左箭头",并在图形上插入"文本框",分别输入"首页"和"使用说明",并分别超链接到"首页"工作表和"使用说明"工作表。

点击"插入"→"形状"→"矩形"中选择"圆角矩形"，并在"圆角矩形"上插入"文本框"，具体输入内容如图 12-54 所示。同时将文本框和图形相组合，并超链接到相关工作表。

（3）插入图标进行美化。

（4）设置"目录页"的整体格式。

编辑完成后的"目录页"参考样式如图 12-54 所示。

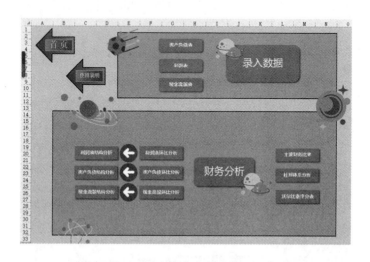

图 12-54　财务报表分析系统目录页参考样式

12.4.4　提高财务报表分析模型的安全性

财务报表分析模型的安全性是财务人员应该最优考虑的问题。作为当前流程的一部分而创建的财务报表分析模型存在安全弱点，可以增加密码保护来解决这一潜在问题。其设置步骤如下所示：

为财务报表分析系统设置密码。

打开财务报表分析系统，单击"审阅"→"保护工作簿"，输入工作簿密码（199986），点击"确定"。为保证密码的准确性，系统会再次要求输入密码，两次密码输入一致后为工作簿设置密码保护操作成功。

为需要保护的工作表加密。

操作方法：打开财务报表分析系统文件，选中需要保护的工作表，单击"审阅"→"保护工作表"，输入密码（＊＊＊＊＊＊）2 次并确定，即可将选中工作表保护起来。

12.4.5　格式化工作表

在财务报表分析模型的正常运行中，发现许多表格由于格式调整不恰当而影响表格在视觉效果上倍显杂乱无章，不得不重新调整格式以克服这一困难。

以“主要财务比率”的格式化为例，具体操作如下：

（1）设置零值不显示。打开主要财务比率工作表，单击“审阅”→“撤销工作表保护”，输入密码 199986。单击“文件”→“选项”→“视图”→“窗口”→“选项”，找到“零值”并取消勾选。

（2）指定表格的格式。

选择 B 列，在“开始”→“对齐方式”选择“底端对齐”“左对齐”。

选择 C 列，设置“左对齐”。

选择 D、E 列，设置“右对齐”，再单击“设置单元格格式”→“百分比”→“小数位数 2 位”。

选择 B3：E3，在“开始”→“对齐方式”选择“居中对齐”。

编辑完成后的“主要财务比率”如图 12-55 所示。

主 要 财 务 比 率

编制单位：ZGTB　　　　2020年度

项　　目	计算公式	上年数	本年数
3、流动资产周转率	主营业务收入÷平均流动资产		330.29%
4、固定资产周转率	主营业务收入÷平均固定资产		2300.53%
5、总资产周转率	主营业务收入÷平均总资产		25.59%
三、盈利能力比率			
1、总资产报酬率	息税前利润÷平均总资产		1.57%
2、总资产净利率	净利润÷平均总资产		1.54%
3、净资产收益率	净利润÷平均股东权益		12.55%
4、主营业务毛利率	主营业务利润÷主营业务收入净额	192.72%	193.04%
5、主营业务净利率	净利润÷主营业务收入净额	7.36%	6.00%
6、成本费用利润率	净利润÷（主营业务成本+期间费用）	-68.27%	-52.88%
四、发展能力比率			
1、主营业务收入增长率	本年主营业务收入增长额÷上年主营业务收入		9.52%
2、净利润增长率	本年净利润增长额÷上年净利润		-10.59%
3、留存盈利比率	（净利润－全部股利）÷净利润	100.00%	100.00%
4、可持续增长率	净资产收益率÷留存盈利比率		12.55%
5、资本累积率	本期所有者权益增长额÷上期所有者权益总额		20.46%
五、现金流量分析			
现金股利			
优先股股利			
普通股股数			
经营活动净现金比率	经营活动净现金流量÷负债总额	8.03%	7.21%
到期债务本息偿付比率	经营活动净现金流量÷（本期到期债务本金+现金利息支出）	-3077.84%	-3283.26%
支付现金股利比率	经营活动净现金流量÷现金股利		
现金充分性比率	现金流量净增加额÷（现金股利利息+资本性支出额+债务偿还额）		1.16%
每股经营现金流量	(经营活动净现金流量－优先股股利)÷普通股股数		
现金获利指数	净利润÷经营活动净现金流量	26.24%	22.68%
净利润现金保证比率	经营活动净现金流量÷净利润	0.00%	0.00%
现金与流动资产比率	现金流量净增加额÷流动资产	-6.33%	3.33%
销售收入现金回收比率	经营活动净现金流量÷全年销售收入	28.03%	26.43%

图 12-55　主要财务比率（设置小数位）

（3）同理可完成任务“资产负债表”“资产负债环比分析”“资产负债结构

分析""利润表""利润表环比分析""利润表结构分析""现金流量表""现金流量环比分析""现金流量结构分析""杜邦体系分析""沃尔比重评分表"的格式化设置。

12.4.6 加强财务人员队伍培养

财务人员的整体专业化对于支持高质量的财务报表分析至关重要。财务报表分析既是财务人员的职责，也与各部门、各岗位的职工息息相关。尽管各部门、各岗位的职工可能没有直接介入报告的分析，但他们的工作性质等都与报表数据间接相关。企业需要全面提升财务管理意识，提高全体员工财务决策的合理性，加强职业道德建设，调动全体职工的积极性，为财务部门提供真实可靠的基础数据，进而促进财务报告分析和财务管理的高标准。同时，企业要以加强财务人员队伍建设为重点，根据自身实际需要制定明确全面的质量标准，特别是专业能力方面的标准，并在此基础上对财务人员进行招聘、考核和培训，确保所有财务人员在专业知识、技能、经验、职业素养等方面都能够胜任财务报表分析需求①。

说明：

（1）以 ZGTB 为例所设计的财务报表分析模型在一定程度上能够反映 ZGTB 的经营状况，但因为个人考虑问题能力、知识广度、所掌握技能有限，故该模型仍有很大改进空间。

（2）财务报表分析模型的优势主要体现在以下几个方面：

1）企业管理者可以随时了解到公司的经营情况，并对其进行合理控制。通过对该行业内各公司之间对比，发现其在某些指标上存在一定差异。例如，总资产周转率、应收账款和存货占流动比率等这些数值都有较大差别；而同业平均水平也相去甚远且不稳定等。

2）企业可以通过对财务指标的分析，了解该公司在行业中所处地位以及发展趋势，预测其未来前景。

---

① Excel 财务模型。

第13章　构建 DH 物业查询 & 费用清单打印系统

【摘要】本章通过基于 Excel 的 DH 物业公司收费查询系统的分析、设计过程，阐明了一个基于 Excel 的财务系统查询及费用清单设计的思想及流程。首先，根据 DH 物业公司收费管理的需求收集案例资料；其次，进行案例分析，分析基础数据表和需要查询的数据表、需要打印的费用清单，并分析出本模型应设置的功能菜单项；再次，开始上机进行 Excel DH 物业公司收费查询管理系统设计和制作；最后，设计适合 Excel DH 物业公司物业收费管理系统的首页，建立各功能菜单项与各工作表之间相互切换的"链接"。经过数据试用并进行编辑修改后即可将本系统交付使用。

本案例是应用 Excel 财务模型设计模式Ⅲ完成的基于 Excel 的财务管理系统应用的高级应用案例，仅供参考。

13.1　DH 物业公司收费查询系统设计背景

大家知道，社区是社会组成的单元。高效的物业管理往往是社会居民幸福指数提升的关键因素。而社区物业管理费的收缴又是社区管理工作中的一项繁杂、易错又难做的工作。

每次周一例会，负责物业管理费收缴的小麦经理总会被问：

小区商住房、住宅的建筑面积、公共面积有多少？

小区入住状态如何？哪些住房空着？

小区车位使用现状以及住户车位收费情况如何？

小区已收了多少物业管理费？还差多少？

水、电、天然气各项明细收费情况如何？

如何快速查询各居民户水、电、天然气交费情况？各记录本上都有详细的管理费的收缴记录，但每天都有人补交一些费用，使用电子计算器也来不及汇总出实时统计的结果。每每此时，大家都希望能有一个小程序可以让 DH 物业公司在电脑上随时看到所关心的各种动态变化的管理费用数据。然而，物业公司的老板已明确表示：暂时没有投资购买这类软件的打算。因此，为 DH 物业公司编写一个基于 Excel 的物业收费查询系统就成为该物业公司小麦经理急切期盼的事情。

　　本案例可以归结为设计制作一个 Excel 物业收费查询系统的问题，属于应用 Excel 财务模型设计模式Ⅲ的类型。现按照 Excel 财务模型设计"模式Ⅲ"的思路来构建此案例。

13.2　DH 物业公司管理的新 ∗ 家园小区资料

　　经过调研，我们了解到一个小区物业收费主要包括：物业费的管理、车位费的收缴和居民水费、电费及天然气的收缴。本案例选取某市新 ∗ 家园小区为调研对象，收集了一些数据。

　　特别说明：以下案例中用到的所有数据都是为了编写本案例而虚拟的。

13.2.1　新 ∗ 家园小区业主介绍

　　新 ∗ 家园小区共有七栋楼，编号分别是为 A 栋、B 栋、C 栋、D 栋、E 栋、F 栋、G 栋。每栋楼中除有住宅外，另有一部分是商用房。关于业主的建筑面积、公用面积及联系方式等相关信息如表 13-1 所示。

表 13-1　新 ∗ 家园小区业主信息登记表

物业编号	楼宇名称	房号	房屋类型	房屋状态	业主姓名	身份证号	联系电话	建筑面积	公用面积	使用面积	备注
XW0001	A 栋	101	商用	入住	李 ∗ 伟	12345678	188×××××4	136.8	20.5	116.3	
XW0002	A 栋	102	商用	入住	邓 ∗∗	34578993	1379×××××6	136.8	20.5	116.3	
XW0003	A 栋	203	商用	入住	齐 ∗ 红	27374838	133×××××3	136.8	20.5	116.3	
XW0004	A 栋	402	住宅	入住	程 ∗ 丽	39795663	136×××××7	136.8	20.5	116.3	
XW0005	A 栋	403	住宅	入住	李 ∗ 博	47310243	177×××××4	97.8	12.5	85.3	
XW0006	A 栋	501	住宅	入住	徐 ∗ 庆	54824823	186×××××3	97.8	12.5	85.3	
XW0007	A 栋	602	住宅	入住	马 ∗ 才	62339403	188×××××3	88.5	10.5	78	
XW0008	B 栋	102	商用	入住	陶 ∗ 名	69853983	198×××××3	104.7	11.2	93.5	
XW0009	B 栋	103	商用	入住	王 ∗∗	77368563	135×××××4	132.6	13.2	119.4	
XW0010	B 栋	403	住宅	空房	李 ∗∗	84883143	188×××××4	132.6	13.2	119.4	

续表

物业编号	楼宇名称	房号	房屋类型	房屋状态	业主姓名	身份证号	联系电话	建筑面积	公用面积	使用面积	备注
XW0011	B栋	302	住宅	入住	张＊＊	92397723	137×××××5	88.5	10.5	78	
XW0012	B栋	201	住宅	入住	刘＊＊	99912303	189×××××4	104.7	11.2	93.5	
XW0013	B栋	802	住宅	入住	聂＊＊	45336727	189×××××4	132.6	13.2	119.4	
XW0014	C栋	402	住宅	入住	慕＊＊	34534646	158×××××7	132.6	13.2	119.4	
XW0015	C栋	901	商用	入住	魏＊＊	86743336	158×××××4	88.5	10.5	78	
XW0016	C栋	902	住宅	入住	张＊＊	67221144	152×××××4	104.7	11.2	93.5	
XW0017	C栋	702	商用	空房	张＊帆	95519540	158×××××5	132.6	13.2	119.4	
XW0018	C栋	301	住宅	入住	李＊强	46234677	152×××××4	132.6	13.2	119.4	
XW0019	C栋	302	住宅	入住	孙＊＊	46231211	139×××××7	97.8	12.5	85.3	
XW0020	D栋	401	住宅	入住	冯＊＊	23423534	139×××××2	97.8	12.5	85.3	
XW0021	E栋	403	住宅	入住	刘＊军	54323423	139×××××8	66.5	10.5	56	
XW0022	E栋	301	住宅	入住	胡＊平	34567453	134×××××4	104.7	11.2	93.5	
XW0023	E栋	503	住宅	入住	池＊民	35436466	198×××××8	136.8	20.5	116.3	
XW0024	F栋	602	商用	空房	蔡＊强	12123137	134×××××7	136.8	20.5	116.3	
XW0025	F栋	502	商用	入住	吴＊＊	12687853	182×××××7	97.8	12.5	85.3	
XW0026	F栋	301	商用	入住	冯＊＊	23424345	172×××××4	97.8	12.5	85.3	
XW0027	G栋	201	商用	入住	李＊琳	34545787	172×××××8	88.5	10.5	78	
XW0028	G栋	103	商用	入住	卢＊英	15903557	174×××××4	104.7	11.2	93.5	

注：①表中数据纯属虚构，实际使用时可按市场行情修改上表。②本表各面积单位为 m^2。

13.2.2　新＊家园小区业主水电气收费明细表

（1）小区业主水电气收费标准。

1）新＊家园小区业主水费收费标准：2.15 元/吨；

2）新＊家园小区业主电费收费标准：0.53 元/度；

3）新＊家园小区业主燃气费收费标准：1.74 元/m³。

（2）小区业主水电气收费明细表。我们收集到的小区业主水电气收费明细如表 13-2 所示。

表 13-2　20××年××月新＊家园小区业主收费明细表

物业编码	业主名字	水				电				气			
		本月读数	上月读数	实用数	金额	本月读数	上月读数	实用数	金额	本月读数	上月读数	实用数	金额
XW0001	李＊伟	85	60			223	180			69	46		

续表

物业编码	业主名字	水				电				气			
		本月读数	上月读数	实用数	金额	本月读数	上月读数	实用数	金额	本月读数	上月读数	实用数	金额
XW0002	邓＊＊	92	60			132	67			57	43		
XW0003	齐＊红	75	53			73	43			76	58		
XW0004	程＊丽	67	56			183	100			55	34		
XW0005	李＊博	59	38			139	68			71	53		
XW0006	徐＊庆	77	60			38	17			65	51		
XW0007	马＊才	102	76			231	178			67	46		
XW0008	陶＊名	68	45			102	39			46	32		
XW0009	王＊＊	94	48			99	43			56	35		
XW0010	李＊＊	64	51			103	45			63	46		
XW0011	张＊＊	83	63			163	120			78	53		
XW0012	刘＊＊	48	29			53	21			38	22		
XW0013	聂＊＊	78	60			210	173			76	49		
XW0014	慕＊＊	92	73			97	38			18	11		
XW0015	魏＊＊	81	59			166	119			23	11		
XW0016	张＊＊	61	32			88	42			82	60		
XW0017	张＊帆	89	48			57	33			15	6		
XW0018	李＊强	104	77			106	45			70	49		
XW0019	孙＊＊	112	81			227	157			33	20		
XW0020	冯＊＊	63	43			168	127			55	37		
XW0021	刘＊军	85	61			165	96			65	48		
XW0022	胡＊平	65	39			226	182			84	62		
XW0023	池＊民	91	68			184	140			87	68		
XW0024	蔡＊强	85	72			204	145			43	31		
XW0025	吴＊＊	115	86			192	110			55	29		
XW0026	冯＊＊	87	59			95	62			84	53		
XW0027	李＊琳	100	75			73	32			75	59		
XW0028	卢＊英	62	43			134	100			63	50		

注：①表中数据纯属虚构，实际使用时可按市场行情修改上表。②此表中的月也可理解为一段时间，如：1~6月。

13.2.3　新＊家园小区物业费的交费标准

假设 DH 物业公司每半年收一次物业费。物业费收费标准：住宅 1~4 楼 12 元/平方米，5~9 楼 14 元/平方米；商用楼收费标准：1~4 楼 25 元/平方米，5~9 楼 15 元/平方米。

需要说明的是，调研中没有收集到小区业主的物业收费表，所以图 13-1 给出的收费标准均为虚拟数字，正式使用本系统时请工作人员一定要认真录入、仔细核对各户收费标准后方可正式使用本系统。

我们设计本系统时使用的新＊家园小区物业收费用到的表如图 13-1 所示。

图 13-1　20××年度新＊家园小区物业管理收费情况

13.2.4　新＊家园小区停车费的交费标准

表 13-3　20××年度新＊家园小区车位管理

车位号	业主姓名	房号	车牌号	类别	租用日期	单价（月）	第一季度	第二季度	第三季度	第四季度	合计
A-001	李＊伟	402	宁 A0123	租用	2019-10-15	300.00				900.00	
A-002	邓＊＊	403	宁 A0647	自用	2020-01-05	20.00	60.00	60.00	60.00	60.00	
A-003	齐＊红	501	宁 A1171	自用	2020-04-01	20.00		60.00	60.00	60.00	
A-004	程＊＊	602	宁 A1695	自用	2019-12-03	20.00	60.00	60.00	60.00	60.00	
A-005	李＊博	403	宁 A2219	自用	2020-05-16	20.00			40.00	60.00	
A-006	徐＊庆	302	宁 A2743	自用	2020-01-18	20.00	60.00	60.00	60.00	60.00	
A-007	马＊才	201	宁 B67J8	租用	2019-06-30	300.00	900.00	900.00	900.00	900.00	
A-008	陶＊名	802	宁 B16YU	租用	2020-02-20	300.00	600.00	900.00	900.00	900.00	
B-001	王＊＊	402	宁 B67J9	租用	2020-07-05	300.00				900.00	
B-002	李＊＊	902	宁 B17YU	租用	2019-11-17	300.00	900.00	900.00	900.00	900.00	

车位号	业主姓名	房号	车牌号	类别	租用日期	单价（月）	第一季度	第二季度	第三季度	第四季度	合计
B-003	张＊＊	301	宁B67J10	租用	2020-01-26	300.00	900.00	900.00	900.00	900.00	
B-004	刘＊＊	302	宁B18YU	租用	2020-03-01	300.00	900.00	900.00	900.00	900.00	
B-005	聂＊＊	401	宁B67J11	自用	2019-05-03	20.00	60.00	60.00	60.00	60.00	
B-006	慕＊＊	403	宁C3YU0	自用	2019-10-12	20.00	60.00	60.00	60.00	60.00	
C-001	魏＊＊	301	宁B67J12	自用	2020-02-06	20.00	40.00	60.00	60.00	60.00	
C-002	张＊＊	503	宁C3YU1	自用	2019-04-08	20.00	60.00	60.00	60.00	60.00	
C-003	张＊帆	101	宁B67J13	租用	2019-06-15	300.00	60.00	60.00	60.00	60.00	
C-004	李＊强	102	宁C3YU2	租用	2019-10-16	300.00	60.00	60.00	60.00	60.00	
C-005	孙＊＊	203	宁B67J14	租用	2020-01-14	300.00	900.00	900.00	900.00	900.00	
C-006	冯＊＊	102	宁C3YU3	自用	2020-04-03	20.00	40.00	40.00	40.00	40.00	
C-007	刘＊军	103	宁B67J15	自用	2019-12-10	20.00	60.00	60.00	60.00	60.00	
C-008	胡＊平	901	宁C3YU4	自用	2020-05-15	20.00	40.00	60.00	60.00	60.00	
C-009	池＊民	702	宁B67J16	自用	2020-01-18	20.00	60.00	60.00	60.00	60.00	
A-009	蔡＊强	602	宁C3YU5	自用	2019-06-14	20.00	60.00	60.00	60.00	60.00	
A-010	吴＊＊	502	宁A7JU0	自用	2020-02-20	20.00	40.00	60.00	60.00	60.00	
A-011	冯＊＊	301	宁A67C0	自用	2020-07-14	20.00			60.00	60.00	
A-012	李＊琳	201	宁A7JU1	自用	2019-11-14	20.00	60.00	60.00	60.00	60.00	
A-013	卢＊英	103	宁A67C1	自用	2020-01-16	20.00	60.00	60.00	60.00	60.00	

注：表中数据纯属虚构，实际使用时可按市场行情修改上表。

13.3　DH 物业公司收费查询 & 费用清单打印系统设计与制作

13.3.1　DH 物业收费查询系统基础表格的建立

主要步骤：

（1）启动 Excel。

（2）根据表 13-1 建立如图 13-2 所示的新＊家园小区业主信息表。

新 * 家园小区业主信息登记表

称	房号	房屋类型	房屋状态	业主姓名	身份证号	联系电话	建筑面积	公用面积	使用面积	备注	返回主页
	402	住宅	入住	李*伟	39795663	13678839877	136.8	20.5	116.3		
	403	住宅	入住	冠**	47310243	17789990304	97.8	12.5	85.3		
	501	住宅	入住	苏*红	54824629	18683846663	97.8	12.5	85.3		
	602	住宅	入住	张*丽	62339403	18848485903	88.5	10.5	78		
	403	住宅	空房	李*涛	84883143	18847478834	132.6	13.2	119.4		
	302	住宅	入住	徐*庆	92397722	13774835875	88.5	10.5	78		
	201	住宅	入住	马*才	99912303	18983437384	104.7	11.2	93.5		
	802	住宅	入住	阁*永	48336727	18923374824	132.6	13.2	119.4		
	402	住宅	入住	王**	34534646	15838578937	132.6	13.2	119.4		
	902	住宅	入住	李*	67221144	15298734824	104.7	11.2	93.5		
	301	住宅	入住	张**	46234677	15284798274	132.6	13.2	119.4		
	302	住宅	入住	刘**	46231211	13982759287	97.8	12.5	85.3		
	401	住宅	入住	聂**	23423534	13928748372	97.8	12.5	85.3		
	403	住宅	入住	裴**	54327423	13958958928	66.5	10.5	56		
	301	住宅	入住	赵**	34567453	13498378937	104.7	11.2	93.5		
	503	住宅	入住	扰**	35436466	19834957348	136.8	20.5	116.3		
	101	商用	入住	扰*银	12345678	18878393144	136.8	20.5	116.3		
	102	商用	入住	李*请	34879993	13797590086	136.8	20.5	116.3		
	203	商用	入住	孙**	27274838	13324561543	136.8	20.5	116.3		
	102	商用	入住	洞**	69883983	19833645973	104.7	11.2	93.5		
	103	商用	入住	刘*军	77366583	13567896554	132.6	13.2	119.4		
	901	商用	入住	胡*才	86743336	15837482744	88.5	10.5	78		
	702	商用	空房	池*民	95819940	15837958395	132.6	13.2	119.4		
	602	商用	空房	寿**	12123137	13495937897	136.8	20.5	116.3		
	502	商用	入住	吴**	12687833	18238497237	97.8	12.5	85.3		
	301	商用	入住	洞**	23424368	17243784824	97.8	12.5	85.3		
	201	商用	入住	李*辉	34345787	17298347598	88.5	10.5	78		
	103	商用	入住	卢*英	18993887	17485784794	104.7	11.2	93.5		

图 13-2　新 * 家园小区业主信息登记表

（3）根据表 13-2 建立如图 13-3 所示的新 * 家园小区业主水电费收费明细表并定义相关公式。

图 13-3　新 * 家园小区业主水电费收费明细表

水费、电费、燃气费的计算公式：

实用数＝本月读数－上月读数

水费收费金额公式：金额＝实用数×水费收费标准

电费收费金额公式：金额＝实用数×电费收费标准

燃气费收费金额公式：金额＝实用数×燃气费收费标准

图13-3中定义的公式参考答案如图13-4所示。

图13-4　新∗家园小区业主水电费收费明细表定义的公式参考答案

（4）根据图13-1建立如图13-5所示的新∗家园小区物业管理费收费情况并定义相关公式。

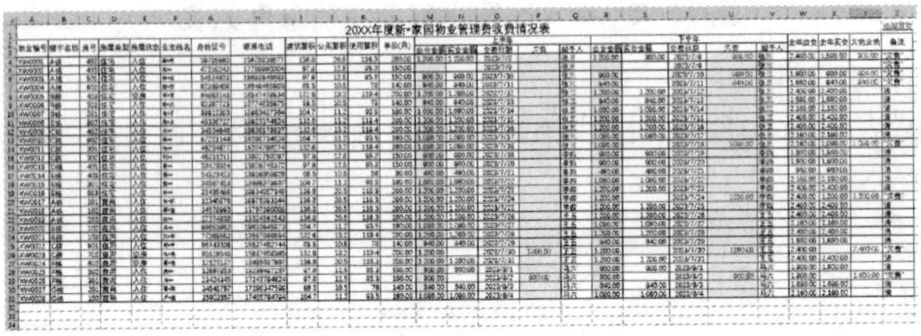

图13-5　新∗家园小区物业管理费收费情况

图13-5中表格所定义的公式参考答案如图13-6所示。

图13-6　新∗家园小区物业管理收费情况表定义的公式参考答案

（5）根据表13-3建立如图13-7所示的20××年度新∗家园小区业主车位管理情况表并定义相关公式。

图 13-7　新 * 家园小区车位管理表

图 13-7 中使用了零值不显示功能，所以实交金额 M 列在没有输入金额时显示为空；经手人使用了数据验证，可根据需要选择输入经手人姓名。

13.3.2　构建 DH 物业业主查询模型

13.3.2.1　相关知识

（1）加载 Excel 中的"开发工具"。如果 Excel 2016 中有"开发工具"菜单项，可直接插入表单控件；否则，由于 Excel 版本不同，显示"开发工具"中的控件的方法不同。在 Excel 2016 中，显示"开发工具"菜单的方法是：单击菜单"文件"→"选项"，再单击"自定义功能区"后在右边的主选项卡框中选"开发工具"，如图 13-8 所示。

图 13-8　设置显示菜单项"开发工具"

之后，菜单项中将会显示"开发工具"项。

（2）插入表单控件。使用"开发工具"菜单项中的"插入"→"表单控件"可设置建立图形控制按钮。

主要操作步骤：

1）"开发工具"→"插入"→"表单控件"，单击需要的控件。以选择组合框为例，单击"组合框"按钮，在需要处画（拖动）一个控件（"组合框"）。

2）单击右键刚画的"组合框"，选"设置控件格式"，根据不同控件进行相关设置。如对小区业主信息表中的物业编码的组合框进行设置，可以单击右键，选"设置控件格式"，将出现如图 13-9 所示的窗口。

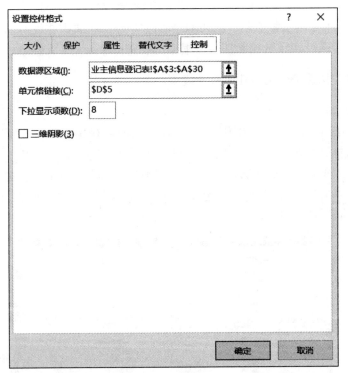

图 13-9　设置控件（"组合框"）的控制信息

我们可以根据需要设置控件的参数。如可以设置"组合框"的数据源区域为：业主信息登记表！$A $3：$A $30、单元格链接为：$D $5、是否需要勾选"三维阴影"并确定。

图 13-10 是设计好的新 * 家园业主信息查询系统。单击 C5 所在组合框右侧的下拉按钮，即可选择输入不同业主的物业编号。

图 13-10　新 * 家园业主信息查询

（3）设计需要用到的函数。

1）INDEX（）函数。

格式：INDEX（array，row_num，column_num）。

功能：使用索引从单元格区域或数据组中选取值。

参数：

■array 为单元格区域或数据组常量。

■row_num 为数据组或引用中要返回值的行序号，如果忽略，则必须有 column_num 参数。

■column_num 为数据组或引用中要返回值的列序号，如果忽略，则必须有 row_num 参数。

2）IF 函数。

格式：IF（logical_test，value_if_true，value_if_false）。

功能：用来判断某一条件（logical_test）是否成立，以继续进行其他的处理或显示某一特定条件下的结果。当条件表达式（logical_test）的值为真时，返回 value_if_true 值；当条件表达式（logical_test）的值为假时，返回 value_if_false 值。

13.3.2.2　查询系统的设计

（1）建立新 * 家园小区业主信息查询模型。如图 13-10 所示，构建的新 * 家园小区业主信息查询模型提供了以下四种查询方式：

方式一：按物业编码查询。

方式二：按业主姓名查询。

方式三：按业主电话号码查询。

方式四：按业主身份证号查询。

新＊家园小区业主信息查询模型定义的公式参考答案如图 13-11 所示。

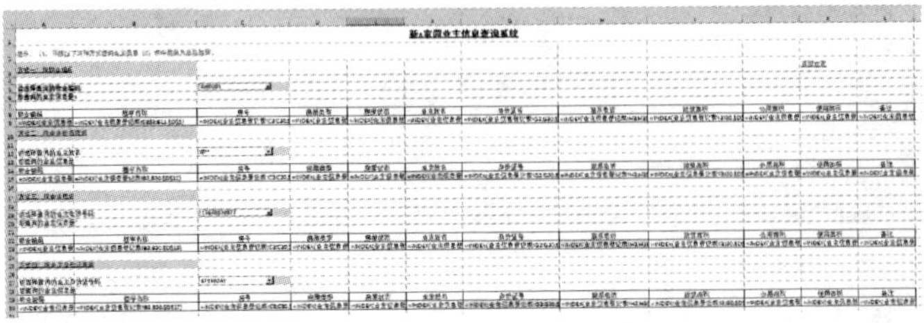

图 13-11　新＊家园小区业主信息查询模型定义的公式

（2）建立新＊家园小区业主水电气收费查询模型。根据 13.2 中给出的新＊小区收费资料，不难定义公式得出如图 13-12 所示的新＊家园小区业主水电气收费明细表。

图 13-12　新＊家园小区业主收费明细表

图 13-12 构建的新＊家园小区业主水电气信息查询模型提供了以下两种查询方式：

方式一：按物业编码查询。

方式二：按业主姓名查询。

图 13-12 中所定义的公式参考答案如图 13-13～图 13-15 所示。

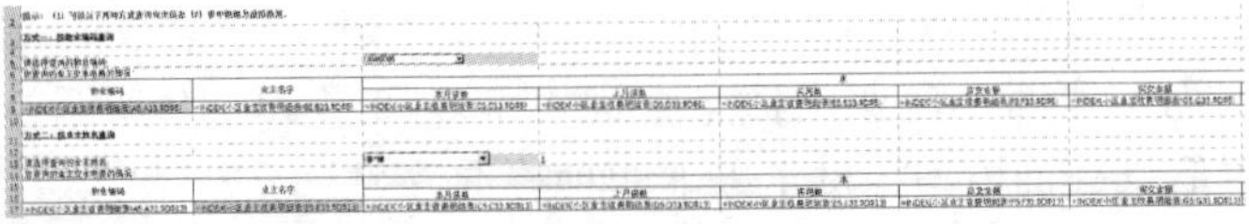

图 13-13　业主水电费查询系统定义的公式（左边部分）

图 13-14　业主水电费查询系统定义的公式（中间部分）

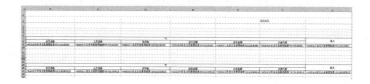

图 13-15　业主水电费查询系统定义的公式（右边部分）

（3）建立新＊家园小区业主车位管理费查询模型。根据 13.2 中给出的新＊小区收费资料，仿（1）、（2）不难定义公式得出如图 13-16 所示的新＊家园小区业主车位管理费查询模型。有以下三种查询方式：

方式一：按车位号查询。

方式二：按业主姓名查询。

方式三：按业主车牌号查询。

图 13-16　新＊家园小区业主车位管理费查询模型

（4）建立新＊家园小区业主物业管理费查询模型。根据 13.2 中给出的新＊小区收费资料，仿（1）、（2）可轻松定义公式得出如图 13-17 所示的新＊家园小区业主物业管理费查询模型。有两种查询方式：

方式一：按物业编码查询。

方式二：按业主姓名查询。

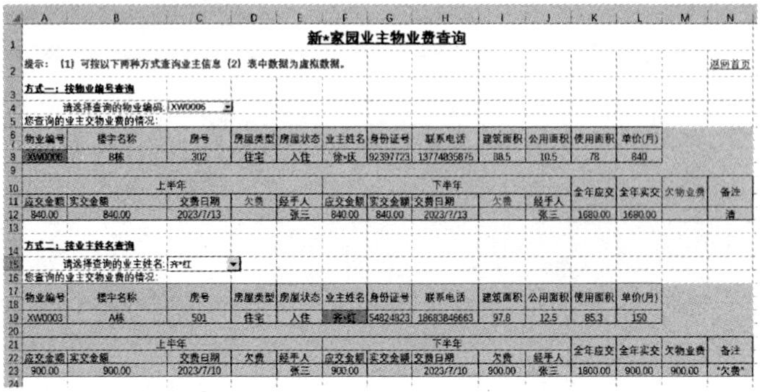

新*家园业主物业费查询

提示：（1）可按以下两种方式查询业主信息（2）表中数据为虚拟数据。 返回首页

方式一：按物业编号查询

请选择查询的物业编码：XW0006

您查询的业主交物业费的情况：

物业编号	楼宇名称	房号	房屋类型	房屋状态	业主姓名	身份证号	联系电话	建筑面积	公用面积	使用面积	单价(月)
XW0006	B栋	302	住宅	入住	徐*庆	92397723	13774835875	88.5	10.5	78	840

上半年					下半年					全年应交	全年实交	欠物业费	备注
应交金额	实交金额	交费日期	欠费	经手人	应交金额	实交金额	交费日期	欠费	经手人				
840.00	840.00	2023/7/13		张三	840.00	840.00	2023/7/13		张三	1680.00	1680.00		清

方式二：按业主姓名查询

请选择查询的业主姓名：齐*红

您查询的业主交物业费的情况：

物业编号	楼宇名称	房号	房屋类型	房屋状态	业主姓名	身份证号	联系电话	建筑面积	公用面积	使用面积	单价(月)
XW0003	A栋	501	住宅	入住	齐*红	54824823	18683846663	97.8	12.5	85.3	150

上半年					下半年					全年应交	全年实交	欠物业费	备注
应交金额	实交金额	交费日期	欠费	经手人	应交金额	实交金额	交费日期	欠费	经手人				
900.00	900.00	2023/7/10		张三	900.00		2023/7/10	900.00	张三	1800.00	900.00	900.00	"欠费"

图 13-17　新＊家园小区业主物业管理费查询模型

13.3.3　打印费用清单模型的设计

设计打印费用清单模型时除按照 Excel 财务建模的一般流程操作外，还需要考虑费用清单的布局、纸张（按 A4 纸设计）的合理使用、费用清单打印的张数（三联、二联）、日期变动时的处理、是否可选择输入一些信息等因素。此外，打印出的费用清单如果加盖物业公司财务用章可临时代收据使用。

限于篇幅，以下只列出已完成的模型，仅供参考。

（1）小区业主信息打印模型。按业主物业编码查询后每个业主打印一条信息。如图 13-18 所示。

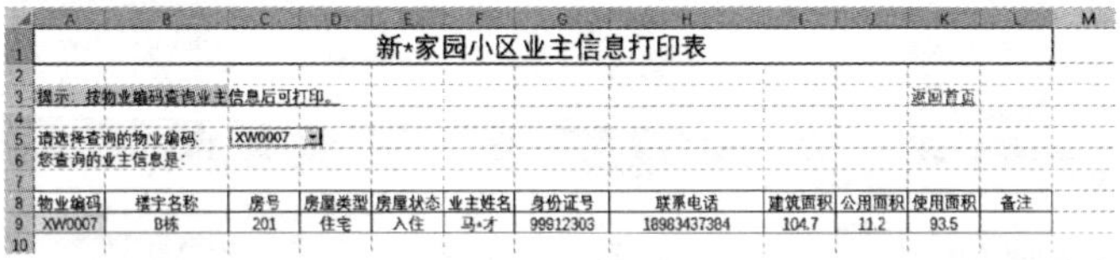

新*家园小区业主信息打印表

提示：按物业编码查询业主信息后可打印。 返回首页

请选择查询的物业编码：XW0007

您查询的业主信息是：

物业编码	楼宇名称	房号	房屋类型	房屋状态	业主姓名	身份证号	联系电话	建筑面积	公用面积	使用面积	备注
XW0007	B栋	201	住宅	入住	马*才	99912303	18983437384	104.7	11.2	93.5	

图 13-18　按业主物业编码查询后每个业主打印一条信息

（2）小区业主水电气费用清单打印模型。如图 13-19 所示，小区业主水电气费用清单打印模型设计了记账联、客户联及存根三联，方便使用。加盖物业公司公章后可代收据。其中，经手人、付费方式均使用了数据验证功能，同时表格中数据进行了零值不显示处理。

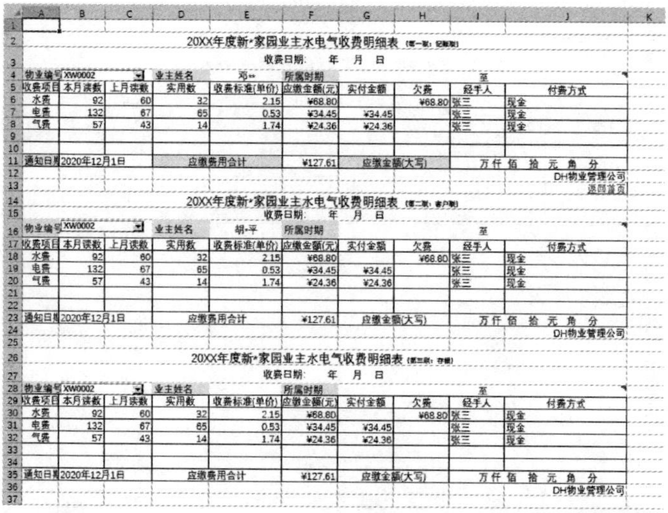

20XX年度新•家园业主水电气收费明细表（第一联：记账联）

收费日期：　年　月　日

物业编号	XW0002		业主姓名	邓••	所属时期			至	
收费项目	本月读数	上月读数	实用数	收费标准(单价)	应缴金额(元)	实付金额	欠费	经手人	付费方式
水费	92	60	32	2.15	¥68.80		¥68.80	张三	现金
电费	132	67	65	0.53	¥34.45	¥34.45		张三	现金
气费	57	43	14	1.74	¥24.36	¥24.36		张三	现金
通知日期	2020年12月1日		应缴费用合计		¥127.61	应缴金额(大写)		万 仟 佰 拾 元 角 分	

DH物业管理公司

返回首页

20XX年度新•家园业主水电气收费明细表（第二联：客户联）

收费日期：　年　月　日

物业编号	XW0002		业主姓名	胡•平	所属时期			至	
收费项目	本月读数	上月读数	实用数	收费标准(单价)	应缴金额(元)	实付金额	欠费	经手人	付费方式
水费	92	60	32	2.15	¥68.80		¥68.80	张三	现金
电费	132	67	65	0.53	¥34.45	¥34.45		张三	现金
气费	57	43	14	1.74	¥24.36	¥24.36		张三	现金
通知日期	2020年12月1日		应缴费用合计		¥127.61	应缴金额(大写)		万 仟 佰 拾 元 角 分	

DH物业管理公司

20XX年度新•家园业主水电气收费明细表（第三联：存根）

收费日期：　年　月　日

物业编号	XW0002		业主姓名		所属时期			至	
收费项目	本月读数	上月读数	实用数	收费标准(单价)	应缴金额(元)	实付金额	欠费	经手人	付费方式
水费	92	60	32	2.15	¥68.80		¥68.80	张三	现金
电费	132	67	65	0.53	¥34.45	¥34.45		张三	现金
气费	57	43	14	1.74	¥24.36	¥24.36		张三	现金
通知日期	2020年12月1日		应缴费用合计		¥127.61	应缴金额(大写)		万 仟 佰 拾 元 角 分	

DH物业管理公司

图 13-19　按业主物业编码查询后每个业主打印一条信息

（3）小区业主车位管理费用清单打印模型。如图 13-20 所示，小区业主车位管理费用清单打印模型设计了记账联、客户联二联，方便使用。其中，经手人、付费方式可选择输入，同时表格中数据进行了零值不显示处理。

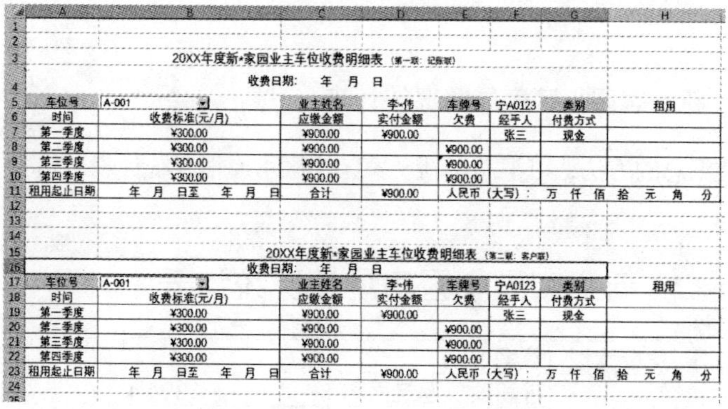

20XX年度新•家园业主车位收费明细表（第一联：记账联）

收费日期：　年　月　日

车位号	A-001	业主姓名	李•伟	车牌号	宁A0123	类别	租用
时间	收费标准(元/月)	应缴金额	实付金额	欠费	经手人	付费方式	
第一季度	¥300.00	¥900.00	¥900.00		张三	现金	
第二季度	¥300.00	¥900.00		¥900.00			
第三季度	¥300.00	¥900.00		¥900.00			
第四季度	¥300.00	¥900.00		¥900.00			
租用起止日期	年 月 日至 年 月 日	合计	¥900.00	人民币（大写）：	万 仟 佰 拾 元 角 分		

20XX年度新•家园业主车位收费明细表（第二联：客户联）

收费日期：　年　月　日

车位号	A-001	业主姓名	李•伟	车牌号	宁A0123	类别	租用
时间	收费标准(元/月)	应缴金额	实付金额	欠费	经手人	付费方式	
第一季度	¥300.00	¥900.00	¥900.00		张三	现金	
第二季度	¥300.00	¥900.00		¥900.00			
第三季度	¥300.00	¥900.00		¥900.00			
第四季度	¥300.00	¥900.00		¥900.00			
租用起止日期	年 月 日至 年 月 日	合计	¥900.00	人民币（大写）：	万 仟 佰 拾 元 角 分		

图 13-20　打印业主车位收费明细清单

（4）小区业主物业管理费用清单打印模型（记账联、客户联）。

20XX年度新*家园物业收费明细表（第一联：记账联）

收费日期：　年　月　日

物业编号	XW0014		业主姓名	慕**	房屋类型	住宅	
楼宇编号	E栋		房号	403	建筑面积	66.5	
时间	收费标准	应缴金额	实缴金额	欠费	支付方式	经手人	返回首页
第一、二季度	¥480.00	¥480.00	¥480.00	¥0.00	现金	李四	
第三、四季度	¥480.00	¥480.00	¥480.00	¥0.00	银行卡	李四	
		合 计	¥960.00	人民币（大写）：	万 仟	佰 拾 元 角 分	
						DH物业管理公司	

20XX年度新*家园物业收费明细表（第二联：客户联）

收费日期：　年　月　日

物业编号	XW0014		业主姓名	慕**	房屋类型	住宅
楼宇编号	E栋		房号	403	建筑面积	66.5
时间	收费标准	应缴金额	实缴金额	欠费	支付方式	经手人
第一、二季度	¥480.00	¥480.00	¥480.00	¥0.00	现金	李四
第三、四季度	¥480.00	¥480.00	¥480.00	¥0.00	银行卡	李四
		合 计	¥960.00	人民币（大写）：	万 仟	佰 拾 元 角 分
						DH物业管理公司

图 13-21　打印业主物业收费明细清单

13.4　DH 物业公司新＊家园其他统计表

13.4.1　新＊家园小区房屋情况统计表

通过分类汇总的方法，可汇总出新＊家园小区房屋情况统计表，如图 13-22 所示。

新卫家园小区房屋情况统计表

		单位：平方米	
房屋类型	数据	汇总	
商用	求和项：建筑面积	1394.4	
	求和项：公共面积	176.8	
住宅	求和项：建筑面积	1752.8	
	求和项：公共面积	208.9	
求和项：建筑面积汇总		3147.2	
求和项：公共面积汇总		385.7	
			返回主页

图 13-22　新＊家园小区房屋情况统计表

13.4.2　新 * 家园小区业主入住情况统计表（见表 13-23）

新 * 家园小区业主信息登记表1

物业编号	镇字名称	房号	房屋类型	房屋状态	业主姓名	身份证号	联系电话	建筑面积	公用面积	使用面积	备注
7	A栋 计数										
6	B栋 计数										
6	C栋 计数										
1	D栋 计数										
3	E栋 计数										
3	F栋 计数										
2	G栋 计数										
28	总计数										返回首页

新 * 家园小区业主信息登记表2

物业编号	镇字名称	房号	房屋类型	房屋状态	业主姓名	身份证号	联系电话	建筑面积	公用面积	使用面积	备注
XW0001	A栋	101	商用	入住	李*伟	12345678	18878393144	136.8	20.5	116.3	
XW0002	A栋	102	商用	入住	邓**	34578993	13797590096	136.8	20.5	116.3	
XW0003	A栋	203	商用	入住	齐*红	27374838	13324561543	136.8	20.5	116.3	
XW0004	A栋	402	住宅	入住	瑾*馨	39795663	13678839877	136.8	20.5	116.3	
XW0005	A栋	403	住宅	入住	李*博	47310243	17789990304	97.8	12.5	85.3	
XW0006	A栋	501	住宅	入住	徐*庆	54824823	18883846663	97.8	12.5	85.3	
XW0007	A栋	602	住宅	入住	马*才	62330403	18848485903	88.5	10.5	78	
7	A栋 计数										
XW0008	B栋	102	商用	入住	陶*名	60853983	19833645973	104.7	11.2	93.5	
XW0009	B栋	103	商用	入住	王**	77368563	13567896554	132.6	13.2	119.4	
XW0010	B栋	403	住宅	空房	李**	84883143	18847478834	132.6	13.2	119.4	
XW0011	B栋	302	住宅	入住	张**	92397723	13774835875	88.5	10.5	78	
XW0012	B栋	201	住宅	入住	刘**	99912303	18983437384	104.7	11.2	93.5	
XW0013	B栋	802	住宅	入住	聂**	45336727	18923374824	132.6	13.2	119.4	
6	B栋 计数										
XW0017	C栋	702	商用	空房	张*帆	95510540	15837958395	132.6	13.2	119.4	
XW0015	C栋	901	商用	入住	魏**	88742336	15837482744	88.5	10.5	78	
XW0014	C栋	402	住宅	入住	嘉**	34534646	15838578937	132.6	13.2	119.4	
XW0016	C栋	902	住宅	入住	李**	67221144	15299734824	104.7	11.2	93.5	
XW0018	C栋	301	住宅	入住	李*强	48224677	15284798274	132.6	13.2	119.4	
XW0019	C栋	302	住宅	入住	孙**	46231211	13982759287	97.8	12.5	85.3	
6	C栋 计数										
XW0020	D栋	401	住宅	入住	冯**	23423534	13928748372	97.8	12.5	85.3	
1	D栋 计数										
XW0021	E栋	403	住宅	入住	刘*军	54323423	13958958928	66.5	10.5	56	
XW0022	E栋	301	住宅	入住	胡*平	34567453	13498378937	104.7	11.2	93.5	
XW0023	E栋	503	住宅	入住	池*民	35436466	19834957348	136.8	20.5	116.3	
3	E栋 计数										
XW0024	F栋	602	商用	空房	蔡*强	12123137	13495937897	136.8	20.5	116.3	
XW0025	F栋	502	商用	入住	吴**	12687853	18238407237	97.8	12.5	85.3	
XW0026	F栋	301	商用	入住	冯**	23424345	17243784824	97.8	12.5	85.3	
3	F栋 计数										
XW0027	G栋	201	商用	入住	李*琳	34545787	17298347508	88.5	10.5	78	
XW0028	G栋	103	商用	入住	卢*英	15903557	17485784794	104.7	11.2	93.5	
	G栋 计数										
28	总计数										

图 13-23　新 * 家园小区业主入住情况统计表

13.5　案例小结与思考

13.5.1　设计系统首页

为了方便使用 DH 物业查询 & 费用清单打印系统，现将本系统主要功能归集为：小区信息查询、打印费用清单、小区基础信息及小区统计数据四个方面。并通过"链接"建立各功能菜单项与对应 Excel 表格间的切换，使该系统具有操作简单、功能齐全的特点。该系统封面如图 13-24 所示。

图 13-24　DH 物业查询 & 费用清单打印系统封面

13.5.2　案例启示与思考

DH 物业公司管理系统是一个使用 Excel 财务建模设计模式Ⅲ且重在呈现利用实现 Excel 查询的思路、实现单位收费发票打印的一个综合型模型案例。

本案例的启示：不用编程同样可以实现系统的设计、查询、发票打印。

本案例应思考：

（1）实现 Excel 查询用到哪些函数？需要注意什么？

（2）如果想设计查询 & 打印发票，发票设计时要注意哪些细节？列出你能想到的各种情形。

（3）Excel 系统封面设计时必须有的关键部分有哪些？

（4）为什么要在系统交付使用之前写好系统使用说明书？

（5）总结你知道的保护 Excel 财务系统的常用方法。

参考文献

［1］陈潇怡，李超，夏雨．财务与会计数据处理——以 Excel 为工具［M］．北京：清华大学出版社，2017.

［2］钭志斌，丁婷，陈株剑．Excel 在财务中的应用（第二版）［M］．北京：高等教育出版社，2014.

［3］高跃勋．Excel 账务处理应用教程［M］．北京：人民邮电出版社，2008.

［4］韩良．《Excel 在财务管理中的应用（第 5 版）》［M］．北京：清华大学出版社，2024.

［5］韩良智．Excel 在财务管理与分析中的应用（第二版）［M］．北京：中国水利水电出版社，2008.

［6］候国屏，贾占通，孙玉清．Excel 在财务管理中的应用［M］．北京：清华大学出版社，1999.

［7］胡丹，袁芬，张玲．会计信息化基础［M］．北京：清华大学出版社，2017.

［8］［美］James R. Evans．高效商业分析：Excel 建模与决策［M］．王正林，王权，肖静译．北京：电子工业出版社，2015.

［9］姬昂，崔婕，穆乐福等．Excel 在会计和财务中的应用（第二版）（修订版）［M］．北京：清华大学出版社，2012.

［10］李勇．会计综合实训：从手工到电算化（微课版）［M］．北京：清华大学出版社，2018.

［11］刘锦．跟我学做 Excel 会计达人［M］．北京：电子工业出版社，2022.

［12］吕志明．计算机财务管理［M］．北京：高等教育出版社，2015.

［13］麦海娟，麦海燕．Excel 在财务中的应用［M］．北京：高等教育出版社，2021.

［14］石熠，王娜．Excel 在财务中的应用［M］．北京：中国人民大学出版社，2017.

［15］王海林，孙凡，周卫华．管理会计信息化［M］．北京：高等教育出版社，2018.

［16］王威杰．企业信息处理与分析：Excel 应用案例［M］．北京：北京理工大学出版社，2015.

［17］王新玲，吕志明，吴彦文．Excel 财务管理教程［M］．北京：电子工业出版社，2007.

［18］杨桂梅．Excel 应用于财务管理的实训教程［M］．北京：国防工业出版社，2008.

［19］喻竹，孙一玲，孔祥威，李洁．Excel 在会计中的应用［M］．北京：高等教育出版社，2016.

［20］袁月平，邱卫国，陈凯，陈雄波．结构化程序设计方法在计算水力学中的应用［J］．人民黄河，2010，32（10）：126-127.

［21］［美］约翰·S.提亚．财务建模：设计、构建及应用的完整指南（原书第3版）［M］．张鲁明，张鲁晶译．北京：机械工业出版社，2020.

［22］张礼萍，刘毅华．Excel 在财务中的应用［M］．长沙：湖南师范大学出版社，2017.

［23］张礼萍．刘毅华．Excel 在财务中的应用［M］．长沙：湖南师范大学出版社，2019.

［24］张瑞君，蒋砚章，殷建红．会计信息系统［M］．北京：中国人民大学出版社，2019.

［25］张瑞君．计算机财务管理：财务建模方法与技术（第四版）［M］．北京：中国人民大学出版社，2015.

［26］赵宏强，李爱喜．Excel 在财务会计中的应用［M］．北京：高等教育出版社，2016.

［27］赵喜晨．Excel 在财务管理中的应用［M］．上海：立信出版社，2020.

［28］钟爱军，邹丹．财务预测、回归分析与 Excel 建模［J］．襄阳职业技术学院学报，2018，17（3）：84-86.

［29］周丽媛，汪丽华，李文东．Excel 在财务管理中的应用（第三版）［M］．大连：东北财经大学出版社，2014.

［30］周燕玲，熊凤山．Excel 在会计中的应用［M］．上海：上海交通大学出版社，2023.

［31］朱小平，马元驹．初级会计学模拟实验教程［M］．北京：中国人民大学出版社，2010.

附录 1 Excel 常用快捷键

快捷键	功能
Ctrl+Shift+（	取消隐藏选定范围内所有隐藏的行
Ctrl+Shift+）	取消隐藏选定范围内所有隐藏的列
Ctrl+Shift+&	将外框应用于选定单元格
Ctrl+Shift+_	从选定单元格删除外框
Ctrl+Shift+~	应用"常规"数字格式
Ctrl+Shift+$	应用带有两位小数的"货币"格式（负数放在括号里）
Ctrl+Shift+%	应用不带小数位的"百分比"格式
Ctrl+Shift+^	应用带有两位小数的"科学计数"格式
Ctrl+Shift+#	应用带有日、月、年的"日期"格式
Ctrl+Shift+@	应用带有小时和分钟以及 AM 或 PM 的"时间"格式
Ctrl+Shift+!	应用带有两位小数、千位分隔符和减号（－）（用于负值）的"数值"格式
Ctrl+Shift+＊	选择环绕活动单元格的当前区域（由空白行和空白列围起的数据区域）；在数据透视表中，它将选择整个数据透视表
Ctrl+Shift+：	输入当前时间
Ctrl+Shift+"	将值从活动单元格上方的单元格复制到单元格或编辑栏中
Ctrl+Shift+加号（+）	显示用于插入空白单元格的"插入"对话框
Ctrl+减号（－）	显示用于删除选定单元格的"删除"对话框
Ctrl+；	输入当前日期
Ctrl+'	在工作表中切换显示单元格值和公式
Ctrl+'	将公式从活动单元格上方的单元格复制到单元格或编辑栏中
Ctrl+1	显示"设置单元格格式"对话框
Ctrl+2	应用或取消加粗格式设置

快捷键	功能
Ctrl+3	应用或取消倾斜格式设置
Ctrl+4	应用或取消下划线
Ctrl+5	应用或取消删除线
Ctrl+6	在隐藏对象、显示对象和显示对象占位符之间切换
Ctrl+8	显示或隐藏大纲符号
Ctrl+9	隐藏选定的行
Ctrl+0	隐藏选定的列
Ctrl+A	选择整个工作表； 如果工作表包含数据，则按 Ctrl+A 将选择当前区域，再次按 Ctrl+A 将选择当前区域及其汇总行，第三次按 Ctrl+A 将选择整个工作表； 当插入点位于公式中某个函数名称的右边时，则会显示"函数参数"对话框； 当插入点位于公式中某个函数名称的右边时，按 Ctrl+Shift+A 将会插入参数名称和括号
Ctrl+B	应用或取消加粗格式设置
Ctrl+C	复制选定的单元格； 如果连续按两次 Ctrl+C，则会显示剪贴板
Ctrl+D	使用"向下填充"命令将选定范围内最顶层单元格的内容和格式复制到下面的单元格中
Ctrl+F	显示"查找和替换"对话框，其中的"查找"选项卡处于选中状态； 按 Shift+F5 也会显示此选项卡，而按 Shift+F4 则会重复上一次"查找"操作； 按 Ctrl+Shift+F5 将打开"设置单元格格式"对话框，其中的"字体"选项卡处于选中状态
Ctrl+G	显示"定位"对话框 按 F5 也会显示此对话框
Ctrl+H	显示"查找和替换"对话框，其中的"替换"选项卡处于选中状态
Ctrl+I	应用或取消倾斜格式设置
Ctrl+K	为新的超链接显示"插入超链接"对话框，或为选定的现有超链接显示"编辑超链接"对话框
Ctrl+N	创建一个新的空白工作簿
Ctrl+O	显示"打开"对话框，以打开或查找文件； 按 Ctrl+Shift+O 可选择所有包含批注的单元格
Ctrl+P	显示"打印"对话框； 按 Ctrl+Shift+P 将打开"设置单元格格式"对话框，其中的"字体"选项卡处于选中状态
Ctrl+R	使用"向右填充"命令将选定范围最左边单元格的内容和格式复制到右边的单元格中

续表

快捷键	功能
Ctrl+S	使用其当前文件名、位置和文件格式保存活动文件
Ctrl+T	显示"创建表"对话框
Ctrl+U	应用或取消下划线； 按 Ctrl+Shift+U 将在展开和折叠编辑栏之间切换

附录 2 Excel 常见错误提示信息

在 Excel 中输入公式时，如果不能正确地计算结果或者公式引用的单元格含有错误，系统会给出相应的提示信息，了解这些错误值的含义对于更正输入错误具有重要的参考价值。

（一）####

当公式计算结果太长，单元格容纳不下或者将一个负数变成日期格式显示时会产生此类错误值。

（二）#DIV/0!

当数字被零（0）除时，出现错误。可能的原因是输入的公式中包含有明显的被零除，例如＝9/0。或者使用对空白单元格或包含零的单元格的引用作除数。

（三）#NAME？

当使用的名称不存在，在公式里使用了未命名的区域，如：SUM（A1A5），或者函数名称拼写错误时则经常会出现此类错误。

（四）#REF!

当单元格引用无效时，将公式中引用的单元格覆盖或者删除公式中所引用的单元格后，公式所在的单元格就会出现这种错误。

（五）#VALUE!

当使用了错误的参数或者运算符对象类型时就会产生此类错误。例如，在单元格中输入公式"＝4+"a""时，单元格中就会显示错误值"#VALUE!"。

（六）#N/A

当在函数参数或者公式中没有可用数值时则会出现此类错误。例如，在使用 LOOKUP 函数时应该确保 lookup_value 参数值的类型正确，应该引用有数值的单元格，而不是引用空白单元格。

（七）#NUM!

在需要数字参与的函数中使用了无法接受的参数或者输入的公式产生的数字太大或太小而无法在 Excel 中表示时，则会出现此类错误。例如，函数 DATE

（year，month，day）中的参数 year 为负数时就会在单元格中显示错误值
"#NUM！"

（八）#NULL！

当为两个不相交的区域指定交集时将会产生此类错误。例如，函数 SUM
（A1：A5，C1：C5）的功能是对两个区域求和，而函数 SUM（A1：A5 C1：C5）
的功能是对两个区域的交集中的单元格求和，但这两个区域没有交集，因此会产
生错误值#NULL！。

附录 3　Excel 常用函数

序号	函数使用格式及主要功能	参数说明	特别提醒
	一、统计函数		
1	AVERAGE 函数 AVERAGE(numberl，number2...) 求出所有参数的算术平均值	numberl，number2... 代表需要求平均值的数值或引用单元格（区域）	如果引用区域中包含"0"值单元格，则计算在内；如果引用区域中包含空白或字符单元格，则不计算在内
2	COUNT 函数 COUNT（value1，value2...） 返回包含数字以及包含参数列表中数字的单元格的个数	value1，value2... 为包含或引用各种类型数据的参数，但只有数值型数据才能被计算	函数 COUNT 在计数时，将把数字、日期或以文本代表的数字计算在内。但是错误值或其他无法转换成数字的文字将被忽略
3	COUNTIF 函数 COUNTIF（range，critera） 统计某个单元格区域中符合指定条件的单元格数目	range 代表要统计的单元格区域：criteria 表示指定的条件表达式	允许引用的单元格区域中有空白单元格出现
4	MAX 函数 MAX（number，number2...） 求出一组数中的最大值	number，number：2... 代表需要求最大值的数值或引用单元格（区域）	允许引用的单元格区域中有空白单元格出现
5	MIN 函数 MIN（number，number2...） 求出一组数中的最小值	number，numbera2... 代表需要求最小值的数值或引用单元格（区域）	如果参数中有文本或逻辑值，则忽略
	二、数学函数		
1	SUM 函数 SUM（number，number2） 计算所有参数数值的和	number、number2... 代表需要计算的值，可以是具体的数值、引用的单元格（区域）、逻辑值等	如果参数为数组或单元格引用，只有其中的数字才能被计算，数组或引用中的空白单元格、逻辑值、文本或错误值将被忽略

序号	函数使用格式及主要功能	参数说明	特别提醒
2	SUMIF 函数 SUMIF（range, criteria, sum_range） 计算符合指定条件的单元格区域内的数值和	number、number2... 代表需要计算的值，可以是具体的数值、引用的单元格（区域）、逻辑值等	如果条件表达式是文本型，则只有放在英文状态下的双引号中，才能进行运算
3	ROUND 函数 ROUND（number, num_digits） 将给定参数按给定位数四舍五入	number 代表需要四舍五入的值。num_digits 按此位数对 number 参数进行四舍五入	number 可以是数值型数据，也可以是单元格引用，还可以是结果为数值的公式，其他除文本型数据（非数值型文本）外都可以进行计算，逻辑型 TRUE 视为 1FALSE 视为 0，若为日期型或者时间型数值，则系统会按照日期或时间的序列数进行运算，如果是不能转换为数值的文本，则报错"#NAME?"。当 num_digits 为正数时，则指定 number 是舍入的小数位；当 num_digits 为 0 时，表示舍入为整数；当 num_digits 为负数时，表示将 number 在小数点左侧进行是将 number 舍入的位数
4	ABS 函数 ABS（number） 求出相应数字的绝对值	number 代表需要求绝对值的数值或引用的单元格	如果 number 参数不是数值，而是一些字符（如 A 等），则返回错误值
5	INT 函数 INT（number） 将数值向下取整为最接近的整数	number 表示需要取整的数值或包含数值的引用单元格	在取整时，不进行四舍五入；如果输入的公式为"= INT（-18.89）"，则返回结果为"-19"
三、文本函数			
1	LEN 函数 LEN（text） 统计文本字符串中字符的数目	text 表示要统计的文本字符串	应用 1LEN 函数进行统计时，无论是全角字符还是半角字符，每个字符均记为"1"；与 LEN 函数相对应的一个函数——LENB，在统计时半角字符记为"1"，全角字符记为"2"
2	RIGHT 函数 RIGHT（text, num_chars） 统计文本字符串中字符的数目	text 代表要截取字符的字符串；num_chars 代表给定的截取数目	nurm_chars 参数必须大于或等于 0，如果忽略，则默认其为 1；如果 num_chars 参数大于文本长度，则函数返回整个文本

序号	函数使用格式及主要功能	参数说明	特别提醒
3	MID 函数 MID（text，start_num，num_chars） 从一个文本字符串的指定位置开始，截取指定数目的字符	text 代表一个文本字符串 start_num 表示指定的起始位置，num_chars 表示要截取的数目	公式中各参数间要用英文状态下的逗号隔开
4	LEFT 函数 LEFT（text，num_chars） 从一个文本字符串的第一个字符开始，截取指定数目的字符	text 代表要截取字符的字符串：num_chars 代表给定的截取数目	此函数名的英文意思为"左"，即从左边截取。Excel 中的很多函数都取其英文的意思
5	MOD 函数 MOD（number，divisor） 求出两数相除的余数	number 代表被除数；divisor 代表除数	如果 divisor 参数为零，则显示错误值"#DIV/O!"。MOD 函数可以借用函数 INT 来表示
四、逻辑函数			
1	IF 函数 IF（logical，value_if_true，value_if_false） 根据对指定条件的逻辑判断的真假结果，返回相对应的内容	logical 代表逻辑判断表达式；value_if_true 表示当判断条件为逻辑"真（TRUE）"时的显示内容，如果忽略返回"TRUE"；value_i_false 表示当判断条件为逻辑"假（FALSE）"时的显示内容，如果忽略返回"FALSE"	如果忽略后两个条件内容，则会出现"TRUE"或"FALSE"
2	AND 函数 AND（logical1，logical2，…） 返回逻辑值：如果所有参数值均为逻辑"真（TRUE）"，则返回逻辑真"TRUE"；反之，则返回逻辑假"FALSE"	logical1，logical2，… 表示待测试的条件值或表达式，最多30个	如果指定的逻辑条件参数中包含非逻辑值，则函数返回错误值"#VALUE!"或"#NAME?"
3	OR 函数 OR（logical1，logical2，…） 返回逻辑值，仅当所有参数值均为逻辑"假（FALSE）"时返回函数结果逻辑假"FALSE"；否则，返回逻辑真"TRUE"。	logical1，logical2，… 表示待测试的条件值或表达式，最多30个	如果指定的逻辑条件参数中包含非逻辑值，则函数返回错误值"#VALUE!"或"#NAME?"

续表

序号	函数使用格式及主要功能	参数说明	特别提醒
五、查找与引用函数			
1	VLOOKUP 函数 VIOOKUP（lookup_value, table_aray, col_index_num, range_look-up） 在数据表的首列查找指定的数值，并由此返回数据表当前行中指定列出的数值	lookup_value 代表需要查找的数值；table_aray 代表需要在其中查找数据的单元格区域；col_index_num 为在 table_aray 区域中待返回的匹配值的列序号。range_lookup 为逻辑值，如果为 TRUE 或省略，则返回近似匹配值，也就是说，如果找不到精确匹配值，则返回小于 lookup_value 的最大数值，如果为 FALSE，则返回精确匹配值，如果找不到，则返回错误值"#N/A"	lookup_value 参数必须在 table_array 区域的首列中；如果忽略 range_lookup 参数，则 table_array 的首列必须进行排序；在此函数的向导中，有关 range_lookup 参数的用法是错误的
2	MATCH 函数 MATCH（lookup_value, lookup_array, match_type） 返回在指定方式下与指定数值匹配的数组中元素的相应位置	lookup_value 代表需要在数据表中查找的数值；lookup_array 表示可能包含所要查找的数值的连续单元格区域；match_type 表示查找方式的值（-1、0 或 1）	lookup_array 只能为一列或一行，如果 match_type 为-1，查找大于或等于 lookup_value 的最小数值，lookup_array 必须按降序排列；如果 match_type 为 1，查找小于或等于 lookup_value 的最大数值，lookup_array 必须按升序排列；如果 match_type 为 0，查找等于 lookup_value 的第一个数值，lookup_array 可以按任何顺序排列；如果省略 match_type，则默认为 1
3	INDEX 函数 INDEX（array, row_num, column_num） 返回列表或数组中的元素值，此元素根据行序号和列序号的索引值确定	array 代表单元格区域或数组常量；row_num 表示指定的行序号；column_num 表示指定的列序号	此处的行序号参数（row_nun）和列序号参数（column_num）是相对于所引用的单元格区域而言的，不是 Excel 工作表中的行或列序号，而且必须保证两者中至少录入一个
六、日期与时间函数			
1	DATE 函数 DATE（year, month, day） 给出指定数值的日期	year 为指定的年份数值（小于 9999）；month 为指定的月份数值（可以大于 12）；day 为指定的天数	在上述公式中，如果月份为 13，则多了一个月，顺延至下一年 1 月；如果天数为 35，则顺延至下一月的相应日期，例如：在 C20 单格中输入公式"DATE（2003, 13, 35）"，确认后，其结果是"2004-2-4"

序号	函数使用格式及主要功能	参数说明	特别提醒
2	DAY 函数 DAY（serial_number） 求出指定日期或引用单元格中的日期的天数	serial_number 代表指定的日期或引用的单元格	如果是给定的日期，则包含在英文双引号中
3	MONTH 函数 MONTH（serial_number） 求出指定日期或引用单元格中的日期的月份	serial_number 代表指定的日期或引用的单元格	
4	NOW 函数 NOW（） 给出当前系统日期和时间	该函数不需要参数	显示出来的日期和时间格式，可以通过单元格格式进行重新设置
5	TIME 函数 TIME（hour，minute，second）返回给定时点的具体时间	hour 代表小时的整数，取值范围为 0~23，可以是数值、单元格引用或者公式。minute 代表分钟的整数，取值范围为 0~59，可以是数值、单元格引用或者公式。second 代表秒数的整数，取值范围为 0~59，可以是数值、单元格引用或者公式	当代表小时的整数大于 23 时，应将其除以 24，将余数视为小时；当代表分钟、秒数的数值大于 59 时则将其除以 60，余数视为分钟和秒数
6	TODAY 函数 TODAY（） 给出系统日期	该函数不需要参数	显示出来的日期格式可以通过单元格格式进行重新设置
7	YEAR 函数 YEAR（serial_number） 返回给定日期对应的年份数值	serial_number 代表指定的日期或引用的单元格	YEAR 代表年份的四位数字，取值范围为 1900~9999，可以是数值、单元格引用或者公式，如果 YEAR 介于 0 到 1899 之间（包含这两个值），系统会将该值与 1900 相加来计算年份，如果 YEAR 小于 0 或大于等于 10000，系统将返回错误值"#NUM!"
七、财务函数			
1	SLN 函数 SLN（cost，salvage，life） 返回某项资产在一个期间中的线性折值	cost 为资产原值；salvage 为固定资产残值；life 为折旧期限，有时也称作固定资产的使用寿命	折旧期限必须用与 cost 参数相同的单位表示，所有参数必须是正数

续表

序号	函数使用格式及主要功能	参数说明	特别提醒
2	SYD 函数 SYD（cost, salvage, life, period） 返回某项资产在指定期间用年数总计法计算的折旧	cost 为固定资产的初始成本；salvage 为固定资产残值；life 为固定资产的可使用年限；period 为计算资产折旧所用的那一期间	必须用相同的单位表示 life 和 period 参数。例如，如果 life 用月份表示，则 period 也必须用月份表示
3	DDB 函数 DDB（coat, salvage, life, period, factor） 使用双倍余额递减法或其他指定方法计算一笔资产在给定期间内的折值	cost 为资产原值，salvage 为固定资产残值，life 为固定资产的可用年限。period 为需要计算折旧值的期间，factor 为余额递减速率，若 factor 省略，则假设为 2（双倍余额递减法）	必须用相同的单位表示 life 和 period 参数，所有参数必须为正数

后　记

又是一个收获的季节，我的第二本书终于完稿了。从我指间流出的几十万字和一张张截图仿佛都在跟我说着再见——五年多近 2000 个日子中，有我撰写书稿时的欢乐，也有无数次熬夜的不懈努力，还有难以言表的病魔时刻伴随着我。每到满脑子是书中文字和模型设计时，我常常夜不能寐，直到"微风拂煦，旭日临窗"。其间，医院住过多次，趴在病床小桌上写作的情景仍历历在目。拐杖用了，轮椅坐了，当我一次次站起来时心中想的只有两个字：坚持！

是的，时至今日，终于给读者呈上了一本 Excel 财务建模的书！书中每个案例都倾注了我的财务建模思路和结构化程序设计思想。你能在书中看到一个热爱教育事业、有四十年教龄、将一生奉献给教育事业的教师的炽热追求！先苦后甜的滋味我领略到了。

首先，感谢多年来一直全力支持我完成本书的家人！因为没有家人的陪伴和默默的奉献，本书永远只是个梦想。

其次，感谢北方民族大学商学院及杨保军院长的倾力支持和扶携！感谢宁夏工会及北方民族大学工会的热情相助！

再次，感谢宁夏伊品生物科技股份有限公司的高级会计师秦瑞娟给本书的无私帮助；感谢北方民族大学商学院支持我、帮助过我的会计信息化团队及财务管理专业的同学们！特别感谢经济管理出版社的鼎力支持！

最后，感谢帮助我整理资料的宁夏正源会计咨询服务中心的老师们！

希望喜欢 Excel 财务建模的读者能设计出更多、更有实用价值的模型服务企业、服务社会。

谨将本书作为我奉献给北方民族大学成立 40 周年的一份礼物——祝福北方民族大学的明天更加辉煌！

作者
2023 年 11 月于银川